Elena Wiezorek

Business Improvement Distrcts

Revitalisierung von Geschäftszentren durch Anwendung
des nordamerikanischen Modells in Deutschland?

Die Autorin

Elena Wiezorek wurde 1975 in Berlin geboren. Sie absolvierte von 1994 bis 1997 eine Ausbildung zur Vermessungstechnikerin und studierte von 1997 bis 2004 Stadt- und Regionalplanung an der Technischen Universität Berlin. Im Jahr 2004 erlangte sie mit der hier vorliegenden Arbeit, die durch den DAAD mit einem Stipendium gefördert wurde, das Diplom.

Elena Wiezorek arbeitete von 1999 bis 2002 bei der Senatsverwaltung für Stadtentwicklung im Referat für städtebauliche Leitbilder und Konzepte in Berlin. Zudem war sie von 1999 bis 2003 am Institut für Stadt- und Regionalplanung der Technischen Universität Berlin am Fachgebiet für Bestandsentwicklung und Stadterneuerung sowie von 2002 bis 2003 bei der Planergemeinschaft Hannes Dubach, Urs Kohlbrenner tätig. Seit dem Abschluss des Studiums ist sie bei der ews Stadtsanierungsgesellschaft mbH in Berlin beschäftigt.

Arbeitshefte des Instituts für Stadt- und Regionalplanung
Technische Universität Berlin

Elena Wiezorek

Business Improvement Districts

Revitalisierung von Geschäftszentren durch Anwendung
des nordamerikanischen Modells in Deutschland?

Heft 65
Berlin 2004

Die vorliegende Arbeit wurde im Rahmen einer Diplomarbeit am Institut für Stadt und Regionalplanung der Technischen Universität erstellt.

Herausgeber:
Institut für Stadt- und Regionalplanung
Technische Universität Berlin
www.tu-berlin.de/~isr
publikationen@isr.tu-berlin.de

Verantwortlicher Betreuer im Publikationsausschuß des ISR:
Prof. Dr. Dietrich Henckel

Produktion:
Robert Hänsch

Die Abbildung der Titelseite wurde unter Nutzung eines Fotos der Autorin gestaltet von:
HAAK & NAKAT, Projektagentur für Kommunikation, Print und Neue Medien GmbH, München

Verlag und Vertrieb:
Universitätsverlag der Technischen Universität Berlin
Universitätsbibliothek
Fasanenstraße 88, 10623 Berlin
publikationen@ub.tu-berlin.de

Druck und Bindung:
Offset-Druckerei Gerhard Weinert GmbH
Saalburgstraße 3, 12099 Berlin

∞ Gedruckt auf säurefreiem alterungsbeständigen Papier.

ISSN 0341 1125 - ISBN 3 7983 1956 1

VORWORT

Der Einzelhandel unterliegt in allen entwickelten Ländern einem weit reichenden Wandel. Stichworte dieser Entwicklung sind u.a. Konzentration, Filialisierung, Großzentren, Konkurrenz der „Grünen Wiese". Immer mehr innerstädtische Einzelhandelsgebiete, vor allem die Nebenzentren aber auch die 1b Lagen der Hauptzentren, geraten unter Druck. Häufigere Wechsel und Leerstände sind Symptome einer Entwicklung, die dazu führt, dass die Versorgung mit Dienstleistungen des Einzelhandels in der Fläche schlechter wird, dass damit der notwendige Entfernungsaufwand steigt (mit allen damit verbundenen Verteilungsproblemen), die Individualität der Versorgung nachlässt, weil die traditionellen Zentren in der Konkurrenz mit den einheitlich gemanagten Zentren immer mehr ins Hintertreffen geraten. Unter besonders negativen Vorzeichen erodiert nicht nur der Einzelhandel, sondern auch das Image des Gebietes gerät unter Druck, der öffentliche Raum zeigt Verwahrlosungserscheinungen, die die Entwicklung noch weiter gefährden.

Diese negativen Entwicklungen verschärfen sich seit einiger Zeit in Deutschland, sind jedoch schon länger in anderen Ländern zu beobachten. In zahlreichen Städten der USA wurde ein Instrumentarium entwickelt, das unter Finanzierung und Beteiligung der betroffenen Akteure die Negativentwicklung durchbrechen und zu einer Aufwertung der Einzelhandelsquartiere führen soll. Mit diesem Instrument – den sog. Business Improvement Districts (BID) – liegen in den USA schon vielfältige Erfahrungen vor. Seit einiger Zeit wird in Deutschland intensiver über die Übertragungsmöglichkeiten auf deutsche Verhältnisse nachgedacht und gestritten – in zwei Bundesländern ist die Umsetzung schon fortgeschritten.

Frau Wiezorek nähert sich in der vorliegenden Veröffentlichung, die auf ihrer Diplomarbeit am Institut für Stadt- und Regionalplanung beruht, dem Thema von verschiedenen Seiten und gibt damit einen sehr umfassenden Einblick in Theorie und Praxis von Business Improvement Districts:

Sie gibt nicht nur einen Einblick in die Entstehungsgeschichte des Instruments in den USA, sondern liefert auch eine detaillierte empirische Analyse der Funktionsweise und möglicher Erfolgkriterien von BID in ausgewählten Teilräumen unterschiedlicher Struktur in New York sowie eine erste Bewertung bisheriger Erfahrungen. Für die deutsche Leserschaft, vor allem für die Praxis, sind die Analyse der Übertragungsmöglichkeiten dieses in den USA entwickelten Instruments auf Deutschland und die Untersuchung der unterschiedlichen Ansätze in Hamburg und Nordrhein-Westfalen von besonderem Interesse. Die Prüfung der Möglichkeiten einer BID-Implementierung in Berlin, einer Stadt, die bislang noch keine gesetzlichen Vorbereitungen zum Einsatz des Instruments getroffen hat, rundet das Bild ab.

Der umfassende Ansatz der Arbeit und die empirische Breite sowie die Formulierung von Empfehlungen und offenen Fragen machen die Veröffentlichung zu einem Grundlagenwerk und sowohl für theoretisch Interessierte wie auch die betriebliche wie kommunale Praxis zu einer reichen Quelle der Fundierung eigener Überlegungen und Erfahrungen.

Berlin, November 2004   Prof. Dr. Dietrich Henckel

II

DANKSAGUNG

Ich bin vielen Menschen zu Dank verpflichtet. Ohne ihre Hilfe und Unterstützung wären die Erarbeitung und der Abschluss der Arbeit in dieser Form nicht möglich gewesen.

Prof. Dr. Dietrich Henckel von der Technischen Universität Berlin sowie Franz Fürst von der Technischen Universität Berlin und von der City University of New York danke ich für die Übernahme der Betreuung der Arbeit und ihre anregenden und kritischen Bemerkungen im Entstehungsprozess.

Eine besondere Nennung verdienen zwei Institutionen, die mir durch ihre Erlaubnis zu mehrmonatigen Rechercheaufenthalten den Zugang zum Untersuchungsgegenstand erleichterten und jederzeit für Verständnisfragen offen und zu organisatorischer Unterstützung bereit waren: das Department of Small Business Services in New York City und die Industrie- und Handelskammer in Berlin. Mein besonderer Dank gilt in New York City der BID-Koordinationsabteilung unter der Leitung von George Glatter und in Berlin dem Bereich für Stadtentwicklung und Infrastruktur unter der Leitung von Jochen Brückmann.

Der mehrmonatige Aufenthalt in New York City wurde wesentlich erleichtert durch ein Stipendium des Deutschen Akademischen Austauschdienstes, das ich durch die Unterstützung von Prof. Urs Kohlbrenner, Prof. Dr. Dietrich Henckel und Franz Fürst erhalten habe. Vielen Dank dafür.

Danken möchte ich ebenfalls allen Gesprächspartnern und auskunftsbereiten Unternehmen und Institutionen für ihre Unterstützung bei den Recherchen. Ihr Vertrauen und Interesse haben essentiell zur Entstehung der Arbeit beigetragen. Eine detaillierte Aufstellung der Namen findet sich im Quellenverzeichnis.

Für besondere Unterstützung möchte ich mich bei Jennifer Gerend vom Myrtle Avenue Revitalization Project in New York City, Petra Lindner von der Firma Imorde in Münster, Elke Plate von der Senatsverwaltung für Stadtentwicklung und Stefan Heerde vom Deutschen Seminar für Städtebau und Wirtschaft in Berlin bedanken.

Ohne die tatkräftige Unterstützung und Aufmunterung des privaten Umfeldes wäre die Arbeit in dieser Form nicht entstanden. Mein ganz besonderer Dank geht an Dr. Frank Sielaff für die engagierte Korrektur der Texte. Ebenso danke ich Nicole Kirschbaum und Ricarda Pätzold für die Durcharbeitung der Texte, anregende Diskussionen sowie tatkräftige Hilfe in der Darstellung. Dank geht ebenfalls an Peter Jürgens. Meiner Familie, meinem Lebensgefährten und den Freunden danke ich besonders für ihre uneingeschränkte Unterstützung und den ausgleichenden Rahmen.

Berlin, Juli 2004   Elena Wiezorek

KURZFASSUNG

Traditionelle innerstädtische Zentren leben von Multifunktionalität und einem Mehr an Bedeutung gegenüber dem sie umgebenden Raum. In dem Zusammenspiel von Nutzungen und Funktionen kommt dem Einzelhandel eine Leitfunktion zu. Aufgrund umfassender struktureller Veränderungen des Angebotes dieser Branche wandelt sich die räumliche und städtebauliche Ausprägung des Einzelhandels und führt verstärkt zu Bedeutungsverlusten in den Geschäftszentren. Die Konsumentennachfrage richtet sich zunehmend auf konzentrierte Angebotsformen, traditionellen Standorte fällt es schwer dieser starken Konkurrenz etwas entgegen zu setzen. An den gewachsenen Standorten dünnt sich in der Folge die Branchenstruktur aus und nehmen die Leerstände zu. Die Folgen dieses Wandels sind im Sinne der Nahversorgung der Bevölkerung und eines attraktiven Stadtraumes nicht wünschenswert.

Public-Private-Partnership-Ansätze versuchen bereits seit Jahren mittels kooperativer Prozesse die Zusammenarbeit der lokalen Akteure zu verbessern und dadurch die für die Stadt wie die Gewerbetreibenden negativen Folgen des Strukturwandels im Einzelhandel aufzufangen. Allerdings kämpfen viele von ihnen mit Organisations-, Finanzierungs- und Umsetzungsproblemen. Zusätzlich führt die mit diesen Ansätzen häufig verbundene öffentliche Förderung zu Exklusivitäten, aufgrund einer begrenzten Anzahl an Standorten, und zu externer Einflussnahme auf die Schwerpunktsetzung der Initiativen.

Das nordamerikanische Modell der Business Improvement Districts (BIDs) bietet für diese Probleme eine Lösung. Mittels Selbstverpflichtung der Eigentümer in einem als BID definierten Geschäftszentrum erfolgt durch Mehrheitsbeschluss eine zeitlich befristete Beitragszahlung aller Eigentümer. Das Geld aus dieser „Selbstbesteuerung" wird mit der Steuer eingezogen und fließt in vollem Umfang an das Management zur Realisierung der geplanten Projekte des BID. Diese Vorgehensweise wird durch eine besondere BID-Gesetzgebung ermöglicht.

Vor dem Hintergrund der problematischen Situation der traditionellen Geschäftszentren hierzulande und den in den USA sehr erfolgreichen BIDs befasst sich die Arbeit mit folgender Frage: Ist eine Revitalisierung der Geschäftszentren in Deutschland durch Anwendung des nordamerikanischen Ansatzes denkbar? Wie sollten gegebenenfalls die ersten Implementierungsschritte aussehen?

BIDs basieren auf einer für Deutschland ungewöhnlichen Organisations- und Finanzierungsform. Diese gibt der Standortinitiative für einen begrenzten Zeitraum eine hohe Planungssicherheit und ermöglicht so eine zuverlässige Realisierung der geplanten Maßnahmen. Allerdings ist in Vorbereitung der Gründung eines BID ein aufwändiger Prozess der Information, Organisation und Konzeptentwicklung zu absolvieren.

Anhand empirischer Untersuchungen zu drei Fallstudien in New York City wurden Organisationsprozesse und -wirkungen untersucht und analysiert. Um möglichst vielschichtige Aussagen treffen zu können, wurden die Beispiele prototypisch nach ihrem Zentrentyp und der Entwicklungsstufe des Prozesses ausgewählt. Der 34th Street BID liegt in einem Stadtzentrum in Manhattan, welches hauptsächlich durch Einzelhandels- und Dienstleistungsfunktionen geprägt ist. Er agiert dort bereits seit über einem Jahrzehnt. Der Lower East Side BID besteht ebenfalls bereits seit Anfang der 90er Jahre und liegt in einem zentral gelegenen Stadtviertelzentrum in Manhattan mit durchgehend gewerblich genutzter Erdgeschosszone und Wohnnutzung in den oberen Etagen. Der Myrtle Avenue BID befindet sich derzeit noch im Entstehungsprozess und wird in einem lokalen Stadtviertelzentrum in Brooklyn agieren.

Aus den empirischen Ergebnissen der Fallstudien lassen sich „harte" Wirkungen, wie beispielsweise erhöhte Kundenfrequenzen durch Marketing, gesenkte Leerstandsraten und eine gestiegene Sicherheit und Sauberkeit im öffentlichen Raum, benennen. Zu den „weichen" Wirkungen von BIDs zählen:

- verbesserte Kommunikationsstrukturen zu Behörden und unter den lokalen Akteuren sowie
- die Übernahme von Verantwortung für strategische Planungen durch lokale Akteure.

Aufgrund von komplizierten Ursache-Wirkungs-Zusammenhängen sind BIDs sicher nicht die alleinige Ursache dieser Veränderungen. Ihr konkreter Anteil an der Standortaufwertung ist schwierig nachzuweisen. Auf jeden Fall weisen die obengenannten Kriterien auf Bereiche hin, die von der Tätigkeit der BIDs positiv beeinflusst werden.

Die Erfolgsfaktoren von BIDs beruhen auf den Standortpotenzialen, der Zusammenarbeit der lokalen Interessengruppen und den Vorteilen eines gesetzlich festgeschriebenen Verfahrens. Entscheidende „harte" Faktoren sind beispielsweise ein ausformuliertes Arbeitsprogramm mit klarer Schwerpunktsetzung und die gesetzlich abgesicherte Finanzierung der Initiative mit ihren Projekten. Zu den wesentlichen „weichen" Erfolgsfaktoren zählen:

- der Aufbau funktionierender Kommunikationsstrukturen,
- die strategische Besetzung der Schlüsselpositionen des Managements sowie
- neben dem professionellen Management eine individuelle Übernahme von Verantwortung durch lokale Akteure.

Prüft man die gesellschaftlichen Rahmenbedingungen in den USA und Deutschland, so bestimmen unterschiedliche kulturelle Traditionen und differenzierte Erwartungshaltungen an den Staat das Bild. Eine ausgeprägte individuelle Übernahme von Verantwortung sowie daraus resultierend ein höherer Stellenwert des gemeinnützigen Engagement in den USA stehen einer historisch gewachsenen Anspruchshaltung gegenüber dem Staat und umfangreichen öffentlichen Subventionierungen in Deutschland gegenüber. Diese geradezu gegensätzlichen Rahmenbedingungen beeinflussen den kommunalen Handlungsspielraum und die Steuerungsprozesse in der Stadtentwicklung beider Länder. Von großer Bedeutung für die Standorte und ihrer wirtschaftliche Situation ist auch die unterschiedliche Abgabenbelastung in beiden Ländern.

Eine eins-zu-eins-Übertragung des BID-Modells ist daher nicht möglich. Trotzdem ist in jüngster Zeit, auch aufgrund des zunehmend eingeschränkten Handlungsspielraums der Kommunen in Deutschland, eine Annäherung in den Modellen zur

Krisenbewältigung zu erkennen. Der Sozialstaat in seiner traditionellen Form ist in absehbarer Zukunft nicht mehr zu finanzieren. Insofern lohnt es, sich mit den Erfolgsfaktoren privatwirtschaftlich finanzierter Konzepte zur Wirtschaftsförderung auseinander zusetzen und nach neuen Lösungen zu suchen.

Diese Suche hat in Deutschland bereits begonnen. Sie zeigt sich sowohl in der Fachdiskussion zur Implementierung von BIDs in Deutschland und in ersten Projekten der praktischen Umsetzung. Diese Aktivitäten sind Indiz dafür, dass sich die Frage nach der Übertragbarkeit des Modells nach Deutschland nicht mehr auf das „Ob", sondern vielmehr auf das „Wie" der Übertragung konzentriert. Umstritten bleibt in diesem Zusammenhang die Einführung einer verpflichtenden Beitragszahlung durch eine gesetzliche Regelung.

Die praktische Umsetzung der BID-Implementierung erfolgt auf Länderebene und hat zu einem stark differenzierten Vorgehen geführt. Gemeinsam ist allen dieser Modellprojekte die Konzentration auf die Einbindung von Eigentümern in eine übergreifende Zusammenarbeit und ihre weit reichende finanzielle Beteiligung. Dabei übernehmen sie die Verfahrensschritte des originären BID-Modells in unterschiedlicher Art und Weise.

Nordrhein-Westfalen hat sich für eine Förderung der Gründung von Immobilien- und Standortgemeinschaften entschieden, die sich auf freiwilliger Basis zusammenschließen. Die Finanzierung für die Konzeptentwicklung und den Moderationsprozess ist durch das Land seit Anfang 2004 für einen zweijährigen Zeitraum gesichert. Die folgende Realisierung der Projekte soll ausschließlich durch die Privatwirtschaft getragen werden. Eine gesetzliche Regelung für eine verpflichtende Beitragszahlung ist zum gegenwärtigen Zeitpunkt nicht vorgesehen.

Hamburg befindet sich gegenwärtig in einem BID-Gesetzgebungsverfahren und plant dieses noch im Jahr 2004 abzuschließen. Anfang 2005 soll dann der erste Modellstandort für einen BID festgesetzt werden. Das Genehmigungsverfahren lehnt sich, nach derzeitigem Bearbeitungsstand, stark an das Vorbild aus den USA an. Die beabsichtigte Vorgehensweise wird mit einem anderen Instrument aus dem BauGB, dem Sanierungsgebiet, gerechtfertigt. Der geplante öffentliche Beitragseinzug von allen Eigentümern im Gebiet stützt sich auf das Argument des abstrakten Vorteils, der allen Eigentümern durch die geplanten Maßnahmen im BID entsteht. Um der öffentlichen Hand dieses Vorgehen zu ermöglichen, wird das Gesetz ein entsprechend qualifiziertes Quorum der Eigentümer und eine umfangreiche Information aller Betroffenen einfordern.

Die wesentlichen Unterschiede zwischen beiden Implementierungsmodellen liegen demnach in dem gesetzlichen Rahmen und der finanziellen Unterstützung für die privaten Initiativen. Diese Differenzen dürften auch die Standortwahl beeinflussen. So beteiligen sich in Nordrhein-Westfalen auch „durchschnittliche" Geschäftszentren an dem Programm, während Hamburg mit einem sehr exklusiven Standort startet. Aufgrund der kurzen Laufzeit der Implementierungsmodelle lassen sich die Erfolge noch nicht abschätzen. Ein Ergebnis ist bereits jetzt offensichtlich: die zunehmende Entwicklung und Unterstützung von privatem Engagement.

Für die BID-Implementierung in Deutschland empfehlen sich für die öffentliche und die private Hand Handlungsmuster, die sich aus den Erfolgsfaktoren des US-amerikanischen Modells ableiten lassen. Die modellhafte Implementierung am Standort Berlin-Kurfürstendamm verdeutlicht, dass neben einem entsprechenden Handlungsdruck im Geschäftszentrum bereits bestehende, handlungsfähige Organisationsstrukturen und der Wille zur Zusammenarbeit gegeben sein müssen. Das wird notwendig, da in Deutschland wirtschaftlich orientierte Instrumente der Aufwertung von Standorten, die auf dem Splitting von Verantwortung und der umfassenden Einbindung von Eigentümern und anderen Interessengruppen beruhen, eher die Ausnahme sind. Von daher werden für den vorgeschlagenen BID-Modellstandort Kurfürstendamm Handlungsempfehlungen formuliert. Der private Sektor sollte seine Aufmerksamkeit besonders auf die Kommunikations- und Verfahrensstrukturen fokussieren und der öffentliche Sektor die Privatinitiative durch Kooperation und eine entsprechende Gesetzgebung unterstützen.

BIDs sind eine wünschenswerte Ergänzung der Bemühungen um eine Revitalisierung von Geschäftszentren in Deutschland. Allerdings, und darin unterscheidet sich der Standort Deutschland von den USA, eignen sie sich aufgrund unterschiedlicher Rahmenbedingungen nicht für alle Zentrentypen. Zu den Mindestanforderungen an die lokalen Rahmenbedingungen des Standortes gehören:

- ausreichende Standortpotenziale,
- finanziell potente Eigentümer und
- handlungsfähige Organisationsstrukturen.

Standorte mit erheblichen wirtschaftlichen und sozialen Problemen, die auch in Zukunft auf öffentliche Mittel angewiesen sind, kommen für eine BID-Implementierung nicht in Frage. Gleichzeitig empfiehlt es sich Standorte auszuwählen, die bezüglich der Anzahl der Eigentümer und Gewerbetreibenden sowie des Flächenumfangs überschaubar sind.

Zwei Aufträge an die öffentliche Hand dürften für den Prozess der BID-Implementierung in Deutschland vorteilhaft und wichtig sein:

- die Prüfung der vorhandenen Fördermöglichkeiten auf ihre Anwendung für den BID-Gründungsprozess und
- die Einleitung einer BID-Gesetzesinitiative zur Sicherung der Finanzierung der geplanten Projekte.

Damit werden die Motivation und die Finanzierung in der schwierigen Gründungsphase unterstützt.

Die Diskussion über BIDs bietet eine gute Gelegenheit über die wechselseitigen Beziehungen zwischen der privaten und der öffentlichen Hand in der Stadtentwicklung nachzudenken. Bei sinkenden Handlungsspielräumen des öffentlichen Sektors und zunehmendem Handlungsdruck steigt die Bereitschaft privater Interessengruppen für die Aufwertung des Standortes Verantwortung zu übernehmen. Diese Bereitschaft ist allerdings mit der Forderung nach entsprechenden Gegenleistungen des öffentlichen Sektors verbunden. Wie Art und Umfang der Verantwortung und die zukünftigen Aufgaben verteilt werden und wer die entstehenden Risiken und Folgekosten trägt, ist in einem Diskussionsprozess zu klären, für den die entsprechenden Kooperationsstrukturen und Verhandlungsprozesse erst entwickelt werden müssen. Der dringende Handlungsbedarf ist all gegenwärtig. Das BID-Modell bietet eine moderne und praktikable Vision. Nun kommt es darauf an, standortgerechte Lösungen zu finden.

VIII

ABSTRACT

Traditional city centers depend on multifunctionality and a surplus of significance in comparison with their surrounding areas. In this interaction of uses and functions, retail trade plays a leading role. Due to comprehensive supply-side structural changes within this industry, the spatial and urban-development characteristics of retail trade are changing. Increasingly, the result is a loss of importance for the retail trade in traditional business centers. For a number of years now, public-private partnership models have been attempting to improve co-operation among local actors by means of co-operative processes. Many of these models, however, are struggling with problems of organisational, finance and practicability.

The US-American approach of Business Improvement Districts (BIDs) offers a solution for these problems. In this model, for a limited time all the property owners in a business center pledge to contribute a specific sum, to be collected by the public authorities. The proceeds from this "self-taxation" flow in their entirety to a management created specifically for this purpose, which uses them to carry out improvement projects decided upon by the initiative. This process is made possible by specific legislation.

In view of the difficult situation of traditional business centers in Germany and the great success of the BIDs in the USA, this paper addresses the following question: is a revitalization of the business centers in Germany by application of the North American solution worth considering? If so, then what should the first steps toward implementation in Germany be?

An examination of the pertinent social conditions in the USA and Germany shows the different cultural traditions and resulting different expectations as to the role of the state and the responsibility of the individual that influence the situation. The almost diametrical opposition of these factors in the two countries determines the conditions under which communal action can take place, just as it determines the limits of urban development control processes. At the same time, the distribution of the tax load in both countries must be considered. These factors preclude a direct, one-to-one application of the American BID model to the German situation. Nevertheless, in recent years an approximation of the patterns of action can be observed. In the foreseeable future, the traditionally strong provider role played by the German State will no longer be affordable. It is therefore worthwhile to determine the success factors of privately financed solutions and to look for new solutions for the German situation by questioning the strategies applied so far.

This search has already begun in Germany, as manifested in expert discussions on the application of BIDs in Germany and in first practical implementation attempts in the German federal states. These attempts apply the original BID concept in varying degrees. North Rhine-Westphalia supports the establishment of location improvement initiatives which assume the financing of the projects on a voluntary basis. Hamburg is currently in the process of creating BID legislation and will in the long run, given the necessary political majorities, introduce obligatory collection of BID contributions from property owners.

BIDs are a desirable supplementation of the revitalization strategies for business centers in Germany. In Germany, however, unlike the USA with its specific social conditions, BIDs are not suitable for all types of center. Minimum requirements for application of the BID concept to a center in Germany are:
- sufficient location potential,
- financially powerful owner structures and
- organizational structures capable of acting upon decisions.

Locations with substantial problems, which will probably continue to need public subsidies in the future, are not viable candidates for BID implementation. In addition, the process should be initiated with manageable locations, as far as the number of property owners and traders and the size of the site are concerned.

According to the present investigations of the process of BID implementation in Germany, the following two components appear to be important:
- the examination of the possibility of application of existing sponsorships to establishing BIDs and
- the introduction of a BID legislative initiative to provide financial security for planned projects.

At the same time, incentives to private initiative, and the prospect of financial security through the collection of contributions should be available.

BIDs offer a good basis for discussion of the relationship between private and public participants in urban development in Germany. With the ever-diminishing scope for action of the public sector and the simultaneous and growing pressure for action, the readiness of private participants to assume responsibility is increasing. How much responsibility is to be relinquished by the State? Who provides security for the ensuing risks and consequential costs? How can responsibilities be distributed in the future? These are questions to be clarified in a discussion process. The need is evident, and BIDs offer a vision. Now the task at hand is to find solutions adequate to the locations.

INHALTSVERZEICHNIS

1.
EINLEITUNG

1.1 Problemstellung

In der Hierarchie der Geschäftszentren, d. h. zwischen Innenstadtzentrum, Subzentren und der „grünen Wiese", laufen bereits seit Jahren tiefgreifende Veränderungen ab, die zu einem erheblichen Teil auf einen umfassenden Strukturwandel in der Handelsbranche zurückzuführen sind. Ausgangspunkt ist die Entwicklung immer größerer, betriebsökonomisch optimierter und Kosten sparender Unternehmenskonzepte, die sich in den bislang bestehenden Zentren nicht verwirklichen lassen. Die Folge ist die Etablierung innovativer Betriebsformen am Stadtrand in nicht integrierten Lagen und, in letzter Zeit zunehmend, auch an innerstädtischen Standorten.

Betriebsökonomisch und räumlich veränderte Angebotsstrukturen des Einzelhandels...

Die gestiegene Mobilität und die modernen Technologien zur Konservierung lassen einen einmaligen Wocheneinkauf zu, um sich mit den Waren des täglichen Bedarfs zu versorgen. Dieser zeit- und kräftesparender Einkauf in einem multifunktionalen Einkaufszentrum bietet neben dem breiteren Sortiment zusätzlich Sonderangebote und Niedrigpreise. Es besteht also zwischen dem Angebot der neuen Betriebsformen und den Bedürfnissen der Kunden eine weit gehende Übereinstimmung. Das stark zunehmende Flächenangebot im Einzelhandel führt zu einer Umverteilung der Nachfrage durch die Verbraucher und verschärft die Standortkonkurrenz der Geschäftszentren. Die Folge sind zunehmende Leerstände an nicht konkurrenzfähigen Standorten.

...und neue Anforderungen der Kunden führen zu Problemen in traditionellen Geschäftszentren.

Im Verlauf der letzten Jahre hat sich in Deutschland bereits ein wachsendes Problembewusstsein gegenüber der Situation der traditionellen Geschäftszentren entwickelt. Gemeinsamer Wille ist die Stärkung kleinteiliger Einzelhandelsstrukturen zur Sicherung der Nahversorgung bei zunehmend alternder Bewohnerschaft in den Städten und der Erhalt urbaner Strukturen für die Gewährleistung einer akzeptablen Aufenthaltsqualität im Stadtraum. Bereits heute wird versucht mit vielfältigen Public-Private-Partnership-Modellen dieser problematischen Situation zu begegnen. Ziel ist die Aufwertung des Standortimages und die Revitalisierung der Geschäftszentren durch eine Erhöhung der Attraktivität für neue Nutzer. Lokale Stadtteilarbeit und innerstädtisches Citymanagement versuchen über den Aufbau neuer Kommunikationsstrukturen innovative Lösungsvorschläge zu entwickeln. Gekennzeichnet sind diese Projekte oft durch eine starke Abhängigkeit von öffentlichen Fördermitteln und einer, in Folge der sinkenden finanziellen Spielräume der öffentlichen Hand, wachsenden Standortkonkurrenz.

Problemdruck und -vielfalt überfordert bestehende Revitalisierungsansätze

Vor diesem Hintergrund greift die Diplomarbeit das Modell der Business Improvement Districts (BIDs) als ein US-amerikanisches Modell der Wirtschafts-

BIDs – Instrument zur Selbsthilfe privater Initiativen

förderung auf. Die in Deutschland unübliche Einbindung von Grundstückseigentümern in Stadtentwicklungsprozesse, stellt in Nordamerika ein überaus erfolgreiches Verfahren zur Aufwertung von Geschäftszentren dar. Die Besonderheit dieses kooperativen Engagements der lokalen Wirtschaft mit dem öffentlichen Sektor liegt in dem Beschluss einer qualifizierten Mehrheit der Grundeigentümer, eine zusätzliche, zeitlich befristete Abgabe in einem räumlich begrenzten Geschäftsbereich einzuführen. Diese Art der „Selbstbesteuerung" aller Eigentümer an einem Standort ist aufgrund einer gesetzlichen Grundlage zulässig und sichert die finanzielle Basis für die Umsetzung der geplanten Maßnahmen zur Aufwertung des Geschäftszentrums.

Planungs- und Finanzierungssicherheit als große Stärke von BIDs

BIDs bieten aufgrund dieser „Selbstbesteuerung" förderliche Organisations- und Verfahrensstrukturen, die im Vergleich zur Revitalisierung hierzulande sichtbare Erfolge aufweisen. Ursache dafür ist die Planungs- und Finanzierungssicherheit. BIDs präsentieren sich als eine im Gegensatz zu deutschen Verhältnissen stärker reglementierte und damit neue Form des Public-Private-Partnership.

Als stark reglementierter Ansatz in Deregulierungszeiten umstritten

In Zeiten von Globalisierung und verstärkter Deregulierung erscheint die Auseinandersetzung mit einem teilweise restriktiv agierenden Instrument gewagt. Der zunehmende Handlungsdruck in den Geschäftzentren und die eingeschränkten Handlungsspielräume der öffentlichen Hand ermutigen jedoch zur Auseinandersetzung mit diesem vorrangig auf privatem Engagement beruhenden Modell. Die vorliegende Untersuchung soll klären helfen, welche Chancen und Risiken sich mit der Implementierung des BID-Modells nach Deutschland verbinden.

1.2 Aufbau der Arbeit

Teil I dient der Grundlagenaufarbeitung

Teil I der Arbeit beschreibt die wissenschaftlichen Grundlagen der untersuchten Thematik. Zunächst erfolgt die Erläuterung der Begriffe und ihrer Zielsetzungen für die einzelnen Themenbereiche der zentralen Fragestellung (Kap. 2). Anschließend werden die aktuellen Entwicklungen in den Geschäftszentren unter besonderer Berücksichtigung des Einzelhandels (Kap. 3) und die bereits vorhandenen Public-Private-Partnership-Ansätze in ihrer Arbeitsweise (Kap. 4) vorgestellt. In diesem Zusammenhang soll geklärt werden, ob sich mit diesen Modellen die Probleme der Zentren lösen lassen und welche Mängel sie haben. Die Ergebnisse dieser Bestandsaufnahme dienen als Hintergrund für die folgende Darstellung des BID-Modells aus den USA (Kap. 5), die sich schwerpunktmäßig mit der generellen Funktionsweise von BIDs in den USA beschäftigt. Die vorstehenden Ausführungen dienen als Hintergrundinformationen für Teil II und IV (vgl. Abb. 1). Teil I endet nach einer ersten Zwischenbilanz (Kap. 6) mit den Thesen zur Revitalisierung von Geschäftszentren durch BIDs (Kap. 7). Diese dienen den anschließenden Teilen als Analysematrix.

Teil II untersucht drei BID-Fallstudien in New York City

Die Untersuchungen zu den konkreten Fallstudien in den USA werden in Teil II vorgestellt und interpretiert. Dazu wird in Kap. 8 eine ausführliche Darstellung über die Auswahl der Fallstudien und das methodischen Vorgehen präsentiert. Neben der Spezifik des Standortes und den Erhebungen über die beteiligten Akteure und die Organisations- und Finanzierungsstrukturen werden die bisherigen Ergebnisse der BIDs aufgelistet und Erfolgsfaktoren formuliert. In Kap. 9, 10 und 11 werden die drei New Yorker BIDs vorgestellt. Der Teil II endet mit einer vergleichenden Analyse der Fallstudien (Kap. 12).

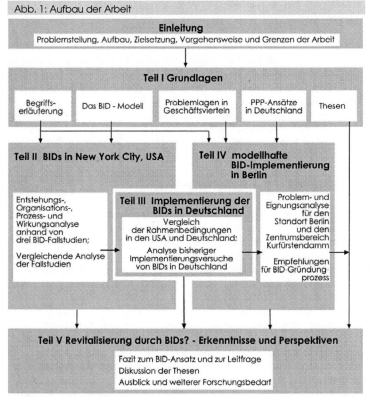

Abb. 1: Aufbau der Arbeit

Einleitung
Problemstellung, Aufbau, Zielsetzung, Vorgehensweise und Grenzen der Arbeit

Teil I Grundlagen

| Begriffs-erläuterung | Das BID - Modell | Problemlagen in Geschäftsvierteln | PPP-Ansätze in Deutschland | Thesen |

Teil II BIDs in New York City, USA

Teil IV modellhafte BID-Implementierung in Berlin

Entstehungs-, Organisations-, Prozess- und Wirkungsanalyse anhand von drei BID-Fallstudien;

Vergleichende Analyse der Fallstudien

Teil III Implementierung der BIDs in Deutschland
Vergleich der Rahmenbedingungen in den USA und Deutschland; Analyse bisheriger Implementierungsversuche von BIDs in Deutschland

Problem- und Eignungsanalyse für den Standort Berlin und den Zentrumsbereich Kurfürstendamm

Empfehlungen für BID-Gründung-prozess

Teil V Revitalisierung durch BIDs? - Erkenntnisse und Perspektiven
Fazit zum BID-Ansatz und zur Leitfrage
Diskussion der Thesen
Ausblick und weiterer Forschungsbedarf

Quelle: eigene Darstellung.

Teil III widmet sich der Frage der Implementierung von BIDs nach Deutschland und nimmt daher eine Art „Brückenfunktion" zwischen Teil II und IV ein (vgl. Abb. 1). Es wird ein Vergleich der BID-relevanten gesellschaftlichen Rahmenbedingungen in den USA und Deutschland (Kap.13) vorgenommen. Die Analyse über die rechtlichen Voraussetzungen für die Implementierung der BIDs und die Vorstellung erster Implementierungsprojekte in einzelnen Bundesländern (Kap. 14) schlägt den Bogen nach Deutschland. Vor diesem Hintergrund erfolgt eine erste Bewertung der Implementierung des Modells und der vorgestellten deutschen Projekte (Kap. 15).

Teil III prüft die Übertragungsmöglichkeiten US-amerikanischer Ansätze nach Deutschland

Am Beispiel des Bundeslandes Berlin werden in Teil IV an einem Standort ohne derzeitige Perspektive für einen BID die Rahmenbedingungen untersucht und analysiert. Anschließend erfolgt eine Einschätzung der Chancen für eine BID-Implementierung (Kap. 16). Vor dem Hintergrund der Übertragbarkeitsanalyse aus Teil III bietet sich der Kurfürstendamm als Modellprojekt für einen Berliner

Teil IV wendet die Erkenntnisse exemplarisch im Bundesland Berlin an

BID an. Der Standort mit seinen nutzungsstrukturellen und akteursspezifischen Rahmenbedingungen wird vorgestellt. Die anschließend formulierten Empfehlungen sind das Ergebnis der Erkenntnisse aus den ersten Teilen der Arbeit. Sie wenden diese exemplarisch auf das Berliner Zentrum an und schätzen die Chancen einer BID-Implementierung ein (Kap. 17). Kap. 18 fasst die wesentlichen Ergebnisse der modellhaften BID-Implementierung im Bundesland Berlin zusammen.

Teil V beantwortet die zentrale Fragestellung der Arbeit

Abschließend werden in Teil V die Schlussfolgerungen aus den Untersuchungen zum BID-Modell gezogen. Sie beginnen mit der Gegenüberstellung der ermittelten Vor- und Nachteile des Modells. Gleichzeitig wird die eigene Position skizziert und die Frage nach der Möglichkeit einer Implementierung des Modells beantwortet (Kap. 19). Vor dem Hintergrund der empirischen Erkenntnisse erfolgt die Diskussion der Thesen (Kap. 20). Den Abschluss bilden ein Ausblick in den zukünftig wünschenswerten Umgang mit der Thematik sowie den weiteren Bedarf an wissenschaftlichen Untersuchungen (Kap. 21).

1.3 Zielsetzung und Vorgehensweise

BIDs sind ein erfolgreiches Instrument der Standortaufwertung in den USA. Ist es denkbar sie auch in Deutschland für die Revitalisierung von Geschäftszentren einzusetzen? Wie müssten die notwendigen Schritte der Implementierung aussehen? Neben dem Aspekt der generellen Leistungsfähigkeit des Modells, wird der Möglichkeit einer Implementierung am Standort Berlin Kurfürstendamm nachgegangen.

Analyse zu BID-Erfolgsfaktoren anhand einer qualitativen Primärerhebung

Ziel der Untersuchungen ist eine Analyse der Erfolgsfaktoren der BIDs, ihrer Organisations- und Funktionsweise und ihre Übertragung in den deutschen Raum. Um die entscheidenden Erfolgsfaktoren benennen zu können, wurden zunächst drei BID-Fallstudien in New York City empirisch untersucht. Neben intensiven Literaturstudien und Analyse der einschlägigen Veröffentlichungen im Internet und sekundärstatistischer Quellen lag das Schwergewicht der Untersuchungen auf einer eigenen qualitativen Primärerhebung. Zu diesem Zweck wurden zu jeder Fallstudie Interviews und standortübergreifende Expertengespräche geführt, an Veranstaltungen teilgenommen sowie örtliche Begehungen durchgeführt.

Implementierung von BIDs nach Deutschland anhand von Fallbeispielen geprüft

Ebenso erfolgt eine Analyse von Ansätzen der Standortaufwertung in verschiedenen Bundesländern in Deutschland. Ziel war es, vor dem Hintergrund der Erkenntnisse über die BIDs die aktuellen Initiativen zu reflektieren und in ihren Wirkungsweisen mit dem BID-Modell zu vergleichen. Methodisch erfolgte eine ähnliche Vorgehensweise wie in New York. Als Interviewpartner wurden sowohl fallbeispielbezogene Akteure, aber auch themenbezogene Experten befragt.

Vorrangig Prozess- und Organisationsstrukturen untersucht

Die Arbeit bewertet vorrangig die Prozess- und Organisationsstrukturen des BID-Modells. Für einen umfassenden Einblick werden zudem Wirkungen benannt. Diese Schwerpunktsetzung wurde für die Auseinandersetzung mit den Implementierungsmodellen in den Bundesländern Nordrhein-Westfalen und

Hamburg und für die konzeptionelle Auseinandersetzung mit der modellhaften BID-Implementierung an einem Berliner Standort gewählt.

1.4 Grenzen der Arbeit

Auf eine ausführliche und umfassende theoretische Abhandlung zu Ursachen und Wirkungen des Strukturwandels im Einzelhandel und seiner Einbettung in gesamtgesellschaftliche Veränderungen sowie auf eine vollständige Darstellung der Diskussion über Public-Private-Partnership wird verzichtet. Sie stehen bei dieser Untersuchung nicht im Zentrum des Interesses, sondern bilden nur den Hintergrund für die eigentlich untersuchte Fragestellung.

Keine umfassende theoretische Auseinandersetzung mit Grundlagen

Der Fokus der Arbeit liegt auf der BID-Implementierung in deutschen Geschäftszentren und den dafür notwendigen Entscheidungen auf Ebene der Bundesländer. Ihre Einstellung gegenüber dem BID-Modell und ihre Bereitschaft zur Mitwirkung sind für den Erfolg der BID-Übertragung wesentlich. Es wird ausschließlich bundeslandbezogene Modelle der BID-Implementierung untersucht und beurteilt. Weitere Projekte zur Einbindung von Eigentümern, wie beispielsweise des Deutschen Seminars für Städtebau und Wirtschaft, blieben deshalb unerwähnt, sind jedoch mit ihren Ergebnissen für den konkreten Übertragungsprozess von BIDs sehr wichtig.

Ausschließlich bundeslandbezogene Modelle untersucht

Auf eine erschöpfende Darstellung der dem Prozess der Stadtentwicklung zugrunde liegenden Steuerungsinstrumente und Kooperationsansätze in den USA und Deutschland wird verzichtet. Das begründet sich in der induktiven Herangehensweise an die Thematik. Insofern werden zum Vergleich hauptsächlich die BID-ähnlichen Modelle der Wirtschaftsförderung hierzulande herangezogen.

Auf erschöpfende Darstellung der Instrumente zur Stadtentwicklung verzichtet

Um den Umfang der Arbeit nicht unnötig zu vergrößern, erfolgen auch keine Ausführungen zu stadtgeschichtlichen Entwicklungsprozessen in den beiden Standorten New York City und Berlin.

Stadtgeschichte bleibt außen vor

I. Teil: Grundlagen

Die folgenden Seiten bereiten die Grundlagen für die Beantwortung der Frage auf, ob und wie sich der nordamerikanische Revitalisierungsansatz BID auch in Deutschland erfolgreich anwenden lässt. Dafür beschreibt Teil I die funktionalen Probleme von Geschäftszentren und setzt sich mit bestehenden Handlungsansätzen auseinander. Anschließend erfolgt eine Kurzdarstellung des Business Improvement District Modells als nordamerikanischen Ansatz zur Revitalisierung von Geschäftszentren. Den Abschluss bildet die Formulierung von Thesen für die weiteren Untersuchungen.

2.
BEGRIFFSERLÄUTERUNGEN

2.1 Definition und Zielsetzung von Revitalisierung

Im Bereich der Stadterneuerung, also der Planung im Bestand, dominierten in den 1970er Jahren baulich-räumliche Aspekte. Heute stehen zunehmend soziale, ökonomische, kulturelle und ökologische Dimensionen von Revitalisierungs- und Entwicklungsprozessen im Vordergrund des Interesses. Ein weiterer wichtiger Aspekt ist die Mobilisierung lokaler Selbsthilfe.

Soziale, ökonomische, kulturelle und ökologische Aspekte gewinnen in der Stadterneuerung an Bedeutung

Diese Hinwendung zu einem ganzheitlichen, integrativen Verständnis der aktuellen Schwerpunktaufgaben wird durch die Begriffsumwandlung von der Stadterneuerung zur Revitalisierung verdeutlicht. Es geht nicht nur um die Stadt als städtebaulichen Raum, sondern auch um ihre Funktion als Wirtschafts- und Sozialraum.

Begriffsumwandlung von der Stadterneuerung zur Revitalisierung steht für umfassenderen Ansatz

Die Revitalisierung von Geschäftszentren ist aus dieser Perspektive mit folgenden Zielsetzungen verbunden:
- der wirtschaftlichen Stärkung des Standortes und einer damit verbundenen Sicherung und Schaffung von Arbeitsplätzen;
- der Steigerung des Bekanntheitsgrades des Gebietes;
- der langfristigen Reduzierung des Leerstandes;
- der Verbesserung der Aufenthaltsqualität im öffentlichen Raum und
- der Belebung des öffentlichen Raumes.

Revitalisierung steht für eine vielschichtige Zielsetzung

2.2 Typologie und Funktionen von Geschäftszentren

Die vorliegende Arbeit konzentriert sich räumlich auf Geschäftszentren. Diese werden als multifunktionale Stadträume, deren Wahrnehmung durch die gewerbliche Nutzung (insbesondere die des Einzelhandels) geprägt ist, verstanden.

Existenz unterschiedlicher Zentrentypen in innerstädtischen Agglomerationen

Das innerstädtische Zentrengefüge verfügt über unterschiedliche Typen von Geschäftszentren (Schäfer 1998, S. 18f):
- Nachbarschaftszentren,
- Stadtviertelzentren,
- Stadtteilzentren und
- Stadtzentren (City).

Die Spezifik von **Nachbarschaftszentren** besteht in einer Ladengruppe, die den täglichen Bedarf abdeckt und vor allem Kunden aus der näheren Umgebung versorgt. Die Kunden können das Zentrum fußläufig erreichen.

Stadtviertelzentren bieten demgegenüber ein erweitertes Angebot an Gütern des täglichen Bedarfs. Zusätzlich führen sie in einem größeren Umfang Waren des mittelfristigen Bedarfs und in einem geringen Umfang Waren des langfristigen Bedarfs. Da sich ihr Kundenkreis bereits auf die Einwohner ganzer Stadtviertel erweitert hat, erfolgt deren Anreise häufig mit öffentlichen und privaten Verkehrsmitteln.

Die **Stadtteilzentren** sichern neben der Versorgung mit kurzfristigen Gütern vor allem das Angebot für den mittelfristigen und langfristigen Bedarf. Je nach Ausstattungsgrad mit öffentlichen und kulturellen Einrichtungen (z. B. Behörden, Volkshochschulen) variiert der Einzugsbereich solcher Zentren.

Das **Stadtzentrum** (City) als Haupteinkaufszentrum verfügt über ein vergleichsweise geringes Angebot an Gütern des täglichen Bedarfs. Im Gegenzug bietet es jedoch spezialisierte und exklusive Einzelhandels- und Dienstleistungsbetriebe (Schäfer 1998, S. 18ff).

Begriff Geschäftszentren bezieht sich auf alle Zentrentypen

Die Verwendung des Begriffs Geschäftszentrum spricht alle oben genannten Zentrentypen an. In dieser Untersuchung wird zunächst keine Einengung auf einen bestimmten Zentrentyp vorgenommen, da davon auszugehen ist, dass die Probleme ähnlich sind. Unterschiedliche Entwicklungschancen und Potenziale der Geschäftszentren spielen dann bei der Bewertung der verschiedenen Vorgehensweisen und der Verallgemeinerung der Erfahrungen eine Rolle (vgl. Kap. 15 und Teil V).

Zusätzliche Bewertung von Geschäftsstandorten durch Benennungen wie 1a- oder 1b-Lage

Ergänzend zu den Geschäftszentrentypen bewertet man gewachsene Standorte in Kategorien wie 1a- und 1b-Lagen. Kriterien für diese Zuordnung sind zum Beispiel Passantenfrequenzen und der Einzelhandelsbesatz.
1a-Lagen weisen dabei spezifische Merkmale bezüglich unterschiedlicher Ebenen auf, wie (Blotevogel 2004, S. 12f):
- eine Segmentierung und Polarisierung innerhalb der Cities (Luxusmeile, Waren- und Kaufhausrennstrecke oder auch Trend- und Szenemeile);
- spezifische Flächenmerkmale (größere Flächen, voll klimatisiert und Deckenhöhen mindestens 3 m) sowie
- spezifische Unternehmen (Internationalisierung, Filialisierung und geringer Anteil an mittelständischen Einzelhändlern).

Für 1b-Lagen lassen sich beispielsweise folgende Merkmale festhalten:
- heterogener Branchenmix;

- hoher Anteil an Spezial- und Nischenanbietern;
- zahlreiche Dienstleister und
- ein deutlich geringerer Anteil an Bekleidungsgeschäften.

2.3 Zum Modell der Business Improvement Districts

Business Improvement Districts (BIDs) sind ein aus Nordamerika stammendes Modell zur Revitalisierung von zumeist innerstädtischen Geschäftszentren. In ihrem Wesen kennzeichnen sie eine eigenfinanzierte Organisation von Grundstückseigentümer und Gewerbetreibenden, die die Entwicklung ihres Standortes gezielt beeinflusst. Gestützt auf gesetzliche Grundlagen erfolgt in einem klar abgegrenzten Geltungsbereich über einen begrenzten Zeitraum die Bildung einer Interessensgemeinschaft, in der gemeinsam beschlossene Maßnahmen über einen Pflichtbeitrag finanziert werden.

BIDs - privat finanziertes Organisations- und Finanzierungsmodell zur Aufwertung von Geschäftszentren

Die finanziellen Beiträge der Mitglieder dienen als verlässliche, mehrjährige Einnahmequelle für die wirtschaftliche Entwicklung am Standort. Der Einzug des Pflichtbeitrages erfolgt zusammen mit der Grundsteuer über die Gemeinde, wird dann jedoch vollständig an den BID weitergereicht. Aus dem Budget werden Dienstleistungen und Sachinvestitionen finanziert, die über die üblichen Leistungen der Gemeinde hinausgehen. Da an der Finanzierung genau diejenigen beteiligt werden, die von den Aktivitäten profitieren, stellen BIDs eine Selbsthilfemaßnahme dar, die auf einer Art „Selbstbesteuerung" und privatwirtschaftlicher Organisation beruht (Bloem / Bock 2001, S. 11).

Durch „Selbstbesteuerung" der Eigentümer verlässliche Finanzierungsgrundlage für geplante Maßnahmen

3.

AKTUELLE ENTWICKLUNGEN IN GESCHÄFTSZENTREN

UNTER BESONDERER BERÜCKSICHTIGUNG DES EINZELHANDELS

Das nun folgende Kapitel gibt einen kurzen Überblick über die Charakteristik von Geschäftszentren und beschreibt die Ursachen und Wirkungen ihrer aktuellen Veränderungsdynamik. Es erfolgt eine Fokussierung auf den Wandel im Einzelhandelsbereich, wobei an dieser Stelle eindeutig darauf hingewiesen wird, dass ebenso der Dienstleistungs- wie auch der Gastronomiesektor die Funktionalität eines Geschäftsviertels prägen und negative Veränderungen in diesen Bereichen zu einer Standortschwächung beitragen. So führt beispielsweise der Rückzug der Banken, durch die Aufgabe von Bankfilialen, und die Schließung von Gastronomiebetrieben zu einer Abwertung des Geschäftszentrums. Hinzu kommt noch die touristische Funktion mit ihren eigenen Ansprüchen und Gesetzmäßigkeiten, insbesondere beim Standort Innenstadt. Diese Vielfalt an Aufgaben soll mit der nun folgenden Fokussierung keinesfalls vergessen werden. Die stadtbildprägende Wirkung einer ausgewogenen Einzelhandelstruktur dient stellvertretend als Ausgangspunkt, um die derzeitigen Problemlagen in Geschäftsvierteln zu verdeutlichen. Da über die Ursachen des Strukturwandels im Einzelhandel und den daraus resultierenden Probleme bereits vielfach geschrieben wurde (vgl. Junker / Kruse 1998; Hatzfeld 1996; Schäfer 1998 etc.), werden die Zusammenhänge in kursorischer Form dargelegt.

3.1 Die Bedeutung des Einzelhandels für Geschäftszentren

Zentrenfunktion ergibt sich durch Bedeutungsüberschuss gegenüber der Umgebung

Traditionelle innerstädtische Zentren zeichnen sich durch Multifunktionalität und ein Mehr an Bedeutung gegenüber dem sie umgebenden Raum aus. Die sie prägende Nutzungsvielfalt drückt sich in Funktionen wie Identifikation, wirtschaftliche Prosperität, soziale Vielfalt und Öffentlichkeit aus (vgl. Abb. 2).

Handel als Leitfunktion im Zentrum historisch ableitbar

In dem Zusammenspiel von Nutzungen und Funktionen kommt dem Handel eine Leitfunktion zu, die sich historisch erklären lässt. Die Funktion als Markt- und Handelsplatz stellt für viele Städte die Ursache für ihre Gründung als mittelalterliche Siedlung dar. Im 19. und zu Beginn des 20. Jahrhunderts gingen von Warenhäusern wesentliche Impulse für die Entwicklung einer handelsorientierten Innenstadt aus.

Die Nachkriegszeit war dann von einer vorwiegend ökonomischen Gesetzen gehorchenden einhandelsorientierten Entwicklung der City geprägt. Zahlungsschwächere Nutzungen wie das Wohnen wurden zugunsten zahlungsstärkerer Nutzungen, vor allem durch Handel und Dienstleistung, ersetzt. Diese Entwicklungen beruhten auf den Interessen der Unternehmer im Einzelhandel aber auch der Nutzer der Stadträume.

Zunehmende Verdrängung von Wohnen durch Handel und Dienstleistungen in Citylagen

Für den Handel waren die gute Erreichbarkeit, die traditionelle Bedeutung der Innenstadt bzw. der Stadtteilzentren und die Agglomerationsvorteile durch die Konzentration des Einzelhandels vorteilhaft. Das Grundeigentum schätzte die hohen Mietzahlungen des Handels. Die Besucher städtischer Zentren schließlich legten ebenfalls großen Wert auf einkaufsbezogene Angebote.

Zentral gelegener Handel war für alle Akteure mit Vorteilen verbunden

Abb. 2: Die Funktionen gewachsener Zentren

Marktgeschehen
- Handel, Dienstleistungen
- Freizeitgestaltung

Identifikation
- Geschichtliche Kontinuität
- Veränderung

Stadt als Kulturraum

Vielfalt
- Mischung gesellschaftlicher Gruppen
- Kontraste

Öffentlichkeit
- gesellschaftliche Auseinandersetzung
- Verwaltung, Kirche, Politik, Kultur

Quelle: Reichhardt 2004, S. 2.

Das hauptsächlich in Großstädten bestehende polyzentrale Netz aus verschiedenen Zentrentypen funktionierte solange, wie jedes Zentrum seinem Rang entsprechende Bedarfskategorien anbot und außerhalb der definierten Zentren keine zusätzliche Verbreitung des Einzelhandels stattfand. Durch die Fähigkeit des Einzelhandels, neue Einkaufszentren in peripheren Lagen zu entwickeln, hat sich das innerstädtische Zentrengefüge in den vergangenen Jahrzehnten nachhaltig verändert. Immer mehr traditionelle Standorte kämpfen heute mit Qualitäts- und Funktionsverlusten. Die hierfür verantwortlichen Entwicklungen stellt der nun folgende Abschnitt dar.

Funktionsstörungen in den Zentren durch neue Entwicklungen

3.2 Allgemeine Entwicklungen im Einzelhandel und ihre Auswirkungen auf Geschäftszentren

Die Entwicklung des Einzelhandels in innerstädtischen Zentren muss im Kontext mit generellen Veränderungen im Einzelhandelssektor gesehen werden. Deshalb wird im Folgenden zunächst auf die wesentlichen Aspekte des seit den 1960er Jahren ablaufenden Strukturwandels eingegangen.

Ursachen des Strukturwandels sind Veränderungen auf der Angebots- und Nachfragerseite

Der Begriff „Strukturwandel im Einzelhandel" umfasst eine Vielzahl heterogener und meist eng miteinander verzahnter, prozesshafter Veränderungen. Sie haben einerseits ihre Ursache in betriebswirtschaftlichen Innovationen und technologischen Fortschritten in Bereichen der Lagerung und verkehrlichen Logistik. Andererseits sind sie eine Reaktion des Einzelhandels auf veränderte Rahmenbedingungen im Konsumverhalten und im industriellen Güterangebot.

Trend zur Unternehmens- und Umsatzkonzentration

Ein wichtiges Merkmal des Strukturwandels im Einzelhandel stellt die Unternehmenskonzentration aufgrund einer Intensivierung des Wettbewerbs dar. Dieser Prozess begann in Deutschland bereits in den 1960er Jahren. Von 1962 bis 1976 verringerte sich der Bestand an Einzelhandelsunternehmen um mehr als ein Viertel (Schäfer 1998, S. 53f). Zeitgleich kam es zum Bedeutungsverlust der Klein- gegenüber den Großunternehmen des Einzelhandels. Im Zeitraum zwischen 1970 und 1990 verringerte sich der Anteil von Kleinbetrieben mit einem Jahresumsatz unter 125.000 Euro um etwa ein Drittel. Im mittleren Umsatzbereich (von 125.000 bis 5 Millionen EUR Jahresumsatz) fand eine annähernde Verdopplung statt. In der oberen Umsatzklasse (ab 5 Millionen EUR Jahresumsatz) war der Anstieg mit einer Versechsfachung der Anzahl der Unternehmen am größten. Hier fand im gleichen Zeitraum beinahe eine Versechsfachung der Unternehmensanzahl statt. Diese cirka 6000 umsatzstärksten Unternehmen stellten 1990 nur 1,5 Prozent des gesamten Bestandes an Einzelhandelsunternehmen dar, konnten aber bereits fast 58 Prozent der Gesamtumsätze auf sich vereinen (Schäfer 1998, S. 54f).

Expansion der Verkaufsflächen

Der Strukturwandel im Einzelhandel ist des Weiteren durch ein exzessives Wachstum der Verkaufsflächen gekennzeichnet. Die Gesamtverkaufsfläche des Einzelhandels stieg im Zeitraum zwischen 1965 und 1984 um über 100 Prozent auf etwa 61 Millionen Quadratmeter an. Das entspricht einer Verdopplung der durchschnittlichen Verkaufsfläche je Einwohner von 0,5 (1965) auf 0,99 Quadratmeter (1985). Im Jahr 1991 belief sich die Gesamtverkaufsfläche des Einzelhandels in den alten Bundesländern auf etwa 73 Millionen Quadratmeter (Schäfer 1998, S. 55).

Neben der Zunahme der Gesamtverkaufsfläche stieg auch die durchschnittliche Verkaufsfläche pro Betrieb bzw. die betriebswirtschaftlich notwendige Mindestverkaufsfläche. Die „untere Betriebsgröße" der noch als marktgängig erachteten Lebensmittelgeschäfte liegt zwischen 400 und 700 Quadratmeter Verkaufsfläche (Hatzfeld 1996, S. 37).

Betriebsformendynamik

In engem Zusammenhang mit der Zunahme der Verkaufsflächen im Einzelhandel steht die Entstehung neuer, meist großflächiger Betriebsformen an überwiegend dezentralen, von motorisierten Kunden bevorzugten Standorten. Diese neuen Betriebsformen (vgl. Hatzfeld 1996, Bleyer 1999, Schäfer 1998) haben den Strukturwandel im Einzelhandel entscheidend beeinflusst. Negative Auswirkungen hat diese Entwicklung vor allem auf den innerstädtischen Einzelhandel, besonders dann wenn er innenstadtaffine Sortimente wie zum Beispiel Bekleidung, Schuhe, Haushaltswaren oder Spielwaren anbietet. Die neuen Betriebsformen zeichnen sich durch zunehmend kurzlebigere Zyklen aus. Sie erleben in immer kürzeren Zeiträumen ihre Reifezeit und stehen in Konkurrenz mit nachfolgenden Innovationen, durch die sie teilweise abgelöst werden (vgl. Abb. 3).

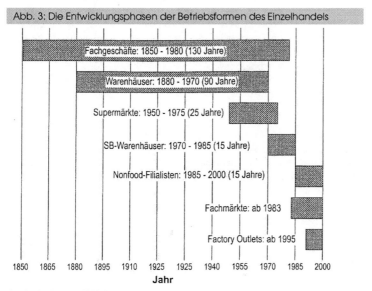

Abb. 3: Die Entwicklungsphasen der Betriebsformen des Einzelhandels

Fachgeschäfte: 1850 - 1980 (130 Jahre)

Warenhäuser: 1880 - 1970 (90 Jahre)

Supermärkte: 1950 - 1975 (25 Jahre)

SB-Warenhäuser: 1970 - 1985 (15 Jahre)

Nonfood-Filialisten: 1985 - 2000 (15 Jahre)

Fachmärkte: ab 1983

Factory Outlets: ab 1995

1850   1865   1880   1895   1910   1925   1925   1940   1955   1970   1985   2000

Jahr

Quelle: Steinbach 2000, S. 30.

Träger dieses grundlegenden Wandels in den Unternehmen und Betrieben sind heute im Wesentlichen international oder national tätige Filialunternehmen mit einer an den Großhandel erinnernden Einkaufsorganisation, zentraler Betriebsabrechnung und Kontrolle sowie mit einem einheitlichen Design der Läden. Der Erfolg solcher neuen Betriebsformen potenziert sich durch innovative Strategien des Marketings wie zum Beispiel:

**Neue Angebots- und Verkaufs-
konzepte**

- Verkaufstrategien der Diskontierung mit Selbstbedienungssystem;
- eigenständige Medienwerbung (Prospekte, Zeitungsanzeigen u.a.).);
- Database-Marketing (z. B. Kunden-Rabattmarken).

Neben den hier dargestellten Entwicklungen auf der Angebotsseite sind Veränderungen im Verhalten der Konsumenten für den Strukturwandel im Einzelhandel mitverantwortlich.

Der weitere Ausbau der Verkehrsinfrastruktur und die damit einhergehende Motorisierung schufen die Voraussetzung für eine stark zunehmende Mobilität der Konsumenten. Dieser Wandel hin zu räumlich flexiblen Kunden ermöglichte eine fortschreitende Dezentralisierung des Handels.

Mobilitätssteigerung der Kunden

Eine weitere Ursache für den Wandel in der räumlichen Angebotsstruktur des Einzelhandels stellt die Veränderung des Konsumentenverhaltens dar. Hauptcharakteristikum ist die Polarisierung in einen Versorgungs- und einen

**Neues Einkaufsverhalten
verändert Nachfrage**

Erlebniseinkauf. Die Mehrzahl der Konsumenten entwickelt bei (qualitativ weitgehend standardisierten) Gütern des periodischen und täglichen Bedarfs ein zunehmendes Preisbewusstsein (Schäfer 1998, S. 64). Dementsprechend sind für den so genannten Versorgungseinkauf Kriterien wie Preisniveau, schnelle Erreichbarkeit und ausreichende Parkmöglichkeiten wichtig und werden durch die neuen großflächigen Betriebsformen bedient.

Im Gegensatz dazu wird der Einkauf von Gütern des individuellen, speziell mittelfristigen und gehobenen langfristigen Bedarfs immer mehr als Freizeiterlebnis betrachtet. Beim so genannten Erlebniseinkauf treten Faktoren wie Beratung, Einkaufsatmosphäre, breites und tiefgegliedertes Angebot mit Vergleichsmöglichkeiten in den Vordergrund und werden durch das alternative Angebot von attraktiven Freizeitaktivitäten wie zum Beispiel Gastronomie, Kino ergänzt.

Suburbanisierung der Wohnbevölkerung

Der Bevölkerungsrückgang in den Kernstädten zugunsten des Stadtrandes und des Umlandes ist eine entscheidende Einflussgröße im Strukturwandel des Einzelhandels. Die aus der Dislokation der Wohnorte resultierende Verlagerung der Nachfrage und die am Stadtrand oder im Umland vorhandenen Standortvorteile für Einzelhandelsunternehmen begünstigten die Etablierung neuer Unternehmen in nicht integrierten Lagen (Schäfer 1998, S. 64f).

Anforderungen der neuen Betriebsformen führen zur Disallokation des Einzelhandels

Die in der Innenstadt und ihren Subzentren vorhandenen begrenzten räumlichen Verhältnisse bei gleichzeitig hohen Boden- und Mietpreisen waren für die neuen Betriebsformen mit ihrem hohen Flächenbedarf unter betriebswirtschaftlichen Gesichtspunkten nicht attraktiv. Insbesondere Stadtteilzentren kämpfen mit Nachteilen, wie (Grotz / Waldhausen-Apfelbaum 2000, S. 101):

- einem Mangel an ausreichend großen Grundstücken für die neuen Betriebsformen;
- Grundstückspreise und Mieten sind zwar geringer als im Hauptzentrum, aber deutlich höher als am Stadtrand;
- eingeschränkten bzw. kostenpflichtigen Parkmöglichkeiten und
- höheren städtebaulichen Auflagen als auf der „grünen" Wiese.

Raumbezogene Veränderungen betreffen die Anzahl, den Charakter und die Lage der Standorte

Wesentliche raumbezogene Veränderungen sind (Hatzfeld 1996, S. 46):

- Die absolute Zahl der Angebotsstandorte geht – zumindest im besonders sensiblen Bereich der Grundversorgung – maßgeblich zurück (Rückzug des Handels aus der Fläche);
- Der „Charakter" der (verbleibenden) Einzelhandelsgeschäfte verändert sich nachhaltig (Maßstabsveränderung, Vereinheitlichung, ökonomische Zentralisierung);
- Die räumliche Angebotsstruktur stellt sich vollständig anders dar. Diese Struktur polarisiert sich immer mehr in zentrale Innenstadtstandorte und nicht- bzw. teilintegrierte Standorte („Überlagerungsagglomeration" in Stadtzentren, Suburbanisierung des Handels).

Handel löst sich zunehmend von traditionellen Standorten

Es ist eine Tatsache, dass sich der Handel zunehmend von „traditionellen" stadtstrukturellen und infrastrukturellen Voraussetzungen wie Bevölkerungsdichte, ÖPNV-Anbindung, Standortverbindung mit anderen Handelsbetrieben löst. Daraus resultiert eine generelle Tendenz zum Verlust des spezifischen Lokalbezugs der Handelsfunktion und der städtischen Identifikationsfunktion mit Persönlichkeiten, Traditionen oder Bauwerken. Räumliche Steuerung aufgrund stadtplanerischer Zielvorstellungen wird somit immer schwieriger (Hatzfeld 1996, S. 46f). Einige besonders verkehrsgünstig gelegene und bevölkerungsreiche Zentren können ihre Position stärken. Die Mehrzahl der Subzentren in den gründerzeitlichen Wohngebieten zeigt jedoch Zeichen des beginnenden Verfalls.

Die Ökonomisierung des Handels wirkt sich nicht nur auf Standortstrukturen des Einzelhandels und das Konsumverhalten der Kunden aus, sondern wirkt parallel dazu auf den Gestaltungsaspekt und die soziale Funktion des öffentlichen Raums der Stadt.

Veränderungen im öffentlichen Raum der Stadt

Der Handel hat im Zuge der aufgezeigten Entwicklungen auch seine äußere Gestalt verändert. Die Corporate Identity der Geschäfte führt zu vereinheitlichten Außengestaltungen und vermindert oft städtebauliche und stadtgestalterische Qualitäten.

Vereinheitlichung des Erscheinungsbildes und Innenorientierung der Geschäfte

Eine ähnliche negative Wirkung entsteht durch die zunehmende „Innenorientierung" der Filialen und Shoppingcenter. Die Anforderungen an eine qualitativ hochwertige Stadtgestaltung, wie:
- angepasste Dimensionierung,
- historische Einordnung,
- Integration in den Bestand oder
- Auswahl geeigneter Baumaterialien

werden bei der Planung und Entwicklung von großflächigen Handelsbetrieben „weggewogen". Die Nutzung durchaus vorhandener Potenziale für gestalterische Initiativen wird im Zuge der Ökonomisierung der Marktfunktion zunehmend schwieriger.

Die mit der Selbstbedienungsfunktion und der Personalfluktuation einhergehende Beschleunigung und Entpersönlichung des Einkaufs führt zum Verlust der sozialen Funktion von Einzelhandelsgeschäften. Halböffentliche Räume, Treffpunkte und Möglichkeiten der Kommunikation im Quartier gehen verloren oder verlieren ihre städtischen Qualitäten. Der Verlust öffentlicher Begegnungsräume wird also durch die gegenwärtige Einzelhandelsentwicklung verstärkt (Hatzfeld 1996, S. 48f).

Neue Verkaufskonzepte fördern den Verlust der sozialen Funktion des Einzelhandels

Im Ergebnis entstehen komplizierte Ursache-Wirkungs-Zusammenhänge, die die Konkurrenzsituation unter den Subzentren, aber auch zwischen den Ebenen der Zentrenhierarchie, verschärfen. Dazu zählen (Steinbach 2000, S. 32f):
- massive Kaufkraftverluste in den Geschäftszentren infolge von Randwanderung bzw. Überalterung der verbleibenden Bevölkerung sowie durch eine Konzentration der neuen autogerechten Standorte am Stadtrand;
- Überalterung des Bestandes an baulichen Strukturen, der in Design und Attraktivität nicht mit den Citys und dem virtuellen Erlebniswelten großer Shoppingcenter konkurrieren kann;
- Verlust der traditionellen Funktion dieser Geschäftsstraßen als wichtige Achse des Individualverkehrs (meist radiale Ausfallstraße der Citys). Über sie laufen oft wichtige Straßenbahn- oder Buslinien, die die Einrichtung

Komplizierte Ursache-Wirkungs-Zusammenhänge verschärfen die Konkurrenz in der Zentrenhierarchie

von Fußgängerzonen oder verkehrsberuhigten Bereichen bzw. Maßnahmen des Verkehrsmanagements unmöglich machen;

- Die Standortpolitik der Filialunternehmen, die ihre Geschäfte nur an sehr attraktiven Standorten eröffnen und auf Kaufkraftverluste der Stadtteilzentren relativ schnell mit Verlagerung reagieren;
- Die fehlende Initiative von Politik und Stadtplanung mit dem Resultat, dass die Suburbanisierung des Einzelhandels entweder gefördert oder zumindest nicht verhindert wurde;
- Die fehlende Zusammenarbeit des lokalen Einzelhandels, so dass attraktive, die Kunden anziehende, Gemeinschaftsaktionen wie einheitliche Öffnungszeiten oder Straßenfeste nicht zustande kommen oder in Ansätzen stecken bleiben.

Stadtteilzentren leiden besonders unter dem Strukturwandel

In der Folge erweisen sich die historisch gewachsenen Geschäftszentren, insbesondere die Stadtteilzentren, als die eigentlichen Verlierer des Strukturwandels von Betriebsformen und Standorten. Zurück bleibt eine ausgedünnte Branchenstruktur, deren Angebot hauptsächlich auf die lokalen Bedürfnisse ausgerichtet ist. Häufig wird die Situation durch eine größere Anzahl leer stehender Geschäfte zusätzlich kompliziert.

Inhabergeführte Fachgeschäfte geben zunehmend ihr Geschäft auf

Der Kaufkraftverlust in den Zentren gefährdet die Existenz inhabergeführter Fachgeschäfte und älterer, kleinerer Supermärkte. Stadtteilzentren verfügen zudem selten über die Anziehungskraft der Innenstadt mit (groß-)städtischem Flair, interessanten Straßenzügen mit Fußgängerzone, Angebotsvielfalt und vielen Kombinationsmöglichkeiten.

Der soziale Wandel erschwert die Überlebenschancen von spezialisierten Geschäften und leistet komprimierten, vielseitigen Angeboten Vorschub

Die Ausrichtung der Geschäftszentren auf die spezifischen Bedürfnisse der Wohnbevölkerung in ihrem Einzugsbereich bringt bei veränderten Rahmenbedingungen diverse Schwierigkeiten mit sich. Die Individualisierung von Lebensläufen und –stilen hat die bisherige Zuordnung in soziale Klassen, Schichten, Berufs- und Haushaltsgruppen mit ihren spezifischen Verhaltensmustern erschwert. Die Folge ist ein verändertes Verteilungsbild der Versorgungseinrichtungen, der Wünsche und der Bedürfnisse der Bewohner in Stadtteilen und Wohnvierteln. Für die traditionellen Standorte wird es immer schwieriger, sich gegenüber komprimierteren Angebotsformen zu behaupten.

Auch wenn sich die Veränderungen des Strukturwandels im Einzelhandel auf Stadtteilzentren nachhaltiger als auf Citylagen auswirken, wird die generell schwierige Lage von Geschäftszentren deutlich. Welche Handlungsansätze zur Abwendung dieser fatalen Situation bestehen, stellt das folgende Kapitel dar.

4.

PUBLIC PRIVATE PARTNERSHIP IN DER STADTENTWICKLUNG

Das Verhältnis zwischen öffentlichem und privatem Sektor hat sich in den letzten Jahrzehnten stark gewandelt. Grundlegend veränderte Rahmenbedingungen leiteten die Wende von der hoheitlichen zur kooperativen Planung ein. Neben kommunalen Instrumenten, wie zum Beispiel in Berlin der Stadtentwicklungsplan Zentren, haben sich durch diesen Wandel vielfältige, für Geschäftszentren relevante, Formen von Public Private Partnership (PPP) entwickelt. Auf diese wird nun vertiefend eingegangen, um einen Überblick über bereits vorhandene Ansätze zur Revitalisierung von Standorten zu bekommen. Das Kapitel endet mit einer Bewertung der Leistungsfähigkeit heutiger PPP-Ansätze.

4.1 Entstehung und Grundzüge von PPP

Der Begriff Public Private Partnership bezieht sich auf kein spezifisches, gesetzlich geregeltes Instrument oder ein in bestimmte verbindliche Schritte gegliedertes Verfahren, sondern ist zum Schlagwort sämtlicher Kooperationsbeziehungen des Staates mit privaten Akteuren avanciert. Diese können formeller oder informeller Natur, vertraglich fixiert oder „per Handschlag" geregelt sein (Heinz 1998, S. 210).

Kooperation zwischen öffentlicher und privater Hand

In den USA bereits in den 1970er Jahren verstärkt zum Einsatz gebracht, arbeitete die öffentliche Hand seit Anfang der 1980er Jahre in den westeuropäischen Industrienationen mit privaten Akteuren zunehmend zusammen. Im deutschsprachigen Raum setzte sich der PPP-Begriff erst in den späten 1980er Jahren durch. Überlegungen in Richtung einer partnerschaftlichen Zusammenarbeit zwischen öffentlicher und privater Hand haben in Deutschland eine ganze Reihe von Ursachen (Heinz 1998, S. 211ff):

Vielschichtige Ursache für PPP in Deutschland

- **Wirtschaftlicher Strukturwandel und veränderte Marktverhältnisse** verschärften die Wettbewerbssituation unter den Städte und Gemeinden. Damit einher ging eine Fokussierung kommunaler Planungs- und Entwicklungsstrategien auf das strategische Ziel „Stärkung der kommunalen Wettbewerbsfähigkeit". Wegen der Komplexität des Vorhabens und gleichzeitig knapper Haushaltskassen mussten neue Wege gefunden werden.
- **Die zunehmende, wettbewerbsbedingte Konkurrenz unter den Städten und ihren Zentren** führten zu einer Ablösung umfassender und multisektoraler Planungsansätze durch kommunale Marketingstrategien und /

oder einzelne, ökonomisch bedeutsame Großvorhaben mit hohem Imagewert.

- **Umfangreiche Defizite in der Infrastruktur und Planung** beschleunigten in den neuen Bundesländern nach der Wende die Suche nach neuen Handlungsspielräumen. In diesem Zusammenhang wurde stark auf private Akteure sowie deren Kapital und Planungskapazitäten gesetzt.

- **Durch den tendenziellen Rückzug des Staates** aus den öffentlichen Aufgaben entwickelte sich die Wirtschaftspolitik in Richtung Deregulierung und Privatisierung. Für die „Zukunftssicherung des Standortes Deutschland" wurden weit reichende Privatisierungsmaßnahmen beim Bund und den Ländern eingeleitet. Es kam zu Änderungen des Haushalts- und Steuerrechts sowie veränderten Bestimmungen zur wirtschaftlichen Betätigung der Städte in den Gemeindeverordnungen. Anfang der 1990er Jahre begann dann der Umbau- und Transformationsprozess kommunaler Verwaltungen zu Dienstleistungsunternehmen und der Stadtbürger zu Kunden.

Diese Veränderungen in den Rahmenbedingungen der kommunalen Tätigkeit waren mit einem sich verschärfenden internationalen Wettbewerb, Auslöser für die Suche nach neuen Wegen. Die Einbeziehung der privaten Hand in die Stadtentwicklung ist die wesentliche Neuerung, bei dem Versuch die Strukturkrise zu bewältigen.

4.2 Akteure und Organisation von PPP

Schwerpunkt auf Kooperation zwischen kommunaler Ebene und kapitalkräftigen privaten Akteuren

Die Art und Anzahl der Akteure innerhalb von PPP-Vorhaben unterliegt keinen festen Regeln und richtet sich nach der spezifischen Situation. Verallgemeinernd wird festgehalten, dass es sich bei den Vertretern der öffentlichen Seite nahezu ausschließlich um Vertreter der kommunalen Ebene handelt. Bund und Länder spielen gelegentlich bei der Initialisierung von PPP eine Rolle. Von privater Seite aus sind in der Regel kapitalkräftige Akteure wie Grundstücksentwickler, Immobiliengesellschaften, große Unternehmensgruppen oder institutionelle Anleger (Banken und Versicherungsgesellschaften) beteiligt. Nachbarschaftsorganisationen oder Bürgerinitiativen spielen hingegen schon aufgrund ihrer geringeren finanziellen Ausstattung bei solchen Initiativen kaum eine Rolle (Heinz 1998, S. 216).

Gemeinsames Ziel bei verschiedenen Motiven

Beide Kooperationspartner erwarten spezifische Vorteile von ihrem Engagement. Die öffentliche Hand erwartet, dass durch die verstärkte Zusammenarbeit mit dem privaten Sektor fachliche Kompetenzen und finanzielle Kapazitäten gewonnen werden. Das würde den Planungs- und Umsetzungsprozess möglichst frühzeitig durch privatwirtschaftliches Know-how unterstützen. Öffentliches Interesse ist es, privates Kapital zu mobilisieren, die Verwaltungskapazitäten und öffentlichen Haushalte zu entlasten und eine schnelle Realisierung der geplanten Maßnahmen zu erreichen. Von privater Seite ist man vor allem am Zugang zu lokalen Vollmachten und Befugnissen, einer stärkeren Beeinflussung planerischer Verfahren, dem Zugang zu kommunalen Informationskanälen und insbesondere einer gesicherten, weitgehend risikolosen Durchführung der Projekte interessiert (Heinz 1998, S. 216f).

Der grundsätzlich bestehende Interessensgegensatz von öffentlichem Ge- meinwohl und privatem Gewinnstreben, beinhaltet ein Konfliktpotenzial, dass in wirtschaftlichen Wachstumsphasen auf konsensualem Wege ausgeräumt werden kann. In Zeiten wirtschaftlicher Stagnation wird die Suche nach einem Konsens jedoch immer beschwerlicher (Heinz 1998, S. 217).

Zunehmender Interessensge- gensatz in wirtschaftlich schlechten Zeiten

Gemessen an ihrem Institutionalisierungsgrad lassen sich die unterschiedlichen Kooperationsansätze in drei Gruppen typisieren (Heinz 1998, S. 220 ff):

Institutionalisierungsgrad der Kooperationstypen

- **Informelle Kooperation lokaler Führungskräfte:** Diese Partnerschaften die- nen in der Regel als Initiatoren und Koordinatoren bei umfassenden Planungs- und Entwicklungsstrategien. Sie sind nicht für die Realisierung spezifischer Leistungen und Vorhaben zuständig. Als Partner kooperieren hier oft einflussreiche Vertreter der Wirtschaft bzw. ihrer Verbände mit den Spitzen aus kommunaler Politik und / oder Verwaltung. Das laufende Ge- schäft wird von Steuerungs- oder Koordinierungsgruppen durchgeführt (Heinz 1998, S. 220f).
- **Vertraglich geregelte Kooperation:** Diese auf Vertragsbasis beruhende Form der Zusammenarbeit zwischen öffentlicher und privater Hand ist die häufigste Form der Kooperation. Dabei werden Vereinbarungen über die Rollen und Zuständigkeiten der Akteure, ihre Aufgaben- und Handlungs- schwerpunkte, der personelle, finanzielle und materielle Einsatz sowie die Verteilung möglicher Risiken getroffen. Die Ausgestaltung der Verträge hängt maßgeblich vom konkreten Vorhaben und den damit verbunde- nen Zielen und Aufgaben ab. Außerdem beeinflussen die Kompetenz, die Professionalität und das Verhandlungsgeschick der beteiligten Parteien den Prozess in hohem Maße (Heinz 1998, S. 221ff).
- **Gemischtwirtschaftliche Unternehmen:** Diese Form der Zusammenarbeit stellt eine gemeinsam durch einen oder mehrere Träger der öffentlichen Hand mit Rechtssubjekten der Privatwirtschaft gegründete Gesellschaft eines privatrechtlich organisierten Unternehmens dar (Naschold et al. 1996, S. 106). In der Regel werden dabei bis zu 51 Prozent der Kapitalan- teile von der öffentlichen Hand gehalten. Bei diesem Kooperationstyp findet eine Organisationsprivatisierung mit partieller Finanzierungs- und Funktionsprivatisierung statt (Tettinger 1997, S. 125ff). Diese Form der Part- nerschaft bietet für die Kommune die Möglichkeit, Aufgaben aus dem zukünftigen Haushalt auszugliedern, jedoch nicht ganz auf ihre Kontrolle verzichten zu müssen.

Neben dem Grad der Institutionalisierung differenziert man in unterschiedliche Formen der Privatisierung (Heinz 1998, S. 214):

Differenzierung in unterschiedli- che Privatisierungsformen

- **Formelle oder Organisationsprivatisierung:** Organisationsform, bei der die jeweilige Aufgabe weiter von der öffentlichen Hand, aber in privater Rechtsform ausgeführt wird (Beispiel: Theater GmbH);
- **Materielle Privatisierung:** Organisationsform, bei der die öffentlichen Auf- gaben oder Leistungen vollständig an Private übergeben werden (Beispiel: Kulturbetriebe);
- **Funktionale Privatisierung:** Organisationsform, bei der der Aufgabenvoll- zug durch Dritte erfolgt, die Verantwortung jedoch weiter bei der öffentlichen Hand verbleibt (Beispiel: Müllabfuhr);

- **Teilprivatisierung:** gemeinsame, kooperative oder arbeitsteilige Aufgaben- und Leistungserfüllung von öffentlichen und privaten Akteuren.

4.3 Einordnung und Bewertung von PPP in Geschäftszentren

Auf den Bereich von Geschäftszentren haben vielseitige PPP-Ansätze Einfluss, ...

Abgesehen von den dargestellten organisatorischen Möglichkeiten entwickelten sich differenzierte Formen von PPP, die sich hinsichtlich ihrer räumlichen Bezugsebenen, durch ihre Ziele und Maßnahmen unterscheiden. Nach ihrer inhaltlichen Zielsetzung lassen sich zwei Ansatztypen unterscheiden. Zum einen die stärker auf öffentliches Wohl orientierten und von der öffentlichen Hand geförderten PPP-Ansätze. Zum anderen die überwiegend gewinnorientierten, nicht öffentlich geförderten Ansätze.

... die zum Teil stärker am Gemeinwohl orientiert sind,...

Den für Geschäftszentren relevanten öffentlich geförderten Ansätzen lassen sich das:
- City-Management für Innenstädte;
- Quartiersmanagement für Stadtteile und
- direkt für Geschäftsstandorte

zuordnen.

... zum anderen Teil auf privatwirtschaftliche Interessen eingehen.

Unter privatwirtschaftlich finanzierten Ansätzen werden hier insbesondere:
- Vermietungsoffensiven;
- Management-Gesellschaften (vgl. urbanPR / GSR / DSSW 2004, S. 21f.) und
- Straßenarbeitsgemeinschaften (SAG)

verstanden. Bei diesen Initiativen spielen Eigentümer als handelnde Akteure bereits schon heute eine wichtige Rolle.

Initiator ist bei beiden Typen oftmals die öffentliche Hand, unterschiedlich sind ihre Wirkungsräume

Beiden Typen gemeinsam sind die primäre Initiative und die vorzugsweise Übernahme der Koordinations- und Managementfinanzierung durch den öffentlichen Sektor. Bei der Ausrichtung der Maßnahmen kommt hingegen das differenzierte Herangehen der Verantwortlichen zum Tragen. Während die öffentlich geförderten PPP-Ansätze umfassendere Maßnahmenkataloge aufweisen, die sich meistens auf den öffentlichen Raum beziehen, orientieren sich die privat finanzierten auf spezielle, wirtschaftlich attraktive Maßnahmen, deren Schwerpunktbezug in der Regel nicht der öffentliche Raum ist. Beispielsweise geht es bei dabei um die Aufwertung der Branchenstruktur und die Beseitigung von Negativfaktoren wie Leerstand. Öffentlich geförderte Initiativen beinhalten zusätzlich die Aufwertung und Gestaltung des öffentlichen Raums ein. Daraus ergibt sich eine unterschiedliche Verantwortung in Haftungsfragen. Bei privat finanzierten PPP-Ansätzen verlagert sich das Risiko naturgemäß auf den privaten Sektor.

SAGs wenden sich gegen die Wettbewerbsvorteile der Shoppingcenter

Die Straßenarbeitsgemeinschaften, ein Zusammenschluss ortsansässiger Gewerbetreibender und gelegentlich auch Eigentümer, waren die ersten organisierten Formen, um an einem Standort übergreifende Interessen zu bündeln und wirtschaftlich effektive Maßnahmen umzusetzen. Sieht man von dem sehr erfolgreichen Konzept der Shoppingcenter ab, sind SAGs auch heute noch die häufigste Strategie, den lokalen Einzelhandel durch eine gemeinsame Konzeption wettbewerbsfähig zu machen. Die SAG haben unbestreitbare Potenziale, wie:

- Bündelung von Ressourcen für gemeinsame Ziele;
- Interessenvertretung gegenüber Entscheidungsträgern und
- Möglichkeit an jedem Standort durch eine engagierte Initiative ins Leben gerufen zu werden.

Trotzdem haben viele zunehmend mit Existenzproblemen zu kämpfen (vgl. Abb. 4).

Abb. 4: Die Problemstruktur von Straßenarbeitsgemeinschaften

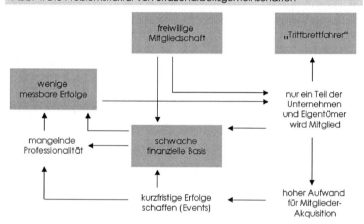

Quelle: Reichhardt 2004, S. 10.

Die meisten SAGs arbeiten mit ehrenamtlichen Kräften und mit einer bescheidenen Finanzierung, die den Aufbau arbeitsfähiger Strukturen erschwert und die effektive Umsetzung von Projekten nahezu unmöglich macht. Das fehlende schriftlich formulierte Arbeitsprogramm ist eine Folge dieser Rahmenbedingungen und gleichzeitig Ursache für den vorherrschenden Aktionismus und fehlende strategische Arbeit. Dementsprechend fehlt es an substanziellen Erfolgen dieser Initiativen.

Zeitliche und finanzielle Restriktionen bei den SAGs führen zu einem geringen Umfang an messbaren Erfolgen

Die Probleme der SAGs lassen nicht nur das Konzept der Shoppingcenter erfolgreicher erscheinen, sondern haben auch zur Entwicklung der Modells Geschäftsstraßenmanagements geführt. Dieser Ansatz versucht mittels stärkerer öffentlicher Unterstützung die Aufwertung des Standortes voranzutreiben. Der Schwerpunkt liegt dabei auf einer dialog- und umsetzungsorientierten Kommunikation, die handlungsfähige Strukturen am Standort fördert.

Geschäftsstraßenmanagement als mögliche Alternative

Warum lohnt es sich trotzdem über die Notwendigkeit neuer Ansätze nachzudenken? Die dem Geschäftsstraßenmanagement zugrunde liegende Mischfinanzierung aus öffentlichen und privaten Mitteln schafft einerseits positive Rahmenbedingungen, bringt aber auch Zwänge mit sich. Die begrenzte finanzielle Ausstattung von EU-, Bundes-, oder Länderprogrammen sowie der von den Kommunen zu leistende Eigenanteil zwingen zu einer selektiven Auswahl begünstigter Gebiete. Die Förderung aller Problemgebiete ist schlicht

Öffentliche Förderung ist einerseits hilfreich, führt jedoch zu Exklusivitäten und externer Einflussnahme

unmöglich, so dass es immer Gebiete geben wird, in denen trotz einer ähnlichen Bedarfssituation kein PPP-Ansatz installiert wird. Für begünstigte Standorte ergeben sich aus der Inanspruchnahme öffentlicher Mittel Zwänge. Sie betreffen den Zeitrahmen und die inhaltliche Ausrichtung, die erheblich durch Auflagen aus den Fördergremien bestimmt werden.

Zentrale Schwäche der Ansätze liegen in der Organisation, Konzeptentwicklung und / oder Finanzierung

Die zentralen Schwächen der vorgestellten Strategien liegen demnach in:

- der unprofessionellen Organisationsstruktur und / oder
- der inhaltlich mangelhaften bzw. fehlenden Konzeptentwicklung und / oder
- der unzureichenden Finanzierung von Management und Projekten.

Außerdem verpflichten sich bei den bisher dargestellten privatwirtschaftlichen Ansätzen nur jene Akteure, die sich schriftlich zu den Vereinbarungen bekennen. Somit partizipieren „Trittbrettfahrer" an den Ergebnissen und die Einbeziehung der Eigentümer in die Standortaufwertung erfolgt nur einzelprojektbezogen.

Aus der Schilderung des Status Quo mit seinen offensichtlichen Defiziten leitet sich die Motivation für eine nähere Untersuchung des nordamerikanischen Modells der Business Improvement Districts ab. Worin sich diese Strategie von den vorgestellten Ansätzen unterscheidet, wird im Folgenden näher erläutert.

5.

DAS MODELL DER BUSINESS IMPROVEMENT DISTRICTS

Das Modell des BID wurde in seiner Grundstruktur bereits in mehreren Studien vor allem aus dem amerikanischen Raum analysiert und in einer Studie aus dem deutschen Raum dargestellt (vgl. u. a. Mitchell 1999; Houstoun 2003; Bloem / Bock 2001). Eine detaillierte Untersuchung und Bewertung aus dem deutschsprachigen Raum steht allerdings noch aus. Teil II der vorliegenden Arbeit zeichnet anhand von Fallstudien aus New York City einen Erfahrungsbericht zur Arbeits- und Wirkungsweise von BIDs nach.

Zunächst verdeutlicht das folgende Kapitel die Grundzüge dieses Ansatzes, geht auf die gesetzlich vorgegebenen Prozess- und Organisationsstruktur von BIDs am Beispiel des Bundesstaates New York ein und zeigt Tätigkeitsfelder des Ansatzes auf. Die in diesem Kapitel formulierten Zusammenhänge sind zum Teil der wissenschaftlichen Literatur entnommen und entsprechend gekennzeichnet. Zusätzlich wurden eigene Erkenntnisse aus einem mehrmonatigen Forschungsaufenthalt in New York City verarbeitet.

5.1 Ausgangspunkt der BID-Entwicklung

Die Geburtsstunde des BID schlug Mitte der sechziger Jahre in Bloor West Village in Kanada, einem Stadtteil von Toronto. Auslöser war die Eröffnung einer U-Bahnlinie in die Innenstadt, die zu einer starken Abwanderung der Kunden aus dem Stadtteilzentrum führte. In der Folge kam es zu einem nachhaltigen Leerstand an Gewerberäumen. Als zusätzlich die Eröffnung eines nahe gelegenen Einkaufszentrums das restliche Geschäftsleben zu zerstören drohte, taten sich einige Gewerbetreibende zusammen. Der Versuch freiwillige Spenden von den Geschäftsleuten zu akquirieren, erbrachte nicht genügend Mittel für die notwendigen Aufwertungsmaßnahmen. Daraufhin wandte sich die Initiative mit dem Antrag an die Stadt, ein Gesetz zu verabschieden, dass es erlaubt, über ein Erhebung einer kommunalen Abgabe von den in Frage kommenden Eigentümern in dem betroffenen Gebiet Geld für die Aufwertung des Standortes einzuziehen. Spricht sich eine Mehrheit für eine solche Zahlung aus, würde das Geld an einen gewählten Vorstand des Districts zur Durchführung der zuvor beschlossenen Maßnahmen weitergeben werden (Kiro 2003, S. 16f).

Im Ergebnis der Initiative erließen die Regierungen von Toronto und der Provinz Ontario neue Gesetze, die Geschäftsleute in einem abgegrenzten Gebiet nach Gründung eines BID zu einer Abgabe verpflichten. Das war Anfang der

BID-Ursprung liegt in Toronto

identisch verwendete Bezeichnungen:
Business Improvement Area;
Special Improvement District
Special Assessment District;
Business Assistance District;
Business Improvement Zone;
Special Services Area;
Parking and Business
Improvement Area;
Self-supported Municipal
Improvement District

Anfang der 1970er Jahre Verabschiedung eines Gesetzes zur Einrichtung des ersten BID

1970er Jahre die Geburtsstunde der BIDs. Heute bestehen derartige Organisationen nicht nur in vielen Stadtzentren Kanadas und den USA, sondern mittlerweile auch in Australien, Jamaika und Südafrika (Bloem / Bock 2001, S. 12). In den USA arbeiten derzeit cirka 600 BIDs, weltweit wird die Zahl auf ungefähr 1200 geschätzt (Büttner 2004, S. 23). Großbritannien befindet sich derzeit ebenfalls im BID-Einführungsprozess. Der Vollständigkeit halber sei erwähnt, dass unterschiedliche Bezeichnungen für das im Grundprinzip gleiche Modell existieren (siehe nebenstehende Aufzählung). Im Folgenden wird jedoch ausschließlich der Begriff BID verwendet.

5.2 Grundidee der BIDs

BID als Selbstverpflichtung von Eigentümern zu einer privat finanzierten Standortaufwertung

Sinn und Zweck der BIDs ist die privatwirtschaftlich finanzierte Planung und Realisierung von Maßnahmen, die die Leistungen der öffentlichen Hand ergänzen. BIDs sind vertraglich geregelte Kooperationen, bei denen eine Teilprivatisierung von Maßnahmen stattfindet (vgl. Kapitel 4.2.). Die Gründung sollte durch private Initiativen erfolgen, wobei eine enge Abstimmung mit der öffentlichen Hand angestrebt wird.

Genehmigung von BID erfolgt über Mehrheitsvotum

In den meisten Bundesstaaten ist für die Genehmigung eines BID durch die lokale Regierung die Zustimmung der betroffenen Eigentümer und Geschäftsleute notwendig. Die erforderliche Mehrheit schwankt innerhalb der Bundesstaaten zwischen 51 bis 70 Prozent (Mitchell 1999, S. 10ff).

Erhebung von Abgaben über Landesgesetze legitimiert

Der rechtlich verbindliche Rahmen für die Selbstverpflichtung aller Eigentümer / Gewerbetreibenden des Gebietes (je nach Landesgesetz, in New York nur von Eigentümern) wird durch die jeweiligen Landes- und Gemeindegesetze in den USA sichergestellt. Diese differieren bezüglich der Modalitäten der Gründung, der Finanzierung und den Kontrollverfahren. In der Regel erlässt der jeweilige Bundesstaat das Gesetz, dass den lokalen Regierungen die Gründung von BID erlaubt. Gesetzlich geregelt wird (Mitchell 1999, S. 10):

- wie die Abgaben erhoben werden können;
- welche Aktivitäten möglich sind;
- die Größe und Zusammensetzung der leitenden Gremien und
- welchen Prozess die lokale Initiative bis zur Gründung durchlaufen haben muss.

Freiwillige Gründung nach Mehrheitsbeschluss

Wesensmerkmal eines BID ist die Gründung auf freiwilliger Basis. Einmal eingerichtet, ist die Entrichtung eines finanziellen Beitrages jedoch bindend für alle Eigentümer und / oder Gewerbetreibende.

Wesentliche Grundzüge von BIDs überall ähnlich

Auch wenn aufgrund der individuellen bundesstaatlichen Gesetzgebung in einzelnen Punkten differenzierte Ausformungen bei BIDs auftreten, lassen sich doch allgemeingültige Grundzüge festhalten. BIDs (in Anlehnung an Bloem / Bock 2001, S. 11):

1. sind klar definierte – meist innerstädtische – Bereiche;
2. sind durch ein Gesetz legalisiert;
3. setzen einen Bottom-up-Prozess voraus, bei dem die Initiative von der lokalen Wirtschaft (Grundeigentümer, Gewerbetreibende) ausgeht;

4. werden durch einen Beschluss der Gemeinde rechtskräftig;
5. sind ausschließlich durch private Mittel finanziert;
6. setzen Dienstleistungen und Sachinvestitionen zur Aufwertung des Geschäftsviertels um, die eine Ergänzung zu öffentlichen Leistungen darstellen;
7. sind zeitlich befristet;
8. haben eine klare Arbeitsplanung und sind rechenschaftspflichtig.

BIDs bewegen sich in den USA im Umfeld anderer Wirtschaftsförderungsansätze. So dienen die so genannten Empire- und Empowerment-Zones ebenfalls der wirtschaftlichen Entwicklung von Standorten. Allerdings sind diese, vom Bundesstaat beziehungsweise von der Gemeinde initiierten Modelle öffentlich finanzierte Instrumente, um private Investitionen zu veranlassen und Arbeitsplätze zu sichern, beziehungsweise zu schaffen. Als Unterstützung bieten sie steuerliche Anreize für Unternehmen. Demgegenüber sind BIDs privat initiiert und finanziert. Sie agieren stärker aus dem Blickfeld der Eigentümer im Gebiet.

Neben BIDs existieren öffentlich finanzierte Wirtschaftsförderungsansätze

5.3 Akteure und Finanzierung von BIDs

Wie in den bereits vorgestellten PPP-Ansätzen beteiligen sich auch in einem BID die öffentlichen und privaten Akteure:

Obwohl BIDs eine Form von PPP darstellen, agieren die öffentlichen Gremien eher in der zweiten Reihe. Eine bedeutende Rolle kommt ihnen im Genehmigungsprozess zu. In der Phase der Konstituierung nimmt die öffentliche Verwaltung eine beratende Rolle ein und tritt punktuell als finanzieller Mittelgeber auf. Eine umfangreiche finanzielle Hilfe erfolgt jedoch nicht. Prozessbegleitend fungieren öffentliche Akteure als Aufsichtsbehörde und sind für die finanzielle Kontrolle zuständig. Punktuell werden sie bei der Verlängerung der Geltungsdauer von BIDs tätig.

Öffentliche Hand agiert aus der zweiten Reihe

Die öffentliche Hand hat im Gründungsprozess oftmals eine initiierende Funktion und beteiligt sich nicht selten an dessen Organisation und Finanzierung des Gründungsprozesses. In der Stadt New York ist für die Begleitung und Unterstützung der lokalen Initiativen das Department of Small Business Services (DSBS) zuständig. Dabei werden durch das Department folgende Aufgaben geleistet:
- Koordination und Kontrolle aller BIDs in der Stadt;
- Beratung der lokalen Initiativen während der Gründung;
- Teilnahme an den Treffen der Führungsgremien;
- beratende und schulende Funktion im laufenden Betrieb der BIDs;
- ggf. finanzielle Unterstützung der lokalen Initiative im Gründungsprozess;
- Durchführung von Wettbewerben unter den BIDs.

Öffentliche Hand als beratendes und kontrollierendes Gremium

Eine kontinuierliche und zuverlässige Tätigkeit des öffentlichen Sektors im District ist eine wesentliche Rahmenbedingung für das erfolgreiche Wirken von BIDs. In einigen Fällen erfolgt sogar eine vertraglich fixierte Vereinbarung zwischen Kommune und BID, dass die öffentlichen Leistungen aufgrund des privaten Engagements nicht zurückgefahren werden. Einen zuverlässigen

Leistungen der öffentlichen Hand weiterhin essenziell

Schutz vor der Kürzung öffentlicher Leistungen gibt es allerdings nicht. Sie muss jedoch nur geduldet werden, wenn sie im gesamten Stadtgebiet erfolgt und insofern keine Ungleichbehandlung darstellt (Eng, 06.11.2003).

Unterschiedliche Beteiligung der öffentlichen Hand in den Bundesstaaten

Die Beteiligung der öffentlichen Hand als Eigentümer an der Beitragszahlung ist nach Bundesstaaten unterschiedlich geregelt. In New York City zahlen die Kommunen keine Beiträge. Die Entscheidung, sich finanziell an BIDs zu beteiligen, wird oftmals durch das politische Kalkül bestimmt. Schließlich kann die öffentliche Beteiligung als Motivation für die Zustimmung des privaten Sektors dienen und zeigt zudem, dass beide Seiten inhaltlich gleiche Ziele verfolgen.

Erhebung der Beiträge über das reguläre Steuersystem

Für die praktische Durchführung der Beitragszahlung ist die Erhebung der Abgabe über das reguläre Steuersystem sowie die direkte, vollständige Weitergabe an den BID von eminenter Wichtigkeit. Erst diese Leistung stellt die Funktionsfähigkeit des BID sicher. Ein Vertrag zwischen der Kommune und dem BID regelt dann die Details, wie die Art der Erhebung, den Zeitpunkt der Überweisung an den BID oder auch die Höhe von Zuschüssen, die die Stadt eventuell leistet (Eng, 06.11.2003).

Private Akteure sind die zentralen Spielmacher

Unbestritten sind engagierte ortansässige, private Akteure für einen BID von großer Bedeutung. Es liegt an ihnen, die grundlegenden Probleme und Aufgabenstellungen zu definieren und daraus einen entsprechenden Katalog von Maßnahmen zu entwickeln. Zudem sind sie für die Finanzierung und das Management des BID zuständig.

Abb. 5: Organisationsstruktur von Business Improvement Districts

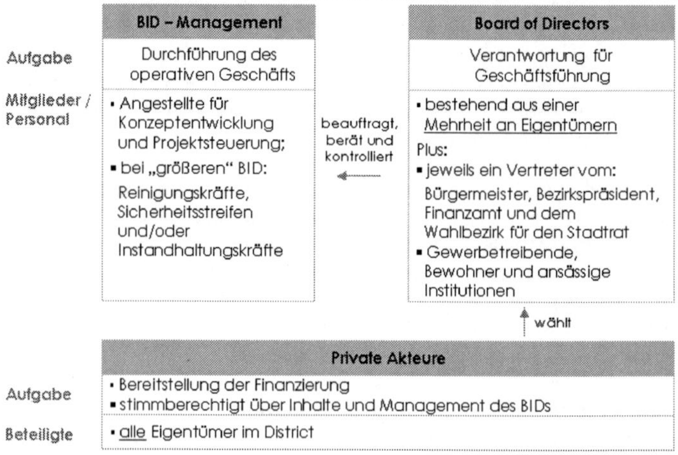
BID – Management
Board of Directors
Aufgabe
Durchführung des operativen Geschäfts
Verantwortung für Geschäftsführung
Mitglieder / Personal
▪ Angestellte für Konzeptentwicklung und Projektsteuerung;
▪ bei „größeren" BID:
Reinigungskräfte, Sicherheitsstreifen und/oder Instandhaltungskräfte
beauftragt, berät und kontrolliert
▪ bestehend aus einer Mehrheit an Eigentümern
Plus:
▪ jeweils ein Vertreter vom:
Bürgermeister, Bezirkspräsident, Finanzamt und dem Wahlbezirk für den Stadtrat
▪ Gewerbetreibende, Bewohner und ansässige Institutionen
wählt
Private Akteure
Aufgabe
▪ Bereitstellung der Finanzierung
▪ stimmberechtigt über Inhalte und Management des BIDs
Beteiligte
▪ alle Eigentümer im District

Quelle: eigene Darstellung.

Unterstützung und Kontrolle des Managements durch einen Aufsichtrat aus privaten und öffentlichen Akteuren

Der Aufsichtsrat eines BID, in New York City das Board of Directors, setzt sich je nach Bundesstaat aus Vertretern der Eigentümer, öffentlichen Einrichtungen, Gewerbetreibenden, Bewohner und sonstigen Institutionen zusammen. Er überwacht sämtliche Aktivitäten und wählt einen Districtmanager, den Executive Director (Mitchell 1999, S. 12).

Die Zusammensetzung des Boards of Directors in New York City ist zahlenmä-ßig nicht reglementiert, unterliegt aber einer klar definierten Vorgaben. Das Gesetz des Bundesstaates New York legt fest, dass sich das Board mehrheitlich aus Eigentümern des District ergänzt durch Gewerbetreibende und Bewohner zusammensetzen soll. Des Weiteren muss mindestens ein Vertreter der folgenden Institutionen vertreten sein (NY 1982, S. 66):

- Bürgermeister;
- Bezirkspräsident;
- Finanzamt;
- Wahlbezirk des Stadtrats.

Mehrheit von Eigentümern im Aufsichtsrat des BID

Das operative Geschäft wird bei der Mehrheit der BIDs von einem gemeinnützigen Träger (District Management Association, DMA) ausgeführt. Diese DMA ist für die Durchführung der Maßnahmen und Aktivitäten, die im District Plan festgelegt wurden, verantwortlich.

Eigenes Management für das operative Geschäft

Es gibt jedoch auch BIDs, die das Management von einem öffentlichen Träger ausführen lassen. Das ist jedoch in zweierlei Hinsicht problematisch: erstens verzögern sich die Verwaltungs- und Entscheidungsprozesse und zweitens kann eine solche Handhabung nicht mehr als Privatinitiative von Eigentümern und Gewerbetreibenden vermittelt werden (Mitchell 1999, S.12).

Öffentliche Einrichtungen für das Management problematisch

Die DMA muss mindestens einmal jährlich ein Treffen organisieren, auf dem das Budget und die Aktivitäten für das kommende Jahr diskutiert werden. Zudem ist sie verpflichtet, einen jährlichen Rechenschaftsbericht (Annual Report) über die durchgeführten Maßnahmen und Ausgaben anzufertigen und die Planung für das nächste Jahr vorzustellen.

Rechenschaftspflicht durch jährliche Berichterstattung

Die Berechnung der Beiträge ist auf unterschiedliche Weise möglich. Welche Formeln zur Anwendung kommen dürfen, wird durch das jeweilige Landesgesetz geregelt. Die gebräuchlichsten Vorgehensweisen zur Bemessung der Beiträge sind (Houstoun 2003, S. 53ff.):

Unterschiedliche Berechnungsgrundlagen für Finanzierung möglich

- **Berechnung nach dem Einheitswert der Grundsteuer:** Bei diesem bevorzugten Verfahren wird ein konkret festgelegter Prozentsatz der ohnehin fälligen Steuern als Beitrag abgeführt. Für diesen Ansatz sprechen die leicht nachvollziehbare Berechnung und die Berücksichtigung der unterschiedlichen Grundstückswerte.

$$\text{Abgabe} = \frac{\text{Grundsteuer des Einzelnen x Budget des BID}}{\text{Gesamtaufkommen an Grundsteuer, die im Gebiet bezahlt werden muss}}$$

- **Berechnung nach der Fläche der Gebäude:** Als Berechnungsgrundlage für diesen Beitrag dient hier die vorhandene Gebäudefläche. Besitzer unbebauter Grundstücke zahlen keinen Beitrag. Dieser Umstand wird vielfach als ungerecht empfunden, da letztlich alle von den Aktivitäten des BID profitieren. Zudem wird oftmals nicht zwischen der Nutzung der Fläche unterschieden, was zu ungerechtfertigten finanziellen Belastungen führen kann.
- **Berechnung nach der Länge der straßenseitig gelegenen Grundstücksfront:** Für diese Vorgehensweise spricht, dass bei steigenden Bodenwerten

keine automatische Erhöhung der Beiträge erfolgt. Dieses Argument kann an finanzschwachen Standorten greifen. Allerdings können bei sehr schmalen, nach hinten ausgedehnten Grundstücken unbegründete Vorteile entstehen. Zudem gibt es bei Eckgrundstücken mit ihren doppelten Straßenfronten Schwierigkeiten.

- **Berechnung anhand der Lage des Grundstücks:** Dieser Ansatz versucht, dem Umstand Rechnung zu tragen, dass sich die Vorteile aus einem BID in Abhängigkeit von der Entfernung zu zentral gelegenen Einrichtungen verhalten. Verteilen sich die BID-Wirkungen relativ gleichmäßig im Gebiet, ist dieser Ansatz unbrauchbar. Bei diesem Verfahren sind die Beiträge vergleichsweise schwer zu ermitteln.

- **Berechnung anhand der unterschiedlichen gewerblichen Nutzung:** Mit dieser Methode soll dem unterschiedlichen Grad des Nutzens durch den BID mittels verschiedener Beitragswerte Rechnung getragen werden. Kommt es jedoch während der Laufzeit des BID zu einer Änderung der Nutzung des Grundstücks muss die Beitragsberechnung angepasst werden.

Beitrag zumeist geringfügiger Prozentsatz der Grundsteuer, die jedoch in den USA ein anderes Niveau hat

Bei einer Berechnung der Beiträge anhand des Einheitswertes der Grundsteuer, werden meist 5 Prozent der Steuer als Beitrag erhoben. In Gebieten mit niedrigen Bodenwerten oder in Kommunen mit einer niedrigen Steuerrate kann der Beitrag bis zu 10 - 20 Prozent der Grundsteuer betragen. Im Verhältnis zu Deutschland ist jedoch die Grundsteuer in den USA sehr viel höher. Ein Fakt, der bei der Implementierung der BIDs in Deutschland Berücksichtigung finden muss. Da sich aber das Gesamtbudget und damit der individuelle Beitrag von den geplanten Maßnahmen ableitet, lässt sich keine allgemeingültige Beitragshöhe angeben. Die durchschnittliche Belastung, bezogen auf die Gewerbemiete, beträgt bei den BIDs in Toronto zum Beispiel im Monat 0,10 bis 0,20 EUR-Cent pro Quadratmeter. Im Ergebnis kommt es zu einer Mehrbelastung von cirka 200 EUR im Jahr (Bloem / Bock 2001, S. 18f). Erfolgt die Berechnung anhand der Fläche, werden meist Beiträge von 0,10 bis 0,15 US Dollar pro Square Foot fällig (1 m² = ca. 11 Square Feet). Sowohl die Art der Beitragsberechnung als auch die Höhe des eingezogenen Betrages bleibt bei vielen BIDs über die Jahre unverändert.

Stark differierende Beiträge, entsprechend der Geschäftslage

Für normale Geschäftslagen in Downtown Manhattan beläuft sich der Beitrag auf cirka 1,30 Dollar pro Quadratmeter im Jahr. Hingegen zahlen 1a-Lagen wie zum Beispiel die Madison Avenue bis zu 6,50 Dollar Quadratmeter im Jahr. Das bedeutet für einen 500 Quadratmeter großen Laden eine Abgabe von cirka 270 Dollar im Monat (0,54 Dollar pro qm / Monat) entspricht (Felsch o. J. S. 9).

Zusätzliche Einnahmen über Fördermittel und privatwirtschaftliches Engagement möglich

Neben den Beiträgen gibt es für die BIDs die Möglichkeit zusätzlicher Einnahmen. So beantragt das BID-Management öffentliche Fördermittel, spricht Stiftungen auf finanzielle Unterstützung an oder nimmt Kredite auf. Eine weitere Alternative, durch zusätzliche Mittel das Budget zu erhöhen, besteht in einer eigenständigen wirtschaftlichen Tätigkeit, wie zum Beispiel der Parkraumbewirtschaftung oder der Durchführung von Veranstaltungen (vgl. Kap. 10).

5.4 Entstehungsprozess der BIDs

Die Grundzüge der Entstehung eines BID lassen sich anhand eines durch das Department of Small Business Services in der Stadt New York formulierten Ablaufschemas beispielhaft erläutern. Es beruht auf den gesetzlichen Vorgaben des Bundesstaates New York. Initialzündung für eine Gründung ist die Initiative ortsansässiger Gewerbetreibender und Eigentümer vor Ort. An diese richtet sich eine vom DSBS in New York City herausgegebener Leitfaden zur BID-Gründung. Das DSBS teilt den Gründungsprozess in drei Phasen ein. Die ersten beiden Phasen sind von der Privatinitiative zu realisieren (DSBS 2003, S. 7):

Je nach Landesgesetz stark formalisierter Gründungsprozess

- Phase 1: Planung
- Phase 2: Information
- Phase 3: Genehmigung

Insgesamt sind elf Schritte erforderlich, um zur Genehmigungsphase (Phase 3) zugelassen zu werden (vgl. Tab. 1). Diese stark formalisierte Vorgehensweise hat zwei Ziele. Zum einen wird den Initiatoren eine Hilfestellung gegeben. Zum anderen dient dieser Ablaufplan als eine Kontrolle der öffentlichen Hand für die rechtmäßige Durchführung des Beteiligungs- und Informationsverfahrens.

Zu Beginn wird mit der Gründung eines Steering Committees eine informelle Organisationsform gebildet, in der möglichst alle Interessensgruppen aus dem Gebiet beteiligt werden. Das Committee erarbeitet in den folgenden Treffen ein Programm zur Standortaufwertung, den District Plan. Er beinhaltet Schwerpunkte der zukünftigen Tätigkeit, die räumliche Eingrenzung des Geltungsbereiches, die konkreten Ziele der Standortaufwertung, einen Maßnahmenkatalog und das dazugehörige Finanzierungskonzept (Bloem / Bock 2001, S. 16). Grundlage für die Ausarbeitung des Arbeitsprogramms sind Befragungen unter den Gewerbetreibenden, Eigentümern und Konsumenten. Mit Hilfe des DSBS wird dann, wie bereits erwähnt, ein Vorschlag für die Berechnung des Beitrages vorbereitet.

Konzeption und Beitragsermittlung stehen anfangs im Mittelpunkt

Tab. 1: Ablaufplan der Gründung eines BID (TOP 1 – 11)

Phase1 1: Planung
1. Kontaktaufnahme mit DSBS,
2. Eignung für einen BID klären,
3. Gründung des Steering Committee,
4. Definition der Ziele,
5. Erstellung der Datenbasis zum Gebiet,
6. Befragung der Betroffenen,
7. District Plan erstellen,

Phase 2: Information
8. Information aller Eigentümer über das Vorhaben,
9. Erste öffentliche Veranstaltung inkl. Abfrage der Zustimmung,
10. Zweite öffentliche Veranstaltung inkl. Abfrage der Zustimmung,
11. Anfertigung einer Dokumentation über Vorgehen und Zustimmung,

Phase 3: Genehmigungsverfahren (siehe Tabelle 2)

Quelle. DSBS 2003, S. 7.

Information der Betroffenen als zweiten Schritt

Der Versand der Unterlagen an alle Eigentümer eröffnet die so genannte Informationsphase (Phase 2). Auf mehreren für alle Interessierten zugänglichen Veranstaltungen wird das Vorhaben nun diskutiert. Im Vordergrund der Beratungen stehen die Zielsetzung und die notwendigen Maßnahmen. Anschließend dokumentiert das Steering Committee die Vorgehensweise, und Zustimmung durch die Eigentümer (DSBS 2003, S. 7). Vorrangiges Ziel der Dokumentation ist die umfassende Information aller zukünftigen Beitragszahler und der Nachweis über die erforderliche Zustimmung der Betroffenen. In New York entscheidet im Gegensatz zu vielen anderen Bundesstaaten eine Negativabstimmung. Danach ist bei 51 Prozent Gegenstimmen der Eigentümer die Gründung des BID gescheitert. In anderen Bundesstaaten werden durch den Gesetzgeber bis zu 70 Prozent Zustimmung von Seiten der Eigentümer eingefordert (Bloem / Bock 2001, S. 16).

Genehmigungsprozess erfordert ähnlich aufwändigen Informations- und Beteiligungsprozess wie das deutsche Bebauungsplanverfahren

Im Anschluss an Phase 2 beginnt der öffentliche Teil des Gründungsverfahrens, der üblicherweise neun Monate in Anspruch nimmt und im Detail in Tabelle 2 nachgelesen werden kann. Zunächst werden öffentliche Einrichtungen des Bezirkes und der Stadt sowie das Community Board als bezirkliche Interessensvertretung der Bürger über das Vorhaben informiert. Diese sollen Stellung beziehen und können Einwände erheben. Über öffentliche Anhörungen wird allen Betroffenen die Möglichkeit gegeben, sich an dem Entscheidungsprozess zu beteiligen (DSBS 2003, S. 23). Bis 30 Tage nach der Anhörung haben die Eigentümer Zeit bei der Stadt Einspruch gegen das Vorhaben zu erheben. Wenn dabei über 50 Prozent Gegenstimmen erreicht werden, wird das Vorhaben abgelehnt. Bei mehrheitlicher Zustimmung erfolgen die Genehmigung und damit die rechtkräftige Anerkennung des BID. In der Folge kommt es zum Vertragsabschluss des DSBS mit einer DMA, die zukünftig als Aufgabenträger fungiert.

Jährliche Überprüfung des Budget durch die Kommune

Nach der Genehmigung des BID werden die Abgaben durch die Gemeinde erhoben und auf monatlicher Basis an die DMA ausgezahlt. Die DMA muss in der Stadt New York ihr Budget jährlich überprüfen lassen und wenn notwendig die vorgesehenen Maßnahmen an die Höhe des Budgets anpassen. Eine Aufstockung der Beiträge ist jedoch nur mit Zustimmung des City Council möglich (Eng, 06.11.2003).

Zeitlich begrenzte Existenz des BID, Verlängerung per neues Abstimmungsverfahren möglich

Üblicherweise enthalten die BID-Gesetze eine „sunset clause" und sind somit nur für einen begrenzten Zeitraum gültig. Die Frist ist in den meisten Bundesstaaten auf fünf Jahre begrenzt und bedeutet, dass sich der BID danach automatisch auflöst (Bloem / Bock 2001, S. 16). Zum einen erwartet man, dass in diesem Zeitraum bereits viele Maßnahmen umgesetzt sind und zum anderen soll die strikte zeitliche Begrenzung die Zustimmung vieler Betroffener erleichtern. Gleichzeitig entsteht für die Verantwortlichen einen nachhaltiger Erfolgsdruck für den optimalen Einsatz der Ressourcen. Nach einem erneuten Abstimmungsverfahren ist dann die Verlängerung möglich.

Gründungsprozess durch Eingriff ins Privateigentum sehr aufwändig

Die Gründung eines BID ist ein sehr zeitaufwändiges und arbeitsintensives Verfahren. Allein die Konstituierung und Entwicklung eines Konzeptes erfordern ein Mindestmaß an Organisation und Bereitschaft zu ehrenamtlichen Engagement in eigener Sache. Die Dauer dieser Planungsphase lässt sich schwer abschätzen und kann nicht präzise festgelegt werden. Gleiches gilt für die umfassende Information aller Eigentümer. Da das New Yorker Gesetz letztlich ermöglicht, dass unter Umständen knapp 50 Prozent der Eigentümer gegen ihren Willen zur BID-Beitragszahlung gezwungen werden können, ist es verständlich, dass auf eine zahlreiche Beteiligung und präzise Information der Betroffenen großer Wert gelegt wird. Dass sich an diesen Überzeugungsprozess noch mal ein neunmonatiges, aufwendiges Genehmigungsverfahren anschließt, ist nachvollziehbar. Schließlich muss man sich von öffentlicher Seite absichern, dass gegen das Vorhaben keine großen Bedenken bestehen und eine Einziehung der Beiträge durch eine öffentliche Einrichtung gerechtfertigt ist.

Tab. 2: Ablauf der Genehmigungsphase (TOP 1 - 16)

Arbeitsschritt	Zeitverlauf
1. DSBS leitet den District Plan an die City Planning Commission (CPC) weiter	
2. CPC gibt den Plan an das Community Board (CB)	Innerhalb von 5 Tagen nach Planeingabe
3. CB und Borough Board (BB) führen öffentlichen Anhörung durch und arbeiten Empfehlungen für Veränderungen aus; anschließend Weiterleitung an CPC	Innerhalb von 30 Tagen
4. CPC führt öffentliche Anhörung durch, formuliert Empfehlungen und leitet den genehmigten Bericht an den Mayor, Borough President, den City Council (CC) und den Stadtbeamten weiter	Innerhalb von 60 Tagen
5. CC führt Abgleich mit dem lokalen Gesetz durch, setzt einen Beratungstermin mit dem Finance Committee (FC) fest und leitet den Plan an das FC weiter; Zusammenstellung aller Anmerkungen zum Plan werden in den städtischen Akten protokolliert und an alle Eigentümer verschickt	Veröffentlichung der Informationen über „Träger öffentlicher Belange" geht 10 - 30 Tage vor öffentlicher Anhörung beim FC
6. erste öffentliche Anhörung beim FC ohne Abstimmung	Innerhalb von 10 bis 30 Tagen nachdem der Beschluss beim CC eingegangen ist
7. Überarbeitungsphase in der vorgebrachte Einwände der durch Eigentümer mit dem DSBS bearbeitet werden können	Innerhalb von 30 Tagen nach Anhörung bei FC
8. zweite öffentliche Anhörung beim FC für Beratung und Zulassung	Nicht eher als 30 Tage nach erster Anhörung
9. CC nimmt die Entscheidung über den BID an	beim nächsten Treffen
10. Mayor unterschreibt den Vertrag auf einer öffentlicher Anhörung und erkennt somit den BID als Institution an	Innerhalb von 20 Tagen
11. NYC leitet den Finanzierungsplan des BID an den Rechnungsprüfer zur Prüfung und Genehmigung	Innerhalb von 20 Tagen
12. Genehmigung durch Rechnungsprüfer und damit Möglichkeit für den BID die Beiträge einzuziehen	Innerhalb von 60 Tagen
13. DSBS stimmt dem Beschluss mit den Stadtbeamten ab	innerhalb von 10 Tagen
14. Veröffentlichung des Vorhabens im städtischen Anzeiger	14 Tage
15. Öffentlichkeit hat die Möglichkeit rechtlichen Einspruchs	Innerhalb von 30 Tagen nach Veröffentlichung
16. DSBS unterzeichnet den Vertrag mit der District Management Association (DMA)	Im Anschluss
Ingesamt	neun Monate

Quelle: DSBS 2003, S. 23.

5.5 Aufgabenfelder von BIDs

Zeitlich definierter Wandel in den Tätigkeitsfeldern

Rechtfertigung und Ausgangspunkt für viele BIDs sind offensichtliche Defizite in den Bereichen Instandhaltung und Sicherheit. Für diese Probleme wird vielfach in den ersten Tätigkeitsjahren eine befriedigende Lösung gefunden. Später ist neben der Weiterführung der eingeleiteten Maßnahmen eine Neuorientierung erforderlich. Häufig sind Aktionen im Bereich Marketing eine permanente Herausforderung in der Tätigkeit der BIDs. Bereits heute verfügen BIDs über eine breit gefächerte Themenpalette.

Vielfältige Tätigkeitsfelder möglich

Nach HOUSTOUN (2003, S. 8) sind folgende Tätigkeitsfelder üblich:

- Instandhaltungsmaßnahmen (z. B. Gehsteigreinigung; Müllsammlung; Graffitibeseitigung; Baumschnitt);
- Sicherheit (uniformiertes Sicherheitspersonal und Auskunftspersonen für Besucher des Gebietes);
- Marketing und Promotion (gemeinsame Veranstaltungen und Sonderverkäufe, themenbezogene Events, Werbeanzeigen für den District);
- Wirtschaftsentwicklung (Durchführung von Marktanalysen, Erstellung von Datenbanken, Beratung und finanzielle Unterstützung für expandierende und neue Unternehmen);
- Regulierungen im öffentlicher Raum (Management von Straßenverkauf und Straßenaufführungen etc.);
- Parkplatzangebot (Management öffentlicher Garagen, Erweiterung des Stellplatzangebotes; Förderung des ÖPNV);
- Stadtgestaltung (Gestaltungsrichtlinien, Entwicklung von Beleuchtungskonzepten, Modernisierung von Fassaden und Geschäften);
- Soziale Dienste (Beschäftigung von Obdachlosen; Ausbildungsprogramme und Initiativen zur Förderung von Jugendlichen)
- Leitbild (Entwicklung von Visionen und einer strategischen Planung);
- Bauliche Verbesserungen (Errichten von Straßenbänken und -laternen, Kiosken, Müllbehältern).

Abb. 6: Dienstleistungen von Business Improvement Districts (Angaben in Prozent)*

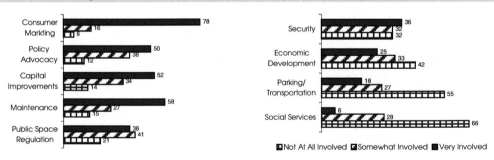

* Ergebnis einer Befragung von 404 BIDs in allen Bundesstaaten durch HOUSTOUN
  Quelle: Houstoun 2003, S. 9.

Die Entwicklung von Schwerpunkten im Maßnahmenkatalog von BIDs erfolgt sehr differenziert und hängt eng mit den individuellen Gegebenheiten vor Ort, organisatorischen Rahmenbedingungen und der innovativen Ausrichtung in der Realisierung zusammen (Mitchell 1999, S. 19). Eine Befragung von 404 BIDs in den USA durch HOUSTOUN ergab, dass der Schwerpunkt sich keineswegs nur auf Sicherheit und Sauberkeit beschränkte (vgl. Abb. 6). Auch wenn diese beiden Aspekte in der überwiegenden Anzahl der BIDs anfänglich Priorität genießen, orientiert sich die Tätigkeit zunehmend auf neue Themenfelder. Die Ergebnisse der Befragung verdeutlichen, dass ein wesentlicher Schwerpunkt im Bereich Marketing liegt, aber auch auf bauliche Maßnahmen oder Instandhaltungsaktivitäten gesetzt wird. Demgegenüber werden soziale Dienstleistungen oder der ruhende Verkehr nur selten in den Maßnahmenkatalog aufgenommen.

Differenzierte Schwerpunktsetzung bei Maßnahmenwahl

Zudem lässt sich die inhaltliche Ausrichtung der BIDs grob mit der Größe der Städte ins Verhältnis setzen. Während in kleineren Städten Marketing und bauliche Maßnahmen im Vordergrund stehen, spielen in großen Städten neben dem Marketing vor allem Sicherheits- und Instandhaltungsmaßnahmen eine dominante Rolle (Mitchell 1999, S. 20).

Zusammenhang zwischen Größe der Agglomeration und gewähltem Themenschwerpunkt

6.

ZWISCHENBILANZ

6.1 Funktionsschwächen von Geschäftszentren

Funktionsschwächung der Geschäftszentren durch Veränderungen im wirtschaftlichen und sozialen System

Geschäftszentren sind multifunktionale Orte, die in ganz besonderem Maße vom Strukturwandel im Einzelhandel betroffen sind. Für ihre Funktionalität sind Multifunktionalität, Erreichbarkeit und Aufenthaltsqualität entscheidend. Bereits seit längerer Zeit ist das Gleichgewicht dieser Zentren zunehmend gestört. Ausschlaggebend dafür sind Veränderungen im wirtschaftlichen wie im sozialen System, die in gegenseitiger Wechselwirkung zum Strukturwandel im Einzelhandel führen (vgl. Abb. 7), und damit zu einer Funktionsschwächung innerstädtischer Zentren.

Abb. 7: Einflüsse auf die Entwicklung des Einzelhandels in Geschäftszentren

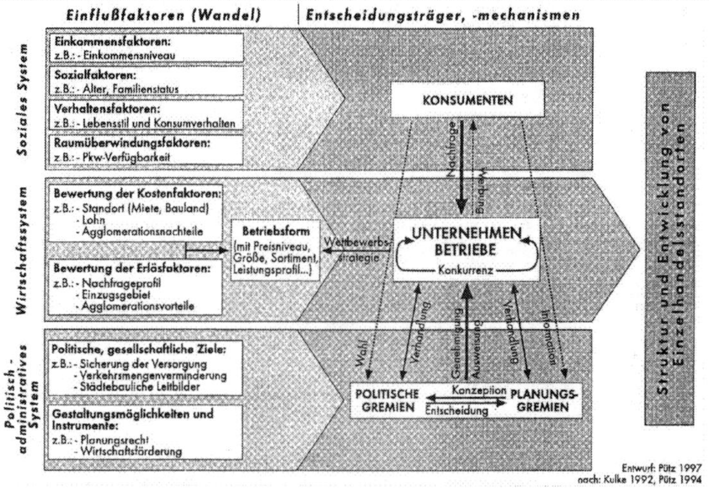

Quelle: Pütz 1997, S. 42.

Auflösung des traditionellen Einzelhandelsnetzes, die Folge sind Leerstand und Verwahrlosung des öffentlichen Raums

Das traditionelle, räumliche Netz des Einzelhandels mit seinen stadtstrukturellen und infrastrukturellen Voraussetzungen wie Bevölkerungsdichte, ÖPNV-Erschließung oder Standortverbindung mit anderen Handelsbetrieben verliert zunehmend an Bedeutung, so dass von einer Abkopplung der Handelsfunktion von traditionellen Stadträumen gesprochen wird. Der Verlust des spezifischen Lokalbezugs und der städtischen Identifikationsfunktion sind die Folge. Im Ergebnis kommt es zu einseitig ausgerichteten Branchenstrukturen am innerstädtischen Standort, Ladenleerstand und einer Verwahrlosung des öffentlichen Raums.

Da dies in letzter Konsequenz weder von Verbrauchern noch von Vertretern des politisch-administrativen Systems unter dem Aspekt Sicherung der Versorgung, Schaffung gleichwertiger Lebensbedingungen und attraktiver Stadträume gewollt ist, versucht man steuernd die Entwicklungen zu beeinflussen. Aufgrund ambivalenter Interessen und zum Teil nicht eindeutiger Verhaltensweisen der beteiligten Akteure (siehe Verbraucherverhalten und Anspruch des Stadtbewohners an den öffentlichen Raum) sowie beschränkter Möglichkeiten der hoheitlichen Einflussnahme auf die Entwicklungen haben sich in diesem Bereich vielfältige Kooperationsansätze zur Revitalisierung traditioneller Zentren herausgebildet.

Administrative Ebenen versuchen dagegen zu steuern, um den Ansprüchen Sicherung der Versorgung und Schaffung attraktiver Städte gerecht zu werden

6.2 Steuerungsdefizite bei bestehenden Instrumenten

Bei Kooperationen zwischen öffentlichen und privaten Akteuren existieren vielfältige Institutionalisierung- und Privatisierungsgrade sowie für die unterschiedlichen Maßstabsebenen des Stadtraums jeweils eigene Revitalisierungsansätze. Speziell für Geschäftsstandorte besteht der Ansatz des Geschäftsstraßenmanagements. Dieses dialog- und umsetzungsorientierte Kommunikationsverfahren zur Standortaufwertung zielt zum einen auf eine bessere Vernetzung öffentlicher und privater Akteure, sowie auf den Aufbau handlungsfähiger privatwirtschaftlicher Strukturen. Zum anderen strebt es die Umsetzung von Aufwertungsmaßnahmen an. Dies wird mit Hilfe öffentlicher Fördermittel angegangen. Nachteile sind dabei die begrenzten Einsatzmöglichkeiten, aufgrund beschränkter öffentlicher Mittel, die Abhängigkeit der Problemdefinition von Akteuren von „Außen" sowie eine vergleichsweise geringe Laufzeit.

Große Vielfalt an PPP-Ansätzen, aber nur begrenzter Einsatz möglich

Ohne eine solche Hilfestellung kämpfen Straßenarbeitsgemeinschaften, als ältester Ansatz der übergreifenden Standortaufwertung, mit mangelhaften zeitlichen und finanziellen Ressourcen. Die Kombination mit mangelhafter Professionalität führt zu dürftigen messbaren Ergebnissen und somit einem hohen Frustpotenzial unter den privaten Akteuren. Basierend auf der Erkenntnis, dass die zentralen Schwächen der bestehenden Strategien in:

SAGs sind grundsätzlich überall realisierbar, haben aber strukturelle Schwächen

- der Organisationsstruktur mit zu wenig engagierten Akteuren und vielen „Trittbrettfahrern" und / oder
- der fehlende Arbeitsprogramm- und Konzeptentwicklung und / oder
- der unsicheren Finanzierbarkeit von Management und Projekten

liegen, erfolgte die Auseinandersetzung mit der Spezifik der Business Improvement Districts.

6.3 Das Modell der Business Improvement Districts

Die Ausführungen zum BID-Modell haben gezeigt, dass es sich dabei um einen, auf hoher Eigeninitiative privater Akteure beruhenden, PPP-Ansatz handelt, der in erster Linie die Organisation und Finanzierung der Standortaufwertung steuert. Im Unterschied zu den meisten Ansätzen hierzulande stehen dabei die Grundstückeigentümer als zentrale Akteure im Mittelpunkt. Die vollständige Privatfinanzierung der Organisation, der Konzeptentwicklung

BIDs sind ein Organisations- und Finanzierungsmodell, welches unter Einbeziehung von Grundstückseigentümern einen neuen Lösungsweg aufzeigt

und Projektumsetzung wie bei einem BID wird zwar durchaus auch bereits in Deutschland bei der Durchführung von Einzelprojekten praktiziert, für eine umfassendere Strategie mit mehreren Grundstückseigentümern fehlen bisher jedoch Erfahrungen.

Die Vorbereitungszeit eines BID dauert länger als übliche PPP-Ansätze hierzulande, durch die Ergebnisse scheint dieser Weg lohnenswert

Die Vorbereitungsphase bis zur Antragsstellung und das Genehmigungsverfahren eines BID sind sehr aufwändig und übertreffen in dieser Hinsicht wohl alle dargestellten Kooperationsansätze. Die entstehende Planungssicherheit, die Einbindung aller partizipierenden Akteure und die positive Umsetzungsbilanz von BIDs scheint jedoch auch höher zu sein (vgl. Abb. 8).

Abb. 8: Chancen von Business Improvement Districts

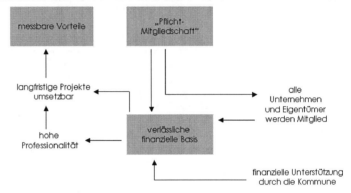

Quelle: Reichhardt 2004, S. 14.

BIDs scheinen eine Problemlösung für Schwächen hiesiger Ansätze zu bieten, konkrete Implementierungs-, Umsetzung- und Übertragbarkeitsfragen müssen jedoch noch geklärt werden

Der BID-Ansatz ist, was die Organisations- und Finanzierungsstruktur angeht, ein für Deutschland neuer Weg der Aufwertung innerstädtischer Zentren. Schwierigkeiten bestehender Strategien hierzulande scheint er mittels Einbeziehung neuer Akteure, dem Zwang zu einer ausformulierten Zielsetzung sowie der Bildung einer stringenten Organisation zu überwinden. Inwieweit jedoch auch Nachteile durch dieses Konzept entstehen, welche Rahmenbedingungen bei einer Übertragung eines US-amerikanischen Modells nach Deutschland beachtet werden müssten und welche Schritte für eine Implementierung in Deutschland zu erfolgen hätten, wird in den folgenden Teilen zu klären sein.

7.

THESEN

ZUR REVITALISIERUNG VON GESCHÄFTSZENTREN DURCH BIDs

Vor dem Hintergrund der oben skizzierten aktuellen Situation innerstädtischer Zentren und der Darstellung bestehender Handlungsansätze hierzulande sowie des nordamerikanischen BID-Ansatzes konzentriert sich die Arbeit auf die Kernthemen:

A. Untersuchung von BIDs in den USA unter besonderer Berücksichtigung ihrer Übertragbarkeit auf deutsche Verhältnisse;

B. Charakterisierung der Rolle einzelner Faktoren, wie Akteure, Programme, Maßnahmen, Finanzierung, in diesen Standortentwicklungsansätzen und

C. Bewertung des vorgestellten Modells mit seinen Implementierungsansätzen und –möglichkeiten für Deutschland.

Zu Beginn der einzelnen Thesenbereiche erfolgt eine kurze inhaltliche Einführung in den Themenbereich, die den Wissensstand vor der intensiveren Auseinandersetzung mit dem Untersuchungsgegenstand widerspiegelt. Ausgehend von diesen Kenntnissen wurden Teilfragen für die Schwerpunkte formuliert, auf die sich die anschließenden Thesen beziehen. Die Thesen dienen den folgenden Kapiteln als roter Faden und werden im Schlussteil als Diskussionsgrundlage herangezogen.

Leitfrage der Arbeit

Stellt das nordamerikanische Modell der Business Improvement Districts einen für Deutschland verwendbaren Ansatz zur Revitalisierung von Geschäftszentren dar? Welche Arbeitsschritte wären ggf. notwendig, um dieses Modell in Deutschland zu implementieren?

A. Übertragbarkeit

Die bestehenden Ansätze zur Revitalisierung von Geschäftszentren in Deutschland sind vielfältig. Sie weisen jedoch auch Defizite wie die ungenügende Aktivierung der Akteure sowie eine mangelhafte Planungssicherheit bzgl. der Finanzierung von Maßnahmen auf. Hier könnte sich mit einem BID eine Lösung anbieten. Inwieweit ist eine Übertragung dieses Modells nach Deutschland vorstellbar und erstrebenswert?

I.   Die gesetzlichen Besonderheiten zur Finanzierung von BIDs ma-
        chen eine einfache Übertragung auf Deutschland unmöglich.

II.   Auch die gesellschaftlichen Rahmenbedingungen verhindern ei-
        ne eins-zu-eins Übertragung.

III.   Ein an die Verhältnisse in Deutschland angepasstes BID-Modell
        trägt den aktuellen Entwicklungen in den Stadtzentren Rechnung
        und stellt eine Bereicherung im Rahmen der Revitalisierungsan-
        sätze dar.

B. 1. Akteure

Der Mensch im Wechselspiel sozialer Determiniertheit und individueller Freiheit
ist als Akteur und Nutznießer die entscheidende Kraft in Stadtentwicklungsprozessen. Welche Personen sind für eine Revitalisierung durch BIDs wichtig und
welche Interessenlagen führen zu ihrem Engagement?

I.   Der Erfolg von BIDs hängt stark vom Engagement der Akteure vor
        Ort ab. Das selbstständige Handeln der Akteure und die Über-
        nahme von Verantwortung für eine übergreifende Lösung der
        aktuellen Probleme werden durch BIDs forciert.

II.   BIDs stellen eine für Deutschland neue Form des Public Private
        Partnership dar. Eine Unterstützung durch die öffentliche Hand,
        durch unbürokratische und sachkundige Hilfe, ist für ein erfolgrei-
        ches Wirken von BIDs unabdingbar.

III.   Grundsätzlich handeln Einzelhändler einzeln. Für ein übergreifen-
        des Engagement muss in den meisten Fällen ein dringender
        Handlungsbedarf, sprich starke Umsatzeinbußen, vorliegen.

IV.   Die Grundbesitzer spielen in den USA eine tragende Rolle in der
        Strategie der BIDs. Bei Ihnen ist ein langfristiges Interesse am
        Standort vorhanden. Für die Übernahme von Verantwortung in
        Revitalisierungsprozessen fehlt den Grundstückseigentümern in
        Deutschland jedoch die Tradition.

V.   Die Revitalisierungserfolge von BIDs korrelieren eindeutig mit dem
        Engagement der Beteiligten. Ein großes Engagement bringt gute
        Erfolge.

B. 2. Programme

Dem überwiegenden Teil der einschlägigen Initiativen in Deutschland fehlt ein
schriftlich fixiertes Arbeitsprogramm für einen klar definierten Zeitrahmen. Was
kann in diesem Zusammenhang ein District Plan leisten?

I.   Dass die Grundvoraussetzung für die Gründung eines BID die Aufstellung eines District Plans ist, stärkt die strukturierte Zusammenarbeit der Mitglieder.

II.   Der im District Plan eindeutig festgelegte Ziel-, Zeit- und Finanzierungsrahmen ist Grundlage der Risiko- bzw. Gewinnkalkulation der Beteiligten. Die klare Perspektive baut Vorbehalte gegen ein gemeinschaftliches Engagement ab und stärkt die Motivation.

III.   Nur mit einem District Plan als Grundlage scheint eine Übertragung des BID-Modells nach Deutschland möglich.

B. 3. Finanzierung

Mangelhaftes Management und Defizite in der Umsetzung sind die zwei gravierendsten Nachteile der in Deutschland tätigen Initiativen. Welche Rolle spielen die finanziellen Rahmenbedingungen für den Erfolg privater Aktivitäten?

I.   Die aus der Vergangenheit resultierende abwartende Haltung vieler Grundbesitzer und Einzelhändler in Deutschland hat ihre Ursache in einer jahrzehntelangen Förderpraxis durch den Staat und die Kommunen.

II.   Der Einsatz privater finanzieller Mittel in Kombination mit einem höchstmöglichen Einfluss auf deren Verwendung führt zu einer stärkeren Selbstbeteiligung und höherer Effektivität.

III.   Eine finanzielle Beteiligung erhöht die Wertschätzung gegenüber den durchgeführten Maßnahmen und verstärkt letztlich die Identifikation mit dem Standort.

IV.   Die Übereinkunft zur Zahlung von Beiträgen ist ein wichtiges Signal in der Zusammenarbeit. Eine finanzielle Verpflichtung schafft Verbindlichkeit in der Zusammenarbeit und erzeugt somit Motivation bei den Beteiligten.

B. 4. Maßnahmen

Einige behaupten, dass es sich bei den von BIDs durchgeführten Maßnahmen in erster Linie um die Reinigung des öffentlichen Raums und die Erhöhung seiner Sicherheit handelt. Von anderen Beobachtern wird das hingegen nur als Tarnung für die eigentlichen Ziele der Eigentümer (zum Beispiel Flächenumwandlung in höherwertige Wohnnutzung) angesehen. Welche Maßnahmen prägen die BID-Aktivitäten und gibt es tatsächlich Konflikte zwischen den Interessensgruppen?

I. Zwischen den unterschiedlichen Personengruppen in einem BID-Bereich bestehen konfliktträchtige Interessensunterschiede, die sich in der Wahl der Maßnahmen niederschlagen.

II. Die Komplexität der angegangenen Maßnahmen steigt mit der Zunahme der einschlägigen Erfahrungen der BID-Initiative und den aus der Arbeit resultierenden Erfolgen.

III. Der Zusammenhang zwischen quantitativen Veränderungen im Gebiet, wie beispielsweise Mietpreise oder Auslastung der Hotels, und den vom BID durchgeführten Maßnahmen ist schwierig nachzuweisen.

C. Chancen und Risiken

Das BID-Modell hat nicht nur Befürworter. Welche Chancen und Risiken verbinden sich mit dem BID-Modell?

I. Bei ausreichender lokaler Initiative können mittels gesetzlicher Absicherung alle partizipierenden Eigentümer an der Finanzierung ihnen zu gute kommender Maßnahmen beteiligt werden.

II. BIDs sind in der Lage, schneller auf sich ändernde Rahmenbedingungen zu reagieren, als die öffentliche Verwaltung.

III. Die Aufwertungen innerhalb des BID führen zu Verdrängungs- bzw. Entzugseffekten in bzw. aus benachbarten Quartieren.

IV. BIDs dienen der einseitigen Interessensvertretung von Grundstückseigentümern.

V. BIDs begünstigen den Abbau öffentlicher Leistungen durch Substitution.

Die hier formulierten Thesen dienen im Folgenden als roter Faden und werden am Ende als Diskussionsgrundlage für die Beantwortung der Frage ob und wie das BID-Modell auf deutsche Verhältnisse übertragbar ist.

II. Teil: Fallstudien zu BIDs in New York City, USA

8.
AUSWAHL DER FALLSTUDIEN UND METHODISCHES VORGEHEN

8.1 Untersuchungsansatz

Teil I der Untersuchung skizziert Themenfelder, die als Basis für die Fragestellung der Eignung von BIDs zur Revitalisierung deutscher Geschäftszentren dienen. Sowohl die aktuelle Situation der Geschäftszentren, wie auch die zur Verfügung stehenden Instrumente zur Revitalisierung werden aufgezeigt. Gleichzeitig erfolgt eine Darstellung des BID-Konzeptes als Organisationsmodell mit seinen Chancen und Risiken. Die auf Grundlage dieser Erkenntnisse formulierten Thesen sollen nun im Teil II mit Fallstudien aus Nordamerika unterlegt werden. Teil III und IV widmet sich dann deutschen Fallbeispielen bevor in Teil V die Thesen des letzten Kapitels diskutiert werden können.

Thesen - Ausgangspunkt für die Fallstudienuntersuchung

Methodisch wurde ein qualitatives Forschungsdesign (Dreier 1997, S. 415) gewählt, dass sich primär an Prozessen und erst in zweiter Linie an Ergebnissen orientiert. Deshalb wurde ein Untersuchungsansatz realisiert bei dem mittels Gesprächen und Vor-Ort-Begehungen prägende Prozessfaktoren und wesentliche Organisationsmerkmale aufgedeckt wurden. Die dabei ermittelten, oft nicht quantifizierbaren Resultate dienen als zusätzliches Charakterisierungsmerkmal des BID-Konzepts.

Methodik – qualitatives Forschungsdesign

Untersucht wurden Geschäftszentren in New York City, in denen bereits seit Jahren mit dem BID-Modell gearbeitet wird bzw. bei dem sich derzeit ein BID im Gründungsprozess befindet. Eine Aufarbeitung der Informationen erfolgt in Anlehnung an die in Teil I formulierten Thesen. Der erste Abschnitt der Fallstudienuntersuchung führt in die Spezifik des Standorts ein. Hier werden spezifische Potenziale und Defizite die Funktionalität der Geschäftszentren verdeutlicht.

Fallstudien anhand der Themenkomplexe bearbeitet

Anschließend erfolgt die Charakterisierung der ortsansässigen Akteure und der daraus resultierenden Organisationsstruktur des BID. Die genauere Darstellung von beteiligten Akteuren und ihren Beweggründen ergibt Handlungsmuster, die später in den Thesen diskutiert werden. Außerdem wird auf die Modalitäten der Finanzierung des BID eingegangen.

Organisation und Finanzierung analysiert

Der letzte Abschnitt der Untersuchung setzt sich mit den individuellen Zielsetzungen und den durchgeführten Maßnahmen der Fallstudien auseinander. Diese Ausführungen zeigen die Bandbreite möglicher Handlungsansätze auf, ohne jedoch Anspruch auf Vollständigkeit zu erheben. Abschließend werden die Wirkungen des BID im Revitalisierungsprozess eingeschätzt.

Maßnahmen und Wirkungen sind weitere Bausteine

Vergleich der Fallstudien zur Formulierung allgemeingültiger Aussagen

Den Abschluss des Teil II bildet eine vergleichende Analyse der Fallstudien als Zwischenbilanz. Hier werden mittels Indikatoren allgemeingültige Aussagen über das BID-Modell in seinen Voraussetzungen, Prozessabläufen und Wirkungen herausgearbeitet. Auf der anderen Seite erschließen sich Differenzen aufgrund individueller Ausgestaltungen.

8.2 Auswahlkriterien

Entwicklung der BIDs in New York City in den 1970er Jahren in der Stadt New York

In New York City erwog man erstmals in den 1970er Jahre aufgrund sich verschlechternder kommunaler Leistungen die Einführung von BIDs. Im Jahr 1976 machte die Stadt Investitionen in die Stadtentwicklung von der Zusage abhängig, dass diese zukünftig privat unterhalten werden. Es entstand ein erster Special Assessment District. 1982 erfolgt die Gesetzgebung zu den BIDs, die seither die Durchführung eigenfinanzierter Stadtentwicklungsmaßnahmen durch Grundeigentümer gestattet. Der Union Square District gründet sich 1984 zum ersten BID New York Citys (Felsch o. J., S. 6).

Rückzug der öffentlichen Hand beruhte auf konjunkturellem Tief

Anfang der neunziger Jahre gingen die Beschäftigungszahlen in New York City erheblich zurück. In diese Zeit mit wirtschaftlich schwierigen Rahmenbedingungen fällt der verstärkte Rückzug der öffentlichen Hand aus der Leistungserbringung im öffentlichen Raum. Mitte der neunziger Jahre setzte ein konjunktureller Aufschwung ein, wodurch innerhalb weniger Jahre die Beschäftigungszahlen in New York City das Niveau der achtziger Jahre überschritten (economy.com 2004, o. S.).

Zurückgehende öffentliche Leistungen – mehr Probleme im öffentlichen Raum

Die Beschneidung öffentlicher Leistungen führte zur zunehmenden Entwicklung von Privatinitiativen. Zwei Veränderungen in den Rahmenbedingungen der Wirtschaftstätigkeit von Standorten waren für diesen Schritt ausschlaggebend:

- steigende Kriminalitätsraten in Folge des Mangels an öffentlichem Sicherheitspersonal und
- die zunehmende Verschmutzung des öffentlichen Raums nach dem die Verantwortung für die Sauberkeit der Gehwege auf Private übertragen wurde.

Zersplitterte Verantwortlichkeiten für Sauberkeit im öffentlichen Raum problematisch

In Zeiten knapper Kassen wurde die Reinigung, der im staatlichen Eigentum befindlichen Gehwege, auf die angrenzenden Eigentümer übertragen. Diese gaben die Verantwortung an die Einzelhändler weiter, so dass die Gesamtproblematik auf viele kleine Einzelzuständigkeiten verlagert wurde. Folge einer solchen Politik war eine stark heterogene Ausführung der Säuberungspflicht und im Ergebnis ein unansprechendes Straßenbild durch eine zunehmende Verschmutzung des Stadtbildes. Auch aufgrund dieser Veränderungen existierten 2003 bereits 45 BIDs im New Yorker Stadtgebiet und ungefähr zehn weitere Initiativen befanden sich in der Vorbereitungsphase.

BIDs agieren teils mit einem erheblichen Finanzvolumen

Die BIDs agieren in stark differenten finanziellen Handlungsspielräumen. So ergibt sich gegenwärtig eine Spannbreite in den Finanzvolumina der BIDs in New York City zwischen 51.000 Dollar bis über 11 Millionen Dollar (DSBS 2003, S. 3). Dreizehn BIDs verfügen über Einnahmen von über einer Million Dollar. Vier von ihnen liegen in der Kategorie von über fünf Millionen Dollar Beitragszahlung pro Jahr. In die letztgenannte Kategorie fällt eine der gewählten Fallstudien.

Um konkretere Aussagen zum Entstehungsprozess, der Organisationsstruktur und den Wirkungsweisen von BIDs machen zu können, wurden drei Fallstudien in New York City näher analysiert. Diese lassen sich prototypisch in folgende Kategorien von Geschäftszentren einordnen:

Auswahl der Fallstudien erfolgte nach dem Prinzip der „most-different-cases"

- **Stadtzentrum** mit prägender Einzelhandels- und Dienstleistungsnutzung sowie hohem Tourismuspotenzial und dementsprechend guter Finanzausstattung (34th Street BID);
- **zentral gelegenes Stadtviertelzentrum** mit alternativer Angebotsstruktur und Gentrifizierungsprozessen (Lower East Side BID);
- **lokales Stadtviertelzentrum** mit vergleichsweise armer Bewohnerstruktur und monostrukturiertem Einzelhandelsangebot (Myrtle Avenue BID, in Entstehung).

Um möglichst vielschichtige Aussagen treffen zu können, wurden Fallstudien gewählt die sich einerseits im Zentrentyp (vgl. Kap. 2.2) und seiner Angebotsstruktur unterscheiden und sich andererseits auf verschiedenen Entwicklungsstufen des Prozessverlaufes befinden. Die ersten beiden Prototypen liegen in Manhattan und zählen bereits seit zehn Jahren zum Wirkungsbereich eines BID. Die dritte Fallstudie, Myrtle Avenue, liegt in Brooklyn und befindet sich derzeit in der letzten Phase ihres Gründungsprozesses. Die Auswahl einer im Entstehungsprozess befindlichen Fallstudie dient explizit dem Erkenntnisgewinn hinsichtlich des Implementierungsprozesses von BIDs und tangiert damit den Schwerpunkt der Untersuchung.

Unterschiedliche Zentrentypen als Untersuchungsgegenstand

Fallstudienspezifische Rahmenbedingungen spiegeln sich in der Darstellung wieder

Abb. 9: Lage der Fallstudien im Stadtgebiet New York

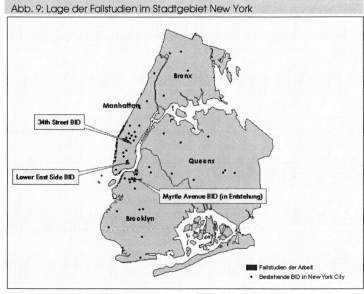

Quelle: DSBS New York City 2003, bearbeitet.

Die Fallstudienausführung orientiert sich an den unterschiedlichen Schwerpunktausrichtungen der BIDs. Im Fall der Myrtle Avenue ist der Entstehungsprozess den befragten Akteuren in seinen Einzelheiten viel präsenter; konkrete Probleme oder auch der Anlass zur Bildung des BID werden deshalb detaillierter wiedergegeben. Diese Ausführungen bieten die Chance, umfangreiche Informationen über den Prozess der Entstehung und Organisation zu erhalten. Bei den anderen beiden Fallstudien liegt diese Phase bereits über ein Jahrzehnt zurück, so dass Aussagen zum Entstehungsanlass und den Rahmenbedingungen eher allgemein beantwortet wurden. Dafür werden umfangreichere Angaben zu Projekten und deren Wirkungen gemacht, sowie Veränderungen in der Projektbearbeitung und Zielausrichtung analysiert. Dieser Unterschied schlägt sich trotz gleicher Grundstruktur der Fallstudiendarstellung in den Ausführungen von Teil II nieder.

8.3 Methodik

Fallstudienauswahl beruht hauptsächlich auf der Informationsgewinnung vor Ort und durch Beratungsgespräche in lokalen Institutionen

Für die Auswahl der drei Fallstudien in New York City wurden Unterlagen des Department of Small Business Services, der Besuch von Veranstaltungen und Treffen von einzelnen BIDs (vgl. Anhang zu Veranstaltungsteilnahme) sowie Gespräche mit einzelnen Mitarbeitern des Departments genutzt. Die Zielsetzung, möglichst umfassende, heterogene, aber letztlich doch generalisierbare Kenntnisse und Erfahrungen zu sammeln, wurde durch die Auswahl der Fallstudien gewährleistet.

Qualitative Interviews als Instrument der Information

Hauptquelle für die Informationen zu den Fallbeispielen waren leitfadengestützte, qualitative Interviews mit den verantwortlichen Akteuren. Für die Themenfelder Wirkungen und Probleme konnten mittels dieser Methode keine befriedigenden Angaben erarbeitet werden. Evaluationen zu Ergebnissen der BIDs wurden zumindest in den untersuchten Fällen nicht durchgeführt. Aussagen zu Verbesserungen stützen sich, wie auch in den jährlichen Rechenschaftsberichten der BIDs, überwiegend auf qualitative Aussagen und werden nur selten mit Zahlen belegt. Ebenso wenig waren konkrete Daten auf Nachfrage zu erhalten. Insofern lassen sich die Effekte der untersuchten BIDs nur schwer quantifizieren und werden in der Darstellung lediglich durch Einzelaussagen belegt. Die wenigen quantitativen Daten im Fallstudienvergleich entstammen einer Broschüre des Departments of Small Business Services (DSBS), lassen jedoch keine Schlussfolgerungen über die Art der Ermittlung zu. Für qualifizierte Aussagen zu auftretenden Problemen im individuellen Prozessverlauf und zur Grundstruktur des BID-Ansatzes fehlte es in den Gesprächen an Wissen oder einer eigenen Position zur Fragestellung.

Interviews mit Experten aus dem öffentlichen und privaten Sektor

Die Auswahl der befragten Akteure orientierte sich an den gesetzlich verankerten Aufgabenträgern und Initiatoren von BIDs. Die erstellte Akteursmatrix konnte nicht in vollem Umfang für jede Fallstudie befragt werden. Auch die politische Dimension der BIDs blieb obwohl sehr interessant ohne die gebührende Beachtung, da sowohl der Aufenthalt in New York City wie auch das Zeitbudget der angefragten Interviewpartner begrenzt waren. Abbildung 10 zeigt welche Bereiche befragt werden konnten:

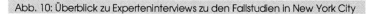

Abb. 10: Überblick zu Experteninterviews zu den Fallstudien in New York City

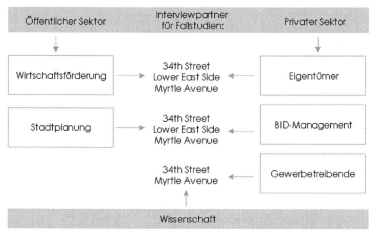

Quelle: eigene Darstellung

Für die Beurteilung der räumlichen Situation und ortsspezifischen Problematik wurden zusätzlich bei allen drei BIDs Vor-Ort-Begehungen durchgeführt. Dabei konnten individuelle Eindrücke über die Standorte gewonnen werden, die wiederum in die Fallstudiendarstellung eingeflossen sind. Gleichzeitig wurden alle zum Zeitpunkt des Aufenthalts in New York City stattfindenden Veranstaltungen und Sitzungen der untersuchten BIDs für eine ergänzende Informationsgewinnung besucht. Die dabei gewonnenen Eindrücke spiegeln sich insbesondere in der Beurteilung weicher Indikatoren, wie Stimmung und Art der Kommunikation zwischen den Akteuren, wieder.

Vor-Ort-Begehungen und Veranstaltungsbesuche für zusätzliche Informationen

Eine wichtige Informationsquelle waren zudem Printmedien, Veröffentlichungen im Internet sowie sekundärstatistische Quellen. So waren vor allem die Maßnahmenpläne und die Rechenschaftsberichte der einzelnen BIDs sehr hilfreich. Trotzdem liegt das Schwergewicht der Untersuchung auf der eigenen qualitativen Primärerhebung und den vor Ort gewonnen Eindrücken und Erfahrungen. Insofern soll die Kombination aller zur Verfügung stehenden Informationsquellen möglichst umfassend zu den Fallstudien Stellung nehmen.

Auswertung von weiteren Daten für ein möglichst umfassendes Bild

9.

FALLSTUDIE 34TH STREET BID

Der 34th Street BID ist einer der finanzstärksten BIDs in New York City und liegt in Midtown in Manhattan. Das folgende Kapitel gibt einen kurzen Überblick mittels Lagebeschreibung und Standortcharakterisierung. Anschließend wird detaillierter auf die einzelnen Funktionsbereiche des Geschäftszentrums eingegangen, um daraufhin eine Problemdefinition vorzunehmen. Die am Standort existierenden Akteursbeziehungen und die Arbeits- sowie Wirkungsweise des BID bilden weitere Bausteine der Fallstudienbeschreibung.

9.1 Spezifik des Standortes

Zentrales Einkaufs- und Geschäftsviertel in Manhattan mit weltbekannten Touristenattraktionen

Der 34th Street BID weist den Charakter eines zentralen Geschäfts- und Einkaufsviertels auf. Von der Park Avenue im Osten bis zur zehnten Avenue im Westen gelegen, umfasst er in seiner maximalen Ost-West-Ausdehnung sechs Blöcke. In seiner Nord-Südausdehnung liegt er zwischen der 36sten und 30sten Straße (vgl. Abb. 11). Dieser Bereich ist zum einen stark durch touristische Anziehungspunkte, wie zum Beispiel dem Empire State Building, zum anderen durch bekannte Freizeiteinrichtungen, wie dem Madison Square Garden, charakterisiert. Ein hohes Fußgängeraufkommen entsteht durch die Konzentration von Einzelhandelsgeschäften im Kreuzungspunkt der 6th Avenue mit dem Broadway und durch den Verkehrsknotenpunkt Penn Station. Weiterhin besitzt der Bereich durch einprägsame architektonische Strukturen einen besonderen Reiz.

Geschäfts- und Handelsbereich, flankiert von verarbeitendem Gewerbe und Wohnen

Nahezu der gesamte District ist als Geschäfts- und Handelsbereich im Flächennutzungsplan ausgewiesen. Nur ein kleiner Bereich im Nordwesten ist als Gewerbegebiet ausgewiesen. Nördlich grenzt ein Bereich des verarbeitenden Gewerbes des Fashion Districts, ebenfalls ein BID, an den Bereich. Östlich liegen Wohngebiete wie Murray Hill und Kips Bay (34th Street DMA 1991, S. 5). Für den Standort 34th Street sind jedoch die Einzelhandels- und Büronutzung prägend.

Viele nationale und internationale Einzelhandelsketten prägen den Standort

Die Struktur des Einzelhandels in diesem Districts weist ein sehr breites und vielfältiges Angebot auf, ist heute jedoch in den Hauptachsen von nationalen und internationalen Unternehmensketten geprägt. Einen Schwerpunkt bilden in diesem Bereich die Bekleidungsgeschäfte. In den Seitenstraßen dominieren kleinere Einzelhändler und Dienstleister das Bild. Hier finden sich vorwiegend Geschäfte von Immigranten, insbesondere Asiaten, deren Angebot breit gefächert ist. Zum Mythos in diesem Gebiet wurde das Kaufhaus Macy´s. Es ist der einzige Überlebende des Strukturwandels im Einzelhandel, der alle anderen Kaufhäuser zur Aufgabe zwang. Zusätzlich befinden sich auf vielen Gehwegen legale und illegale Straßenverkäufer, die ihre Waren auf Decken oder auch Tischen präsentieren sowie fest installierte Verkaufsstände für Zeitungen, Obst und Gemüse.

Abb. 11: Überblick zum Geltungsbereich des 34th Street BID

Quelle: DSBS New York City 2003, ohne Maßstab.

Dominanz von Büroflächen

Der 34th Street District weist aufgrund seiner hohen Bebauungsdichte und eines vergleichsweise geringen Anteils an Wohnungen einen erheblichen Bestand an Büroflächen auf. Zum Entstehungszeitpunkt des BID, im Jahr 1992, befanden sich in dem District ungefähr 2.880.000 Quadratmeter Bürofläche, was damals immerhin zehn Prozent des gesamten Büroraums von Manhattan entsprach. Allein das Empire State Building besitzt ungefähr 210.000 Quadratmeter als Bruttogeschossfläche. Weitere Bürogroßstrukturen liegen im Bereich der Penn Station (34th Street DMA 1991, S. 6).

Wie andere Teile von Midtown auch, konnte der 34th Street District in den frühen und mittleren 1980er Jahren eine verstärkte Nachfrage an Büroflächen verzeichnen, die später von einer generellen Stagnation abgelöst wurde (34th Street DMA 1991, S. 6). Im Vergleich zu anderen Bezirken Manhattans liegen nur wenige Firmenhauptsitze innerhalb des Districts. Viele der Büros sind mit dem angrenzenden Fashion District verbunden oder zählen zum Dienstleistungsbereich und schätzen die Nähe zur Penn Station (34th Street DMA 1991, S. 7).

Anziehungspunkt für Freizeitgestaltung

Der BID Bereich zählt hinsichtlich der Freizeitunterhaltung zu einem der wichtigsten Anziehungspunkte in New York City. Madison Square Garden bietet pro Jahr ungefähr 300 Veranstaltungen. Das Empire State Building wirbt mit einer faszinierenden Aussicht auf die Stadt aus vom 86sten bzw. 102sten Stockwerk über die Stadt. Heute werden allein dadurch jährlich 3,7 Millionen Besucher ins Gebiet gezogen (34th Street DMA 2003, S. 1). Ende November wird insbesondere der Bereich um Macy´s zum Anziehungspunkt zur berühmten Thanksgiving Parade.

Öffentlicher Raum als Durchgangs- und Aufenthaltsort

Das rasterförmige Netz des öffentlichen Raums im 34th Street District wird einerseits aus breiten, beidseitig befahrbaren Avenuen mit großzügigen Gehwegen und andererseits aus Einbahnstraßen mit schmalen Fußgängerbereichen gebildet. Darüber hinaus prägen noch folgende Elemente das Bild des Standortes:

- eine kompakte, abwechslungsreiche und teilweise sehr hohe Blockrandbebauung;
- zwei öffentliche Parkflächen, der Herald und der Greeley Square, die sich durch die Kreuzung der 6th Avenue mit dem Broadway ausformen und das Ausmaß eines etwas größeren Vorplatzes haben;
- einige kleine Plätze bzw. Straßenaufweitungen, wie zum Beispiel der Vorplatz zum Madison Square Garden;
- starke Verkehrs- und Fußgängerströme und
- zum Teil riesigen Werbetafeln an den Hauswänden.

Sehr gute Erreichbarkeit aus der ganzen Region

Der 34th Street District zählt zu den am besten erreichbaren Teilen New York Citys. Die im Gebiet liegende Penn Station ist ein wichtiger Verkehrsknotenpunkt im öffentlichen Nahverkehr in der Stadt. Die hier verkehrende Long Island Railroad ist die größte Pendlerbahn der USA (34th Street DMA 1991, S. 9). Zusätzlich bietet die Station Umstiegsmöglichkeiten zu mehreren U-Bahnlinien. Weitere U-Bahnstationen liegen am Herald Square sowie am östlichen Rand in der Park Avenue. Sie erschließen alle Bereiche des Districts. Viele der Busse die zwischen Midtown und Downtown Manhattan verkehren, queren den District und stellen somit die Kurzstreckenverbindung in den Avenuen her. Die West-Ost-Verbindung mit Bussen verläuft hauptsächlich in der 34th Street. Zusätzlich zu diesen öffentlichen Buslinien fahren einige private Buslinien den District an (34th Street DMA 1991, S. 9). Der BID verfügt für den motorisierten Individualverkehr über Anbindungen in alle Himmelsrichtungen. Aufgrund des hohen Verkehrsaufkommens ist die Erreichbarkeit zumindest tagsüber stark eingeschränkt.

Hohe Fußgängerfrequenzen

Das Gebiet durchqueren täglich erhebliche Fußgängerströme. Zahlreiche Arbeitnehmer frequentieren in den Morgen- und Abendstunden die Penn Station und die anderen im Gebiet liegenden U-Bahnstationen. Touristen beleben den ganzen Tag über den öffentlichen Raum, um zum Empire State Building zu gelangen oder Einkäufe zu erledigen (34th Street DMA 1991, S. 5).

Geringer Bevölkerungsanteil

Aufgrund seiner kommerziellen Ausrichtung leben im 34th Street District nur wenige Menschen. Zu Beginn der 1990er Jahre verteilten sich die Einwohner auf einige wenige Wohngebäude. Die Wohnnutzung wurde vor allem durch die zahlreichen im Gebiet liegenden Hotels geprägt.

Foto 1: Bebauungsstruktur im District
Foto 2: 34th Street mit Blick zum
Empire State Building
Foto 3: Nutzung des öffentlichen
Raums an der Kreuzung
5th Avenue/ 33th Street

Foto 6: Fußgängerfrequenz vor dem
Kaufhaus Macy´s

Foto 4 und 5:
Madison Square Garden und Penn Station

Foto 7 bis 9:
Straßenraum der 33th Street; Straßenverkäufer auf den Gehwegen und Müllablagerung
der Gewerbetreibenden im Straßenraum

Bei der Gründung des BID wurde bewusst versucht, Grundstücke mit reiner Wohnnutzung aus dem BID auszuschließen, da sich die grundsätzliche Zielsetzung von BIDs auf die Förderung von gewerblichen Nutzungen konzentriert (34th Street DMA 1991, S. 8). In den letzten Jahren wurde ein ansteigendes Interesse für Wohnbebauung registriert. Sowohl die Umwandlung einer Young Men´s Christian Association (YMCA) in ein Wohngebäude Mitte der 1990er Jahre, als auch der Neubau eines Apartmenthauses waren erste Anzeichen dafür. Weitere Projekte folgten und so ist die Zahl der Einwohner im Zeitraum zwischen 1990 und 2000 von 10.300 auf 11.200 Einwohnern angewachsen, was einer Steigerung von ungefähr neun Prozent entspricht. Mehrheitlich leben im District Weiße, dicht gefolgt von Bewohnern asiatischer Herkunft (DCP 2002, o. S.).

Tab. 3: Der 34th Street BID in Zahlen

Fläche in ha	Einwohner 1990	Einwohner 2000	Bevölkerungszu-sammensetzung in 2000 in %	Anzahl der Eigentümer	Anzahl der Geschäfte
ca. 50	ca. 10.300	ca. 11.200	54 Weiße; 24 Asiaten; 13 Hispanics; 5 Afro-Amerikaner 4 Sonstige	197	450*

* Angabe bezieht sich nur auf die Erdgeschosszone in der 34th Street; für die anderen Straßenzüge existieren keine Angaben

Quelle: DCP 2002, o. S.; Glatter, 19.05.2004.

Strukturwandel im Einzelhandel führte zu massiven Problemen

Vor 25 Jahren gehörte der 34th Street District noch zu den Haupteinkaufszentren der Stadt. Einhergehend mit dem Strukturwandel im Einzelhandel, also dem Bau größerer Shoppingcenter in Randlagen und somit dem nachfolgenden Ausbleiben von Kundschaft, schlossen nach und nach die ortsansässigen Kaufhäuser am Standort. Lediglich das Kaufhaus Macy´s überlebte diesen Umbruch. Ersetzt wurden die einstmals attraktiven Einkaufszentren durch Läden im Niedrigpreissegment, von denen viele nur „unansehnliche Hindernisse" in den Fußgängerbereich stellten. Weitere Punkte des Ärgernisses waren:

- illegale Verkaufsflächenerweiterungen in den Fußgängerbereich hinein,
- wenig ansprechende Gestaltung der Schaufenster,
- seltene Straßenreinigung oder auch

die achtlose Lagerung von Müllbeuteln am Straßenrand (34th Street DMA 1991, S. 18).

Verwahrlosung des öffentlichen Raums und sinkende Attraktivität

Die nachlassenden Leistungen der öffentlichen Hand, bei der Reinigung und der Gewährleistung der Sicherheit im öffentlichen Raum, potenzierten die immer stärker werdende Verwahrlosung des Standortes 34th Street. Einhergehend mit dem Umbruch in der Geschäftsstruktur mussten die Eigentümer mit sinkenden Mieteinnahmen und zunehmenden Leerständen kämpfen. Um den Status als wichtiger Einkaufs- und Erlebnisstandort zu erhalten bzw. wieder herzustellen, setzten sich Anfang der 1990er Jahre einige lokale Akteure für die Verwendung privater Gelder zur Aufwertung des öffentlichen Raums ein.

9.2 Akteure, Organisation und Finanzierung

Zwei Personen waren für die Entstehung des BID besonders wichtig. Peter Mel-kam, einer der größten Grundstückseigentümer im Gebiet sowie Besitzer einer großen Anwaltskanzlei, und Dan Biedermann, heutiger Executive Director des BID (Glatter, 07.11.2003). Zum Zeitpunkt der Gründung arbeiteten beide be-reits in einem anderen BID erfolgreich zusammen und konnten somit anhand der dort gemachten Erfahrungen die Entstehung des 34th Street BID unterstüt-zen. Biedermann ist neben seiner Funktion im 34th Street BID auch der Director des Bryant Park BID. Früher war er ebenfalls für den Grand Central BID zustän-dig. Dieser wurde dann jedoch wegen Auseinandersetzungen auf politischer Ebene und dem Vorwurf zu starker Machtanhäufung an einen anderen Direc-tor abgegeben (Glatter, 07.11.2003). Das Management für beide BIDs setzt sich heute aus einem 24-köpfigen Team zusammen. Im Board of Directors des 34th Street BID sitzen 40 Mitglieder.

Anstoß zur Gründung des BID durch Schlüsselfiguren

Neben den Angestellten des BID-Managements werden in themenspezifi-schen Arbeitsgruppen sowohl Einzelhändler als auch die Angestellten von DSBS einbezogen. Der vergleichsweise starke Eingriff in die Gestaltung des öf-fentlichen Raums, zum Beispiel durch das Aufstellen neuer Straßenmöbel, ist nur aufgrund einer engen Zusammenarbeit mit dem zuständigen Department möglich (Biedermann, 20.11.2003). Die Zusammenarbeit des BID-Managements mit Grundstückseigentümern und Einzelhändlern verläuft bei ungefähr 80 Prozent positiv. Bei den restlichen 20 Prozent gibt es Probleme, die ihre Ursache häufig in den unzureichenden Kenntnissen der Beteiligten über die Aufgaben und Möglichkeiten des BID haben (Biedermann, 20.11.2003). Vermutlich handelt es sich in diesen Fällen um die Beanstandung der Mitfinanzierung ursprünglich öffentlicher Leistungen durch den BID.

Kooperatives Netzwerk prägt die Zusammenarbeit

Abb. 12: Organisationsstruktur des 34th Street BID

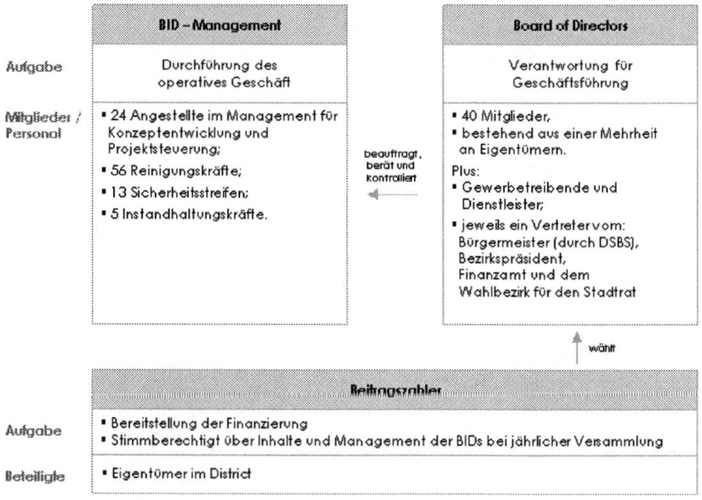

Unterschiedlicher Aufwand an Finanzen und Zeit

Quelle: eigene Darstellung

Die Aufgaben im Zusammenhang mit der Tätigkeit für den BID verlangen von den beteiligten Akteuren einen unterschiedlichen Zeitaufwand. Die Angestellten des BID leisten einen Full-Time-Job mit vielen Überstunden, da sie für einen umfangreichen Maßnahmenkatalog verantwortlich sind. Die Grundstückseigentümer im Board of Directors beschränken ihr Engagement zum großen Teil auf die zweimal jährlich stattfindenden Jahrestreffen sowie auf themenbezogene Unterstützung, die sich zeitlich schwer quantifizieren lässt (Gardner, 13.11.2003). Bei dem Betreuer des Departments of Small Business Services fällt die zeitliche Belastung je nach Arbeitsphase und BID unterschiedlich aus. Steht der Abschluss eines neuen Vertrages an, ist der Arbeitsaufwand groß. Beim 34th Street BID, einer eingespielten Initiative, handelt es sich lediglich noch um die Teilnahme an den gesetzlich vorgeschriebenen Gremiumssitzungen. Außerhalb dieser festen Termine setzt man sich nur mit konkreten Problemen auseinander, wenn diese von den Angestellten an das DSBS herantragen werden (Glatter, 07.11.2003).

Finanzierungsmodell basiert auf der Bruttogeschossfläche

Grundlage für die Erhebung des BID-Beitrages ist im 34th Street BID die Bruttogeschossfläche der Gebäude. Für die Ermittlung der Höhe der Beiträge wird im District Plan eine Klassifizierung der Beitragszahler vorgenommen. Gebildet wurden A, B, C, D, E und F Gruppen, die sich wie folgt zusammensetzen (34th Street DMA 1991, S. 28f):

Ermittlung des individuellen Beitrags in Gruppe A, B und C:

$$\frac{\text{Gesamtsumme Beitragszahlung}}{\text{Gesamtbetrag der Bruttogeschossfläche aller Beitragszahler der Gruppe}} \times \frac{100 \text{ Prozent der individuellen Bruttogeschossfläche}}{}$$

Ermittlung des individuellen Beitrags in Gruppe D:

$$\frac{\text{Gesamtsumme Beitragszahlung}}{\text{Gesamtbetrag der Bruttogeschossfläche aller Beitragszahler der Gruppe}} \times \frac{67 \text{ Prozent der individuellen Bruttogeschossfläche}}{}$$

Ermittlung des individuellen Beitrags in Gruppe E:

$$\frac{100 \text{ Prozent der individuellen Bruttogeschossfläche}}{} \times 1,39 \, \$$$

- Gruppe A fasst die Eigentümer von hauptsächlich durch verarbeitendes Gewerbe genutzten Flächen zusammen. Ihr Beitrag errechnet sich aus der Multiplikation von Bruttogeschossfläche und dem Beitrag je Quadratfuß (1 Square foot = 0,093 m²).
- Gruppe B bezieht alle Eigentümer von Grundstücken mit einem Schwerpunkt auf Büronutzungen ein. Der Beitrag errechnet sich auf die gleiche Weise wie bei Gruppe A.
- Gruppe C bilden die Eigentümer, die Wohnraum vermieten. Die Berechnung ihrer Abgabe erfolgt nach dem gleichen Prinzip wie bei A und B.
- Gruppe D schließt alle Eigentümer von Grundstücken mit über 200.000 Quadratfuß (entspricht ca. 18.600 m²) an Einzelhandelfläche, wie beispielsweise Shopping-Malls und Kaufhäusern, ein. Bei ihnen werden 67 Prozent der Bruttogeschossfläche mit dem festgelegten Beitragswert multipliziert.
- Gruppe E setzt sich aus Eigentümern von brachliegenden und unentwickelten Grundstücken zusammen. Ihr Beitrag wird im District Plan mit 1,39 Dollar mal Bruttogeschossfläche festgelegt.
- Gruppe F besteht aus den öffentlichen und nicht kommerziellen Eigentümern. Diese Gruppe wird nicht in die Beitragzahlung einbezogen.

Wichtige Akteure bekommen Sonderkonditionen

Für das Kaufhaus Macy's wurde eine extra Berechnungsgrundlage, Gruppe D, eingeführt. Diese sieht für Gebäude mit einem sehr hohen Anteil an Einzelhandelsfläche einen geringeren Beitrag je anzurechnender Flächeneinheit vor. Macy's wollte zunächst nichts von Zahlungen in einem BID wissen, da man bereits eigenes Marketingpersonal und eigene Reinigungskräfte beschäftigt. Um das standortprägende Unternehmen doch noch für eine Teilnahme zu gewinnen, einigte man sich auf eine individuelle Beitragserrechnung. Es ist nicht ungewöhnlich, dass ein solch großer ansässige Nutzer versucht, eine Sonderposition auszuhandeln (Glatter, 07.11.2003).

Abb. 13: Beitragsentwicklung des 34th Street BID im Zeitraum 1993 bis 2004

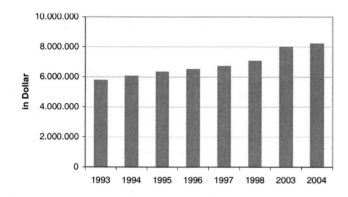

Quelle: DSBS o. J., S. 7, eigene Darstellung.

Der Gesamteinnahmen des BID für das erste Vertragsjahr beliefen sich auf knapp 6.000.000 Dollar. Im Verlauf der Jahre hat sich der eingeforderte Beitrag erheblich gesteigert (vgl. Abb. 13). Da in der Zeit von 1998 bis 2002 die Erhöhung der eingezogenen Beiträge politisch untersagt war, blieb die Einnahme in diesem Zeitraum konstant. Der derzeitige Bürgermeister Michael R. Bloomberg steht dem BID-Instrument aufgeschlossen gegenüber und ließ nach seinem Amtsantritt Beitragserhöhungen wieder zu (Glatter, 07.11.2003). In vielen Fällen, vorrangig bei den großen BIDs, wurden daraufhin Beitragserhöhungen beschlossen. Sie erreichten beim 34th Street BID im Jahr 2003 die stattliche Summe von insgesamt 950.000 Dollar.

Steigende Beiträge im Laufe der Jahre

Abb. 14: Einnahmenverteilung des 34th Street BID in 1993, 1997 und 2003

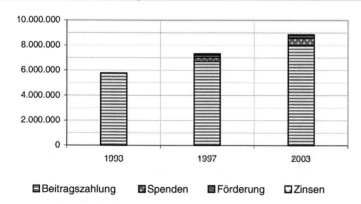

Quelle: 34th Street DMA 1991, S. 32; 34th Street DMA 1997, S. 9; 34th Street DMA 2003, S. 24; eigene Darstellung.

**Beitragszahlung ist nicht gleich
Gesamtbudget**

Zusätzlich zu den eigentlichen Beitragszahlungen fließen sich weitere Einnahmen aus Spenden, Förderungen und Zinsen in das Budget. Im Verhältnis zu den Beiträgen machen diese Zahlungen beim 34th Street BID einen verhältnismäßig geringen Anteil aus (vgl. Abb. 14).

9.3 Zielsetzung und Maßnahmenkatalog des BID

Nach Beseitigung grundlegender Probleme Konzentration auf Weiterentwicklung gesetzter Standards

Zielsetzung der BID-Initiative war die Aufwertung des Districts und die Erhöhung der Sicherheit im öffentlichen Raum sowie die Verbesserung der Einzelhandelsstruktur. Vor der Gründung des BID belegten die Statistiken der Polizei, dass der Herald Square und der Madison Square Garden zu den Plätzen mit der höchsten Kriminalitätsrate in südlichen Midtown gehörten (34th Street DMA 1991, S. 13). Zudem hatte man mit erheblichen Verschmutzungen im öffentlichen Raum zu kämpfen, da die Eigentümer ihre Verantwortung zur Reinhaltung der Gehwege mit sehr unterschiedlichem Engagement wahrnahmen. Heute hat man diese Aufgabe gelöst, kann den erreichten Standard jedoch nur mit einem erheblichen Personal- und Kostenaufwand halten. Die Höhe der Mieten ist akzeptabel, die Parkflächen sind umgestaltet und die Gehwege wurden mit neuen Straßenmöbeln ausgestattet (Glatter, 07.11.2003).

Sauberkeit und Sicherheit auch weiterhin Schwerpunkt

Eine Gegenüberstellung der Ausgabenverteilung im Budget aus den Jahren 1993, 1997 und 2003 (vgl. Abb. 15 - 17) verdeutlicht, dass:
- die Mehreinnahmen sich ungefähr mit gleicher Gewichtung auf die bereits bestehenden Tätigkeitsbereiche verteilen;
- Sauberkeit und Sicherheit oberste Priorität haben und einen zunehmenden Anteil am Budget erhalten;
- für Aufwertungs- und Umgestaltungsmaßnahmen des öffentlichen Raums, inklusive der Aufstellung neuen Straßenmobiliars, konstant hohe Aufwendungen von 1,7 Millionen Dollar pro Jahr getätigt werden;
- dem Bereich Grünpflege zunehmend mehr Geld zur Verfügung steht;
- den Bereichen Einzelhandel und Tourismus über die Jahre unveränderte Beträge zufließen und
- das Geld für soziale Leistungen trotz steigender Einnahmen auf Null gesenkt wurde.

Aktueller Brennpunkt sind u. a. die Straßenverkäufer

Schwerpunkt der gegenwärtigen Aktivitäten ist die Fortführung der eingeleiteten Maßnahmen und die Gewährleistung der Instandhaltung. Parallel dazu versucht man, auf noch bestehende Probleme Einfluss zu nehmen. Der Fokus liegt dabei derzeit auf dem Bereich um die Penn Station mit ihren vergleichsweise vielen Straßenverkäufern, die große Teile der Gehwege vor den Geschäften für ihren Verkauf nutzen. Das wird als problematisch angesehen, weil:
- der Straßenverkauf ohne Miet- und Steuerzahlung einen Preisvorteil bietet und somit das Geschäft der ansässigen Einzelhändler schmälert (Glatter, 07.11.2003).
- die Straßenhändler auch als Sicherheitsproblem wahrgenommen werden. Sie beanspruchen oftmals die halbe Gehstegbreite, so dass in den

Hauptverkehrszeiten nicht genügend Raum für Fußgänger bleibt. Diese weichen dann auf den Straßenraum aus (Steinberg, 18.11.2003).

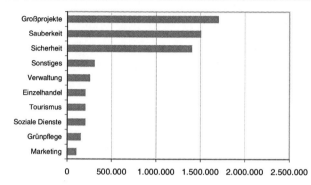

Abb. 15: Budgetaufteilung des 34th Street BID im Jahr 1993 in Dollar

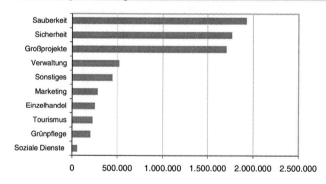

Abb. 16: Budgetaufteilung des 34th Street BID im Jahr 1997 in Dollar

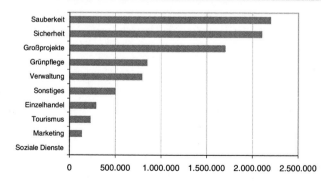

Abb. 17: Budgetaufteilung des 34th Street BID im Jahr 2003 in Dollar

Quelle: 34th Street DMA 1991, S. 32; 34th Street DMA 1997, S. 9; 34th Street DMA 2003, S. 24; eigene Darstellung.

Verbesserte Sicherheit in Schwerpunktbereichen

In Bereichen wie der Sicherheit und Sauberkeit im öffentlichen Raum lassen sich die Zielsetzungen nur mit einem erheblichen Personalaufwand erreichen. Der 34th Street BID beschäftigt derzeit dreizehn Sicherheitskräfte, die den District sechzehn Stunden täglich in einem Zwei-Schicht-System überwachen (34th Street DMA 2003, S. 10).

Dabei haben sich Schwerpunkte gebildet. So werden zum Beispiel zu bestimmten Spitzenzeiten die Eingangsbereiche des Madison Square Gardens und zu Hauptverkehrszeiten die Penn Station oder die Fußwege beim Empire State Building besonders häufig vom Sicherheitspersonal frequentiert. Ebenso wird, laut District Plan, den weniger belebten Straßenzügen eine erhöhte Aufmerksamkeit zuteil (34th Street DMA 1991, S. 13).

Massives Einsatz von Arbeitskräften für Reinhaltung des öffentlichen Raums

Starke Kürzungen im Budget der Departments of Sanitation Anfang der 1990er Jahre hatten auch in Midtown zu einem Abzug öffentlicher Reinigungskräfte für die Straßen und Gehwege geführt. Innerhalb kürzester Zeit lagen Müllberge auf den Fußwegen und am Straßenrand (34th Street DMA 1991, S. 14). Als Ergänzung zum noch verbliebenen städtischen Service wurden deshalb zusätzliche Reinigungskräfte verpflichtet. Für die Säuberung des öffentlichen Raums stehen heute 56 Arbeitskräfte an sieben Tagen in der Woche zur Verfügung. Für 2004 ist sogar eine Aufstockung auf 62 Mitglieder geplant (34th Street DMA 2003, S. 13). Für die Instandhaltung des Gehwegbereichs gibt es wiederum extra Personal, welches für das Streichen der Straßenmöbel sowie das Entfernen von Graffiti und Plakate zuständig ist. Auch für die Erfüllung dieser Aufgabe ist für 2004 ein Personalzuwachs auf fünf Angestellte geplant. Zusätzlich wurden externe Firmen verpflichtet, die sich zum Beispiel das Beseitigen des Kaugummis von den Granitgehwegplatten übernehmen (34th Street DMA 2003, S.14).

Soziales Engagement in Kooperation mit öffentlicher Hand geplant

Im Bereich der sozialen Dienstleistungen ist im District-Plan vor allem die Hilfe für Arme und Obdachlose in der Nachbarschaft zur Penn Station angedacht. Hierbei sollte mit Hilfe privater und öffentlicher Mittel der Service für Obdachlose erhöht werden, so dass die öffentlichen Räume im District nicht als Schlafplätze dienen. Der BID verpflichtet sich im District Plan, mindestens 25 Prozent der entstehenden Kosten dieser Programme zu tragen (34th Street DMA 1991, S. 16). Aus den Rechenschaftsberichten des BID geht hervor, dass in den ersten Jahren eine nicht unerhebliche Summe in solche Projekte geflossen ist. Die Ausgaben wurden jedoch über die Jahre auf Null zurückgefahren.

Nach intensiver Aufwertungsphase des Districts heute bereits Gestaltung der zweiten Generation

Für die Pflege des öffentlichen Raums, insbesondere der beiden Plätze Herald und Greeley Square, wurde viel Geld investiert. Da beide Plätze durch Besucher stark frequentiert sind, fallen für die regelmäßige Pflege hohe Unterhaltungskosten an, die nicht ausschließlich vom Departement of Parks and Recreation übernommen werden (34th Street DMA 1991, S. 17). Durch den BID wurden deshalb folgende Maßnahmen realisiert (34th Street DMA 2003, S. 4):

- Im gesamten Gebiet wurde die Beleuchtung des öffentlichen Raums umgestaltet. So wurde für das Gebiet ein neuer Straßenleuchtentyp entwickelt, der eine bessere Ausleuchtung des Straßen- und Gehwegbereiches garantiert. Zudem wurden auf einigen Dächern zusätzliche Scheinwerfer angebracht, um den Straßenraum stärker auszuleuchten.

- Das Design neuer Straßenmöbel hat sich über die Jahre auf Papierkörbe, Sitzgelegenheiten, Bushaltestellen, Zeitungsstände sowie Blumenbehältnisse ausgeweitet.
- Umgestaltungen der Gehwege mit dem Ziel der besseren Erkennung von Fußgängerübergängen oder dem behindertengerechten Umbau.
- Im Jahr 2003 wurden die Pflanzenkübel auf den Straßen durch haltbarere und pflegeleichtere Modelle ersetzt. Ebenso wurden die Papierkörbe und die Baumscheibengestaltung erneuert. Es wurde also bereits die zweite Generation der Straßengestaltung realisiert.
- Für eine bessere Wahrnehmung der Hinweis- und Straßenschilder wurden diese gegen größere und gut sichtbare Zeichen ausgetauscht.

In den Hauptverkehrsachsen des Districts stellte der BID deutliche Hinweisschilder zu Zielpunkten wie dem Empire State Building oder dem Madison Square Garden auf. Des Weiteren wurden an mehreren Standorten Informationspunkte eingerichtet, an denen sich der interessierte Besucher über seinen Standort innerhalb von Midtown sowie über die wichtigsten Attraktionen des Gebietes mit Kurzbeschreibung, Adresse und Erreichbarkeit informieren kann. Informationskioske auf beiden Plätzen sowie das Angebot von geführten Rundgängen gehören heute ebenfalls zum Besucherservice.

Verbessertes Informationsleitsystem für Besucher

Maßnahmen um die Attraktivität des Einzelhandels zu erhöhen, bezogen sich in der Anfangsphase auf die Verbesserung des Erscheinungsbildes vieler Läden in der 34th Street. Mit Hilfe des BID wurden Fassadenerneuerungen oder auch Gestaltungshilfen finanziert. Außerdem versuchte man, in Zusammenarbeit mit den Eigentümern, Mieter für die Ladenflächen zu finden, die durch ihr Sortiment eine Bereicherung für das Standortangebot darstellten. Manchmal machte es auch Sinn, das Erdgeschoss mit einem Nutzer zu belegen, der zwar weniger Miete zahlt, insgesamt jedoch für ein gutes Image sorgt und somit für die oberen Etagen eine höhere Miete ermöglicht (34th Street DMA 1991, S. 19). Steigende Mieten und Immobiliensteuern förderten die Niederlassung großer Handelsketten. Die Betriebskosten für die Unternehmen sind so hoch, dass sich „Mom-and-Pa-Shops" („Tante-Emma-Läden" bzw. inhabergeführte Läden) oftmals die Mieten nicht mehr leisten konnten (Steinberg, 18.11.2003).

Aufwertung des Erscheinungsbildes von Geschäften

Das BID-Management ist Mitglied im International Council of Shopping Centers (ICSC). Auf der jährlichen ICSC-Konferenz in New York nimmt das BID-Management die Gelegenheit wahr, mit einem Stand vertreten zu sein, und den District Projektentwicklern, Einzelhändlern und den Medien vorzustellen. Zusätzlich arbeitet man intensiv mit Journalisten einzelner Zeitschriften zusammen, die dann regelmäßig über die Entwicklungen im Gebiet berichteten (34th Street DMA 2003, S. 17f.) Die neue Homepage im Internet, aber auch ein neu entwickelter Orientierungsplan zum Gebiet, mit dem Verzeichnis aller wichtigen Einkaufsläden und Anlaufpunkte und der wöchentliche Fax- und E-Mail-Newsletter, ergänzen das Informationsangebot.

Marketing in der breiten Öffentlichkeit und Interessensverbänden

9.4 Ergebnisse und Erfolgsfaktoren der BID-Arbeit

Von kurzfristigen Projekten zu langfristigen Strategien

Laut Aussage verschiedener BID-Managern, aber auch Mitarbeitern des Departments of Small Business Services ist jeder BID einmalig, da die Voraussetzungen und die Ziele sehr spezifisch und variabel sind. Er besitzt also ein eigenes Profil. Der 34th Street BID hat seinen Schwerpunkt vor allem in der Förderung des Einzelhandels (Glatter, 07.11.2003). Diese Orientierung gilt es durch Verbesserung der Infrastruktur und Erhöhung der Attraktivität zu stärken. Während zu Beginn der Tätigkeit des BID essenzielle Aktivitäten wie die Säuberung des öffentlichen Raums, die Senkung der Kriminalität oder auch die Entfernung von Graffiti angegangen wurden, beschäftigt man sich heute auch mit umfassenderen Entwicklungsstrategien wie dem Aufbau eines umfangreichen Betreuungsprogramms für Touristen oder auch Maßnahmen zur Entwicklung brachliegender Flächen (Biedermann, 20.11.2003).

Abb. 18:
Senkung der Kriminalitätsrate von 1992 bis 2003 in Prozent:

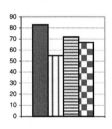

- Raubüberfälle
- Angriffe
- Einbrüche
- größere Diebstähle

Quelle: 34th Street DMA 2003, S. 10, eigene Darstellung.

Wesentliche Ergebnisse der Tätigkeit des BID sind:
- die Senkung der Kriminalitätsrate (vgl. Abb. 18); eine verbesserte Sauberkeit des öffentlichen Raumes;
- Umstrukturierung des Branchenmixes zu einer vielfältigen Angebotsstruktur, inklusive eines höheren Filialisierungsgrades;
- ein einheitliches, gepflegtes und ansprechend gestaltetes Stadtmobiliar im öffentlichen Raum;
- Verbesserung der Informationen über Touristenattraktionen, über Verkehrsmittel aber auch Einkaufsmöglichkeiten;
- Aufwertung von Grünflächen und Plätzen;
- Vermarktung des Standortes.

BID als Brücke zwischen Privatwirtschaft und Kommune

Der 34th Street BID unterstützt die Kommunikation zwischen staatlichen Einrichtungen und Eigentümern bzw. Einzelhändlern und reduziert so Zeit- und Organisationsaufwand. Von Seiten der Eigentümer und Einzelhändler wird der BID als eine wichtige Stimme wahrgenommen, die ihre Interessen gegenüber der Kommune vertritt (Gardner, 13.11.2003).

Erhöhtes Kundenaufkommen, aber auch steigende Mieten

Es gibt durchaus Einzelhändler die sich über steigende Mieten infolge der Aktivitäten des BID beklagen. Von den Befürwortern des BID wird ein solches Argument als nicht stichhaltig angesehen, da gleichzeitig eine Aufwertung des öffentlichen Raums erfolgt, die neue Unternehmen anzieht und für den Zulauf an Kunden sorgt (Biedermann, 20.11.2003). Nach Einschätzung der meisten Ansprechpartner profitieren vom Wirken des BID sowohl die Grundstückseigentümer wie auch die Einzelhändler. Trotzdem wird eingeräumt, dass einige Geschäfte (zum Beispiel Schuhputzer) von den Aktivitäten des BID, wie Straßenreinigung und Marketing, nicht profitieren und aufgrund der steigenden Mieten ihr Geschäft aufgeben mussten (Glatter, 07.11.2003). Probleme bereiten auch Eigentümer, die den BID beseitigen wollen und versuchen, andere auch von dieser Notwendigkeit zu überzeugen. Die 34th Street hat nach eigenen Angaben nur wenige dieser Skeptiker, die aufgrund der hohen Beiträge in Opposition zum BID gehen (Biedermann, 20.11.2003). Das Thema Gentrifizierung fällt nicht in den Einflussbereich von BIDs, da man sich auf die Auseinandersetzung mit Unternehmen beschränkt (Biedermann, 20.11.2003).

Folgende Wirkungen wurden von mehreren Gesprächspartnern dem BID zugeschrieben:

- steigende Mieten,
- eine verbesserte Kommunikation zwischen öffentlichen und privaten Akteuren,
- die Schaffung und Sicherung von Arbeitsplätzen,
- eine verstärkter Zulauf an Kunden und
- die teilweise Verdrängung von kleinteiligen Gewerbeeinheiten durch Filialisten.

Für die insgesamt positive Bewertung der Tätigkeit des BID sind unterschiedliche Erfolgsfaktoren ausschlaggebend:

- politisch einflussreiche Schlüsselfiguren, die die Bildung des BID vorantrieben;
- der sichtbare Erfolg benachbarter BIDs;
- ein vergleichsweise hohes Budget, das die Bezahlung von gutem Personal sowie wirkungsvoller Projekte ermöglicht und
- die Identifikation fördernde Anziehungspunkte, die die Vermarktung des Standortes erleichtern.

Grundsätzliches Vertrauen in die Vorgehensweise der BID-Angestellten ist unerlässlich, da aufgrund der Größe des Districts nicht alle gleichmäßig von den vielfältigen und differenzierten Maßnahmen profitieren. So ist es möglich, dass manche Projekte nur dem Ostteil des Districts zugute kommen und andere dem Westteil. Beispielsweise hat die aufwendige Umgestaltung des Herald und Greeley Square keine Ausstrahlungskraft auf die 9th Avenue. Trotzdem handelt es sich um eine von allen Eigentümern finanzierte Maßnahme. Dass es über einen längeren Zeitraum gesehen zu einem vorteilhaften Ausgleich der Interessen der Beitragszahler des BID kommt, muss also zunächst vertrauensvoll vorausgesetzt werden.

Die Gesamtheit aller vom BID verfügten Maßnahmen führt, da sind sich alle Beteiligten einig, zu einer Aufwertung des öffentlichen Raums im gesamten District. Ob diese erhöhte Attraktivität allerdings auch Auswirkungen auf die Miethöhe in den Gebäuden hat, kann nicht mit Sicherheit gesagt werden (Gardner, 13.11.2003). Die Gehwege werden schöner, aber ob damit finanzkräftige Mieter gefunden werden, ist nicht mit letzter Bestimmtheit zu sagen. Es dürfte aber nahe liegen, dass Maßnahmen die für die gesamte Straße gut sind, eben auch gut für das eigene Geschäft sind (Gardner, 13.11.2003).

Die Effektivität der BID-Arbeit lässt sich nicht in Dollar bestimmen. Wenn sich über die Zeit Erfolge im Handel oder der Vermietung einstellen, dann ist die Arbeit des BID dafür mitentscheidend, aber nicht allein oder vorrangig ausschlaggebend. Ein wesentlicher Garant für den Erfolg ist die Eigeninitiative der Gewerbetreibenden, die ihr eigenes Unternehmen, seine Produkte und seine Organisation, verbessern (Steinberg, 18.11.2003). Maßnahmen wie die nächtliche Beleuchtung der Straßen oder auch die neuen Straßenmöbel führen zu einer grundlegenden Verbesserung der Aufenthaltsqualität und des Sicherheitsempfindens. Trotzdem lassen diese Aktivitäten nicht sofort die Kasse klingeln. Der BID entwickelt das Gebiet zu einem attraktiveren Standort und trägt somit zur Prosperität eines Geschäftszentrums bei. Es ist zu erwarten, dass sich die Vorteile des BID erst langfristig realisieren, da die Menschen erst wieder erlernen müssen, dass es sich beim 34th Street District um eine gute Einkaufsgegend handelt (Steinberg, 18.11.2003).

Tab. 4: Wirkungen und Erfolgsfaktoren des 34th Street BID

Wirkungen	Erfolgsfaktoren
Harte:	Harte:
• Steigerung der Aufenthaltsqualität des öffentlichen Raums durch Begrünung und Umgestaltung,	• ausformuliertes Arbeitsprogramm
• sauberer und sicherer öffentlicher Raum,	• sehr gute finanzielle Ausstattung,
• sehr gutes Marketing für den District und damit höhere Kundenfrequenzen,	• sehr gute Standortpotenziale (Verkehrsanbindung, Lage, touristische Anziehungspunkte).
• umfangreiche Touristenbetreuungsprogramme,	Weiche:
• aber auch: Verdrängung von inhabergeführten Geschäften durch Filialen und	• engagierter Einsatz von Schlüsselfiguren des Gebietes für die BID-Gründung,
• Verdrängung von Obdachlosen und Kriminalität in Nachbargebiete.	• Vertrauen der beitragspflichtigen Akteuren in das BID-Management,
Weiche:	• kreatives und engagiertes Personal,
• verbesserte Kommunikation zu Behörden und unter den lokalen Akteuren,	• einen charismatischen Executive Director,
• Übernahme von Verantwortung für die strategische Standortentwicklung durch die lokalen Akteure.	• trotz professionellem Management Übernahme individueller Verantwortung.

Quelle: eigene Zusammenstellung.

Vorzeigbare Wirkungen nach zehnjähriger Tätigkeit

Welche Wirkungen können dem 34th Street BID zugeordnet werden und welche Faktoren sind für diese positiven Ergebnisse verantwortlich? Die Wirkungen des BID lassen sich nach harten, im Sinne von sichtbaren, und weichen Kriterien differenzieren (vgl. Tab. 4). Zu den harten, ins Auge fallenden Wirkungen zählen die positiven Veränderungen in den Bereichen Sauberkeit, Sicherheit, Aufenthaltqualität und wirtschaftliche Prosperität. Dazu gesellen sich weiche Veränderungen wie verbesserte Kommunikationsstrukturen oder die zunehmende Übernahme von Verantwortung von lokalen Akteuren.

Foto 10 bis 12:
Neu designte Straßenmöblierung im District

Foto 15:
Orientierungs- und Informationstafeln auf den Gehwegen

Foto 13 und 14:
Öffentliche Toilette bzw. Zeitungskiosk im Corporate Design und eine Reinigungskraft mit entsprechendem Logo des BID auf Kleidung und Mülleimer

Foto 16 bis 18:
Jahreszeitliche bzw. anlassbezogene Grünflächenbepflanzung (hier für Helloween) und neue Aufenthaltsorte im öffentlichen Raum

Erfolge beruhen auf gesetzlichen Vorgaben und auf BID-spezifischen Faktoren

Neben den sich aus den gesetzlichen Rahmenbedingungen ergebenden Vorteilen der Organisationsform BID, wie gesicherte Finanzierungsgrundlage und abgestimmtes Arbeitsprogramm, lassen sich insbesondere fallstudienspezifische Erfolgsfaktoren benennen (vgl. Tab. 4). So bilden gute Standortpotenziale den notwendigen Rahmen für eine erfolgsversprechende BID-Organisation, die im Fall der 34th Street vor allem durch ein professionell arbeitendes Team mit kompetenter Leitung ergänzt wird. Die aufgezeigten Erfolge wären ohne eine vertrauensvolle Zusammenarbeit aller Beteiligten sicher undenkbar, wobei der Übernahme individueller Verantwortung durch Gewerbetreibende und Eigentümer des Districts und ihrem Vertrauen in die Entscheidungen des Managements besondere Bedeutung zukommt.

Soziale Aspekte bleiben bereits bei der Zielsetzung außen vor

Der 34th Street BID vermittelt das Bild einer dynamischen Organisation, die mittels umfangreicher Projekte und personellem Engagement jeglichen Zielsetzungen und Anforderungen gewachsen ist. Die durchgeführten Interviews und die Beobachtung der internen Arbeitsabläufen BID bestätigen diesen Eindruck. Die offensichtlichen Erfolge, unterlegt mit harten objektiven Daten und weichen, subjektiven Erfahrungen, machen die handelnden Akteure zu eifrigen Verfechtern des Modells. Grundsätzlich ist dieser Enthusiasmus nachvollziehbar, da die wirtschaftliche Vitalität des Standortes offensichtlich ist. Gibt es bei diesem Prozess Verlierer? Aufgrund einer geringen Bewohneranzahl im Districts sind große Interessenskonflikte mit dem BID unwahrscheinlich. Es wird vermutet, dass trotz anfänglicher Hilfsmaßnahmen im sozialen Bereich Obdachlose in angrenzende „Nicht-BID-Gebiete" verdrängt wurden. Ein ähnliches Bild bietet sich auch im Bereich der Kriminalitätsbekämpfung. Das private Sicherheitspersonal hat zwar zur Senkung der Kriminalitätsrate im District beigetragen, kann jedoch nicht verhindern, dass die Kriminellen in benachbarte Gebiete ausweichen.

Fazit:
Vorbildfunktion für Standortaufwertung, zunehmend strategische Ausrichtung als zukunftsweisende Aufgabe

Der 34th Street BID setzt mit seiner Professionalität, dem Umfang der Projekte und seiner langfristigen Strategie Maßstäbe. Günstige Rahmenbedingungen, ein erheblicher personeller Aufwand sowie ein professionelles Management haben ihn zu einem erfolgreichen Akteur der Standortaufwertung werden lassen. Der BID ist nun bereits seit über zehn Jahren tätig. In dieser Zeit hat es nicht an Kritikern gefehlt. Um die Skeptiker zu überzeugen, ist es notwendig neue Themen zu erschließen. Da die Grundprobleme aus der Anfangsphase weit gehend gelöst sind, gewinnt die strategische Ausrichtung in der Tätigkeit zunehmend an Bedeutung.

10.

FALLSTUDIE LOWER EAST SIDE BID

Der Lower East Side BID ist der finanzschwächste BID in Manhattan, liegt mit seinem Budget jedoch im Durchschnitt der New York City BIDs.

10.1 Spezifik des Standortes

Die Lower East Side entstand in der zweiten Hälfte des 19. Jahrhunderts und diente als Auffangbecken für Immigranten, vorwiegend aus Ost- und Südeuropa. Sie liegt im südöstlichen Bereich von Manhattan. Östlich des Gebietes schließen sich Little Italy und Soho an, westlich trifft man nach einigen Komplexen des Sozialen Wohnungsbaus auf den East River. Im Norden grenzt der Bereich des East Village an, südlich erreicht man über Chinatown den Financial District an der Südspitze Manhattans. Baulich-strukturell ist das Gebiet durch sechsgeschossige Mietshäuser geprägt, in denen in den ersten beiden Stockwerken Geschäfte und dazugehörige Lagerräume liegen. Darüber wird gewohnt und zum Teil auch heute noch für die Bekleidungsindustrie produziert.

BID in einem ehemaligen Immigrantenviertel

Der Geltungsbereich des BID umfasst nur einen Teil der Lower East Side. Seine Nord-Süd-Ausdehnung reicht von der Houston Street bis zur Canal Street und umfasst damit sieben Wohnblöcke bzw. acht Straßenzüge. In Ost-West-Richtung variiert seine Größe von zwei bis neun Blöcken. Derzeit befindet sich der BID in einer Erweiterungsphase und wird nach deren Beendigung seine Fläche ungefähr verdoppelt haben.

Kleiner BID aus Manhattan in Expansionsphase

Das Gebiet der Lower East Side wird durch eine Mischung aus alten, traditionellen Geschäften und Neuansiedlungen von Designerläden, Cafés und Clubs geprägt. Das Rückgrat dieses Geschäftsviertels bildet die Orchard Street mit ihrer lückenlosen Geschäftszeile im Erdgeschoss und der häufigen Nutzung der Obergeschosse zur Warenlagerung. Hier bestimmten Anfang der 1990er Jahre noch Bekleidungsgeschäfte das Straßenbild. Auch in den benachbarten Seiten- und Parallelstraßen wurde das Erdgeschoss gewerblich genutzt. Hier dominierte neben der dienstleistungsbezogenen Nutzung eine Mischung von Einzelhändlern, die sich vor allem aus Unterwäsche- oder Krawattenläden sowie kleineren Gemüse- bzw. Lebensmittelläden zusammensetzte. Zusätzlich gab es einige Flächen die nur zur Warenlagerung verwendet wurden. Nur in der Delancey Street, die als eine größere Verbindungsstraße nach Brooklyn das Gebiet durchquert, war damals schon ein stärkerer Mix in der Gewerbestruktur zu beobachten. So befanden sich dort beispielsweise einige Banken, viele Restaurants, Elektronikgeschäfte und Kinderbekleidungsläden (LES DMA 1992, S. 4f).

Einzelhandelsprofil zwischen Tradition und Trend

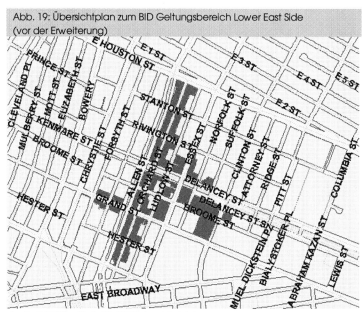

Abb. 19: Übersichtplan zum BID Geltungsbereich Lower East Side (vor der Erweiterung)

Quelle: DSBS New York City 2003, ohne Maßstab.

Traditioneller Standort von Existenzgründern

Die Lower East Side war von Anfang an Ausgangspunkt für Geschäftsneugründungen von Immigranten und ist es heute noch. Mit dem Unterschied, dass gegenwärtig verstärkt höher gebildete Immigranten ihr Glück versuchen und mit zahlreichen Restaurants, Cafés, Modeboutiquen oder auch Dienstleistungsunternehmen eine neue Vielfalt in die Gewerbestruktur einbringen (Misrahi, 19.11.2003).

Zunehmend nächtliches Angebot an Kultur und Unterhaltung

Hinzu kommt, dass sich die Lower East Side in den letzten Jahren für ein junges Publikum in den Abend- und Nachtstunden zu einem beliebten Ausflugsziel entwickelt hat. Die Eröffnung neuer Lokale und Clubs führt zu einer zum Teil beachtlichen Belebung des öffentlichen Raums bis in die frühen Morgenstunden.

Gute Erreichbarkeit durch öffentlichen Nahverkehr

Die Lower East Side ist durch das Netz öffentlicher Verkehrseinrichtungen aus allen Richtungen der Stadt gut erreichbar. Mehrere U-Bahnlinien bieten Anschluss an die umliegenden Bezirke sowie an andere Teile Manhattans. Ergänzt wird dieses Angebot durch mehrere Buslinien, die die Allen und Essex Street bedienen sowie die Verbindung auf der Delancey Street über die Williamsburg Bridge nach Brooklyn herstellen. Für den motorisierten Individualverkehr besteht insbesondere eine schnelle Anbindung nach Brooklyn, da sowohl die Williamsburg Bridge als auch die Manhattan und Brooklyn Bridge nicht weit entfernt liegen. New Jersey ist über die Canal Street mittels des Holland Tunnels erreichbar.

Foto 19: Delancey Street, größte
 Verkehrsader im District
Foto 20: Seitenstraße im District
Foto 21: Orchard Street

Foto 22 und 23: Einzelhandel im Erdgeschoss und zum Teil im
 Fußgängerbereich

Foto 24: teilweise Produktion in den
 oberen Geschossen

Foto 25 bis 27: Leerstand im Erdgeschoss und unansprechende
 Schaufenstergestaltung einiger traditioneller Geschäfte

**Bevölkerung zunehmend von
Asiaten dominiert**

Die Bevölkerungszusammensetzung spiegelt mit ihrem bunten Gemisch aus Osteuropäern, Spaniern und Asiaten die Geschichte der Lower East Side als Auffangbecken für Immigranten wieder. Über die letzten Jahre lässt sich eine zunehmende Dominanz von Asiaten verzeichnen. Aber auch Hispanos und Juden leben heute noch in der Lower East Side (DCP 2002, o. S.). Nahezu alle Gebäude innerhalb des Districts bieten in den oberen Etagen Wohnraum. Ausschließlich zum Wohnen genutzte Gebäude gibt es innerhalb des BID nicht. Östlich des Districts liegen jedoch viele Wohnhäuser für Mieter mit mittlerem bis niedrigem Einkommen (LES DMA 1992, S. 5). Die Einwohnerzahl ist im Zeitraum zwischen 1990 und 2000 ist von rund 24.900 auf cirka 27.000 Einwohnern angewachsen (DCP 2002, o. S.). Das entspricht einer Steigerung von ungefähr acht Prozent.

Tab. 5: Der Lower East Side BID in Zahlen

Fläche in ha	Einwohner 1990	Einwohner 2000	Bevölkerungszu-sammensetzung in 2000 in %	Anzahl der Eigen-tümer	Anzahl der Geschäfte
ca. 9	ca. 24.900	ca. 27.000	67 Asiaten	275	430
			16 Hispanics		
			13 Weiße		
			2 Afro-Amerikaner		
			2 Sonstige		

Quelle: DCP 2002, o. S.; Flamm, 06.11.2003.

**Sonntagsverkauf als ehemaliges
Alleinstellungsmerkmal**

Die Lower East Side war einst ein attraktives Einkaufsviertel, bekannt für seine Schnäppchenpreise und Sonntagsöffnungszeiten. Viele der Geschäftsinhaber waren Juden aus Osteuropa, deren Geschäfte am Samstag geschlossen blieben, dafür jedoch am Sonntag öffneten. Über viele Jahre hinweg war die Lower East Side das einzige Gebiet in New York City, das einen Sonntagseinkauf ermöglichte. Dementsprechend zog es Besucher aus der ganzen Stadt und dem Umland in die Lower East Side. Als im Jahr 1976 dann die sonntäglichen Öffnungszeiten für das gesamte Stadtgebiet eingeführt wurden, verlor die Lower East Side ein wesentliches Alleinstellungsmerkmal und hatte in den folgenden Jahren mit starken Umsatzeinbußen zu kämpfen (LES DMA 1992, S. 3f).

**Bedeutungsverlust durch
Strukturwandel im Einzelhandel**

Zusätzlich wirkte sich der Strukturwandel im Einzelhandel, mit seinen Shopping-Malls und Kaufhäusern in dezentralen Lagen der Stadt, negativ auf die Geschäftsergebnisse aus. Die Leute begannen dort einzukaufen wo sie lebten und die Lower East Side verlor weitere Kunden. Die Folgen waren Geschäftssterben und Leerstände (Eng, 06.11.2003). Die daraufhin gegründete Vereinigung der Einzelhändler versuchte mit übergreifenden Maßnahmen gegen zu lenken. Aufgrund des fehlenden Engagements der Mehrzahl der Einzelhändler wurden keine Erfolge erzielt. Der Geltungsbereich des BID umfasst den Kernbereich des Geschäftsviertels. Die Randlagen konnten damals nicht integriert werden, da dort nur wenige Unternehmen tätig waren und folglich keine Unterstützung für den BID bestand (Flamm, 06.11.2003).

Der unmittelbare Handlungsbedarf anlässlich der Gründung des BID bestand einerseits in einer sehr einseitig ausgerichteten Angebotsstruktur der Geschäfte und andererseits in den ständig zunehmenden Leerständen in den Erdgeschossflächen. Die Verbesserung der Sauberkeit und Sicherheit im öffentlichen Raum wurden zunächst als nicht so dringlich eingestuft.

Handlungsbedarf durch strukturelle Probleme

10.2 Akteure, Organisation und Finanzierung

Die wichtigste Triebkraft im Vorfeld der Entstehung des BID war die Lower East Side Merchants Association (LES MA), also ein Zusammenschluss der ortsansässigen Einzelhändler. Diese Initiative scheiterte bei dem Versuch, für die Organisation und Durchführung gemeinsamer Projekte von den Einzelhändlern finanzielle Unterstützung zu erhalten. Damals, Ende der 1980er Jahre, waren nur cirka zwanzig von ungefähr vierhundert Händlern bereit, Geld zu geben (Misrahi, 19.11.2003). Fast zur gleichen Zeit wurde das BID-Model populär. Durch den Kontakt zu einem Politiker wurde der Händlerinitiative das Konzept näher gebracht. Nach der Zusage des Politikers das Vorhaben aktiv zu unterstützen, sah sich die Händlerorganisation veranlasst, in den Gründungsprozess eines BID einzutreten. Neben der Information über Eigenart und Funktionsweise von BIDs und der Erstellung des District Plan, wurde die Lower East Side District Management Association (LES DMA) gegründet, in die die LES MA letztlich aufging. Dieses Vorgehen wurde möglich, da zu diesem Zeitpunkt der Großteil der Einzelhändler gleichzeitig auch Grundstückseigentümer waren. Auch heute noch leben in diesem District vielen Einzeleigentümer und Nicht-Großgrundbesitzer (Misrahi, 19.11.2003).

Wegbereitung durch die Händlerinitiative

Die LES DMA, derzeit vom Executive Director Andrew Flamm geleitet, ist für die die Umsetzung des District Plan und der im Annual Report vorgesehenen Maßnahmen verantwortlich. Andrew Flamm und seine Mitarbeiter sind Angestellte des BID und in ihrem Handeln dem Board of Directors Rechenschaft schuldig (vgl. Abb. 20). Die Zusammensetzung und Stimmberechtigung der Mitglieder des Board of Directors der LES DMA erfolgt nach gesetzlich vorgegebenen Regeln (vgl. Kap. 5.3). Insgesamt gibt es dreiunddreißig Mitglieder im Board of Directors und vier Angestellte im BID-Management (Flamm, 06.11.2003).

BID-Management mit vier Festangestellten

Zusätzlich zu der gesetzlich festgelegten Zusammensetzung des Boards of Directors arbeiten themenbezogene Arbeitsgruppen, die für eine erfolgreiche Tätigkeit unerlässlich sind (Slonim, 31.10.2003). So existiert für den Lower East Side BID eine Arbeitsgemeinschaft für Entwicklung, die sich mit zukünftigen Aktivitäten in Richtung Promotion und Werbung auseinandersetzt. Eine weitere Gruppe widmet sich dem Budget und dessen zukünftiger Verwendung. Grundlage der Diskussion ist ein Vorschlag des Executive Directors, der dann in der Arbeitsgruppe beraten wird. Erst danach geht der Finanzierungsplan zum Board. Mit Hilfe der Arbeitsgemeinschaften unterstützen die Eigentümer, Einzelhändler und andere die Angestellten des BID bei ihrer Arbeit (Slonim, 31.10.2003).

Themenbezogene Arbeitsgruppen unterstützen das Management

Abb. 20: Organisationsstruktur des Lower East Side BID

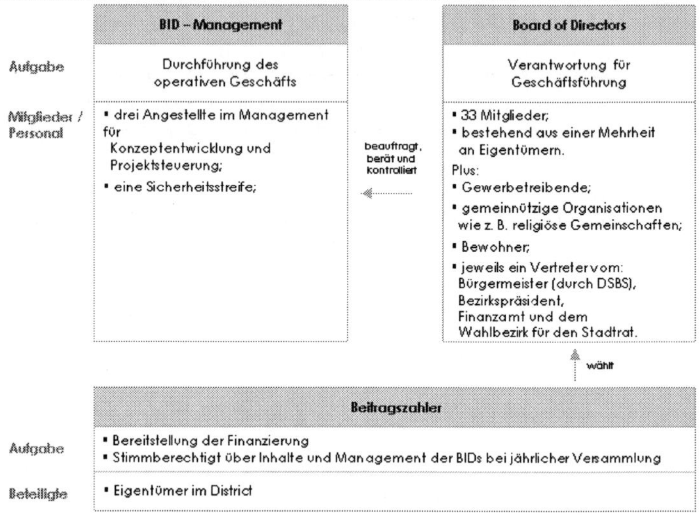

BID – Management		Board of Directors
Aufgabe — Durchführung des operativen Geschäfts		Verantwortung für Geschäftsführung
Mitglieder / Personal — • drei Angestellte im Management für Konzeptentwicklung und Projektsteuerung; • eine Sicherheitsstreife;	beauftragt, berät und kontrolliert	• 33 Mitglieder; • bestehend aus einer Mehrheit an Eigentümern. Plus: • Gewerbetreibende; • gemeinnützige Organisationen wie z. B. religiöse Gemeinschaften; • Bewohner; • jeweils ein Vertreter vom: Bürgermeister (durch DSBS), Bezirkspräsident, Finanzamt und dem Wahlbezirk für den Stadtrat.

wählt

Beitragszahler	
Aufgabe	• Bereitstellung der Finanzierung • Stimmberechtigt über Inhalte und Management der BIDs bei jährlicher Versammlung
Beteiligte	• Eigentümer im District

Quelle: eigene Darstellung.

Unterstützung durch breites ehrenamtliches Engagement

Mit dem Board of Directors trifft sich das Management ungefähr einmal im Monat, um die nächsten Aufgaben abzusprechen. Das Boards of Directors hat in diesem Fall eine beratende Funktion bei der Entwicklung von strategischen Entscheidungen. Die tagtägliche Arbeit wird jedoch von den Angestellten erledigt (Slonim, 31.10.2003). Die Einberufung der Arbeitsgruppen erfolgt nach Bedarf, die Mitarbeit ist ehrenamtlich. Zur Teilnahme eingeladen ist jeder der in dem BID tätig ist, sei es als Eigentümer, Einzelhändler, als öffentliche oder private Institution. Entgeltlich beschäftigt sind nur die Angestellten des BID-Managements (Eng, 06.11.2003).

Häufiger Führungswechsel im Management

Die Wahl des Executive Directors ist eine wichtige Entscheidung im BID-Prozess. Im Lower East Side BID haben in dieser Hinsicht einige Veränderungen stattgefunden. Derzeit wird der BID von seinem dritten Executive Director geleitet. Entsprechend der Entwicklungsphase des BID wurden jeweils unterschiedliche Charaktere gewählt (Misrahi, 19.11.2003). Insgesamt wird die Arbeit des Managements stark vom Board of Directors beeinflusst. Die Zusammenarbeit zwischen Board und Executive Director beruht dabei auf kooperativer Einbindung in Planungs- und Umsetzungsprozessen.

Trotz wirtschaftlicher Orientierung Interessensausgleich mit Bewohnern gesucht

Die Einbeziehung der Einwohner des Gebietes erfolgt über einen Vertreter, der ebenfalls im Board sitzt. Über ihn versucht man Konflikte zu lösen, die zum Beispiel durch neu entstehende Clubs und Bars mit einer bis spät in die Nacht anhaltenden Geräuschkulissen entstehen. Gleichzeitig sollen Bedenken der Einwohner schon im Planungsprozess Berücksichtigung finden. Die Eigentümer, die die Mehrheit der stimmberechtigten Mitglieder des Boards bilden, sind aber der Meinung, dass man sich um die ökonomische Entwicklung im District bemühen solle und insofern nur bedingt auf die Interessen der Bewohner eingehen kann. Prinzipiell gehen die Bestrebungen dahin, in strittigen

Fragen einen Konsens zu erreichen. Bislang gab es mit den Bewohnern jedoch nur wenige Probleme (Slonim, 31.10.2003).

Der Zeitaufwand für jeden Beteiligten an der BID-Arbeit ist sehr unterschiedlich. Für die Angestellten im Management handelt es sich um einen Full-Time-Job. SLONIM, Präsident des Board of Directors, investiert ungefähr vier Stunden pro Woche in die Unterstützung der Tätigkeit des BID (Slonim, 31.10.2003). Der zuständige Betreuer im Department of Small Business Services schätzt seinen Zeitaufwand auf fünf bis zehn Prozent seiner Arbeitszeit (Eng, 06.11.2003). Für die Gründung des BID war jedoch ein wesentlich höherer Zeitaufwand notwendig. MISRAHI investierte in seiner Funktion als Vorsitzender der Händlergemeinschaft allein zwei Jahre als unbezahlter Full-Time-Job darauf, den Entstehungsprozess des Lower East Side BID zu leiten (Misrahi, 19.11.2003).

Zeitaufwand der Beteiligten sehr unterschiedlich

Die wichtigste Unterstützung für einen BID erwächst aus der Bereitschaft der Betroffenen, neben ihrer beruflichen Tätigkeit noch Zeit in die Unterstützung des BID zu investieren. Menschen zu finden, die sich für übergreifende Interessen engagieren, ist nicht so leicht (Slonim, 31.10.2003). Die Lower East Side hat zum Beispiel ein engagiertes Mitglied, das mit den einzelnen Eigentümern und Einzelhändlern Kontakt aufnimmt und sie über gegenwärtige und geplante Projekte des BID vertraut macht (Slonim, 31.10.2003). Mit dem Lower East Side Tenement Museum verbindet den BID eine kooperative Zusammenarbeit, obwohl das Museum nicht im Board of Directors vertreten ist. Trotzdem ist es mit seinen historischen Führungen durch die Lower East Side ein wichtiger Imageträger. Ebenso wird mit privaten Organisationen der asiatischen Community oder anderen Einrichtungen kooperiert (Slonim, 31.10.2003). Die enge Zusammenarbeit mit öffentlichen Einrichtungen resultiert aus der gesetzlich festgelegten Zusammensetzung des Boards of Directors und der Aufsichtspflicht des Department of Small Business Services.

Zusammenarbeit mit im Gebiet verankerten Institutionen

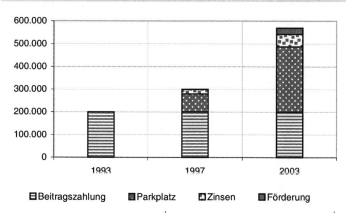

Abb. 21: Einnahmequellen und Budget des Lower East Side BID in den Jahren 1993, 1997 und 2003 in Dollar

Quelle: LES DMA 1992, S. 13; LES DMA 1997, o. S. ; LES DMA 2003, S. 18f. ; eigene Darstellung.

Finanzierungsmodell basiert auf steuerlichem Vermögenswert der Grundstücke

Ziel des in der Lower East Side gewählten Finanzierungsmodell ist es, dass sich die Höhe der Beiträgen an dem anteiligen Gewinn durch die Verbesserungs-maßnahmen orientiert. Die Eigentümer, die aus unterschiedlichen Gründen von der Steuerzahlung ausgenommen sind, zahlen auch keine Beiträge an den BID. Besitzer von nicht gewerblich genutzten Grundstücken, die nicht von der verbesserten ökonomischen Entwicklung im Gebiet profitieren, werden ebenfalls von der Beitragszahlung befreit. Sie sind aber aus Gründen der Kontinuität im District aufgenommen (LES DMA 1992, S. 10).

Der Lower East Side BID verwendet bei der Kalkulation der Beiträge den steuerlichen Vermögenswert als Grundlage (siehe Marginalienspalte). Es wurden die Gruppen A, B, C und D gebildet. Diese setzen sich wie folgt zusammen:

> Ermittlung des individuellen Beitrags:
>
> $$\frac{\text{Gesamtsumme Beitragszahlung}}{\text{Vermögenswert aller Beitragszahler der Gruppe A}} \times \text{individueller Vermögenswert}$$

- Gruppe A fasst die Eigentümer von vollständig oder teilweise gewerblich genutzten Flächen zusammen. Ihr Beitrag errechnet sich anhand der steuerlichen Vermögensbewertung des Grundstückes. Es wurde festgelegt, dass im ersten Beitragsjahr die Summe nicht über einem Wert von 0,003828 Dollar pro Dollar Vermögenswert liegen darf (LES DMA 1992, S. 11).
- Gruppe B bilden die Eigentümer von Wohnflächen. Ihr Beitrag beläuft sich auf eine Abgabe von einem Dollar im Jahr.
- In der Gruppe C befinden sich die öffentlichen und nicht kommerziellen Eigentümer. Sie zahlen keine Beiträge.
- Gruppe D setzt sich aus Eigentümern von brachliegenden und unentwickelten Grundstücken zusammen. Ihr Beitrag wird im District Plan ebenfalls mit einem Dollar pro Jahr festgelegt (LES DMA 1992, S. 10f).

Konstanter Beitrag und zusätzliche Einnahmequellen

Seit der Gründung des Lower East Side BID vor über zehn Jahren hat es keine Beitragserhöhung gegeben. Trotzdem liegt das Jahresbudget weit über den angegebenen 200.000 Dollar. Dafür verantwortlich ist zu einem nicht unerheblichen Teil die eigenständige Bewirtschaftung eines Parkplatzes im District. Dieser erbrachte im Jahr 2003 bereits höhere Einnahmen als die Beitragszahlung aller Eigentümer (vgl. Abb. 21). Die hier erzielten Gewinne fließen dem BID-Haushalt zu. Diese Einnahmequelle ist so rentabel, weil die Stadt, der die Fläche gehört, eine sehr geringe Miete verlangt (Slonim, 31.10.2003). Im Gründungsjahr des BID, 1993, wurden noch keine zusätzlichen Einnahmen erzielt.

10.3 Zielsetzung und Maßnahmenkatalog des BID

Zielstellung: Einkaufs- und Erlebnisort für die Gesamtstadt

Das vorrangige Bestreben des BID richtet sich auf die Verbesserung der Aufenthaltsqualität und die Steigerung der Anziehungskraft für Einzelhändler, Eigentümer und Bewohner des Gebietes sowie für Besucher von außerhalb. Der Zustrom von auswärtigen Besuchern und potenziellen Kunden wird als unabdingbar für die Prosperität des Einzelhandels angesehen, zumal im Verhältnis zur Anzahl der Geschäfte nicht genügend Nachfrage aus dem Gebiet generiert wird. Durch verstärkte Werbung und Öffentlichkeitsarbeit wird dieses Problem angegangen. Ziel ist es, die ökonomische Entwicklung im District zu verbessern und gleichzeitig den einzig- und andersartigen Charakter als Historical District zu bewahren (Flamm, 06.11.2003).

Derzeit befindet sich der Lower East Side BID in einer Erweiterungsphase, an deren Ende sich seine Fläche verdoppelt haben wird. Die Expansion ist die Folge der gegenseitigen Annäherung zwischen BID-Management und umliegenden Grundstückeigentümern und Einzelhändlern. Bereits heute werden bestimmte Serviceleistungen auch auf Arealen außerhalb des Geltungsbereiches des BID ausgeweitet. Diese vertraglich festgelegte Nutznießung von BID-Serviceleistungen ist per Gesetz nur bei direkt angrenzenden Grundstücken möglich. Offensichtlich hat sich über die Jahre das Interesse an einer Beteiligung am BID auch in entfernter liegenden Gebieten verstärkt, so dass man nun eine Vergrößerung des Geltungsbereiches angestrebt. Dafür ist der gleiche Prozess wie bei einer Neubildung eines BID notwendig und dementsprechend aufwendig (LES DMA 2003, S. 8). SLONIM, Präsident des Boards, sieht die Erweiterung als einen Prozess, der für beide Seiten vorteilhaft ist. Die neuen Mitglieder profitieren von dem Serviceleistungen und der BID erhält durch die Expansion höhere Einnahmen. Er bezieht den neuen Bereich ohne größeren Mehraufwand in seinen Werbe- und Marketingmaßnahmen ein.

Expansion des Geltungsbereiches nach zehnjährigem Bestehen

Die vorgesehenen Dienstleistungen für den im Jahr 1992 gegründeten BID setzten sich aus folgenden Bausteinen zusammen:
- Promotion,
- Verbesserung der Parkplatzsituation und
- Säuberung des öffentlichen Raums.

Anfangsaufgaben: Promotion, Parkplätze und Sauberkeit im öffentlichen Raum

Bei den Promotionaktivitäten stehen die Ansiedlung neuer Unternehmen und die Erhöhung der Attraktivierung des Districts für Besucher und Kunden im Vordergrund. Um diese Ziele zu erreichen, benennt der District Plan folgende Maßnahmen: Herausgabe spezieller Publikationen und koordinierte Werbungen in regionalen und lokalen Zeitungen sowie in anderen Medien. Zusätzlich sollen spezielle kommunale Veranstaltungen den Bekanntheitsgrad des Gebietes steigern sowie zur Identifikation mit dem Gebiet führen (LES DMA 1992, S. 7).

Von Beginn an lag der Handlungsschwerpunkt des Lower East Side BID auf Marketingmaßnahmen. Die Aufteilung des Budgets (vgl. Abb. 22 - 24) macht deutlich, dass in die Realisierung dieser Aufgabe der Großteil des vorhandenen Geldes investiert wurde. Für weitere Maßnahmen, wie die Verbesserung der Sauberkeit und Sicherheit fehlte zunächst das Geld. Unter dem Kostenpunkt Verwaltung sind die Löhne der Angestellten sowie die Kosten für Buchhaltung, Büromiete, Versicherungen und Beratung zusammengefasst. Die Ausgaben für das Management sind ein erheblicher Kostenfaktor und zeigen über die Jahre eine kontinuierliche Zunahme. Mit den wachsenden Einnahmen aus der Parkplatzbewirtschaftung wurden dann auch weitere Maßnahmen in den Bereichen Sauberkeit und Sicherheit realisiert (vgl. Abb. 24).

Ausrichtung auf Marketing auch heute noch Schwerpunkt

Für den BID typische Marketingaktivitäten sind jährlich wiederkehrende Veranstaltungen wie:
- Straßenmusikfestivals,
- Weihnachtsfeiern in einer Markthalle,
- Freilichtkino und

Marketing durch individuelle, jährliche Events...

■   einige themenbezogene Straßenfeste.

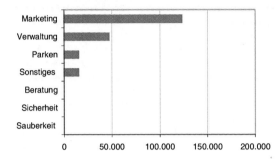

Abb. 22: Budgetaufteilung des Lower East Side BID im Jahr 1993 in Dollar

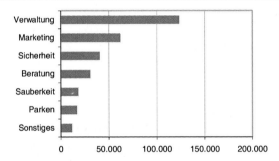

Abb. 23: Budgetaufteilung des Lower East Side BID im Jahr 1997 in Dollar

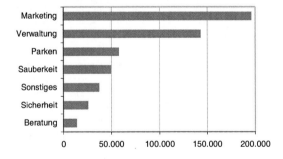

Abb. 24: Budgetaufteilung des Lower East Side BID im Jahr 2003 in Dollar

Quelle: LES DMA 1992, S. 13; LES DMA 1997, o. S. ; LES DMA 2003, S. 18f. ;
            eigene Darstellung.

... und durch Print- und digitale Medien

Im Jahr 2002 wurden ein Einkaufsführer (Shopping Guide) inklusive Discount-karte für die Lower East Side entwickelt und auf der Homepage des BID die Verknüpfung zu den, soweit vorhanden, unternehmenseigenen Homepages im Gebiet hergestellt. Spezielle Themenabende mit Einkaufs- und Rabattan-geboten in der Feriensaison waren im Angebot und seit letztem Jahr kann man sich auf der Homepage als Lower East Side-Liebhaber in eine Verteilerliste eintragen und wird automatisch über sämtliche Angebote im District informiert (LES DMA 2003, S. 2ff). Im letzten Jahresbericht wird ausdrücklich die große Bedeutung der Kunst für die Gewinnung weiterer Kunden hervorgehoben. Deshalb wurde eine monatliche Artwalk-Tour durch die lokalen Galerien ins Leben gerufen.

Um wieder ein größeres Angebot an Parkmöglichkeiten für Einkäufer in der Lower East Side zu schaffen, war die Modernisierung bestehender Parkplätze eine der Hauptaufgaben des BID. Zunächst wurden die Einstellung von Parkwächtern und die Reparatur der Umzäunung des öffentlichen Parkplatzes realisiert. Eine weitere wichtige Maßnahme war die Reinigung der Fußwege und Parkplatzbereiche sowie die Wartung der Müllbehälter (LES DMA 1992, S. 7). Die in diesem Bereich erbrachten Leistungen des BID stellen eine Ergänzung des vorhandenen Service der Stadt dar. So werden derzeit die Straßen mit einer eigenen Reinigungsmaschine an sechs Tagen in der Woche, von sonntags bis montags zwischen 7 und 17 Uhr, gereinigt (LES DMA 2003, S. 7).

Bereitstellung von Parkplätzen als Standortförderung

Vor zwei Jahren wurde eine Arbeitskraft eingestellt, die sich um die Belange der Besucher und um Sicherheitsfragen kümmert. In der Zeit von 11 bis 19 Uhr werden von mittwochs bis sonntags Rundgänge durch den District vorgenommen. In regelmäßigen Abständen findet dann eine Auswertung der Geschehnisse mit dem Management des BID statt. Zusätzlich trifft man sich regelmäßig mit Beauftragen der zuständigen Polizeireviere (LES DMA 2003, S. 7).

Seit kurzem zwei Augen für die Sicherheit

Die Umsetzung der beschlossenen Projekte erfolgt mit Hilfe vielfältiger Allianzen. Die Zusammenarbeit mit einer großen Bank erlaubt es dem BID die ansprechende Gestaltung der Schaufenster vieler Geschäfte zu subventionieren. Bereits über sechzig Läden haben diesen Service in Anspruch genommen. Durch eine weitere Partnerschaft wird die Einrichtung von Homepages der ortsansässigen Unternehmen ermöglicht. Im November und Dezember wird anlässlich des bevorstehenden Weihnachtsfestes eine zusätzliche Beleuchtung des Straßenraums veranlasst (LES DMA 2003, S. 9). Aus heutiger Sicht sind die Anmietung, der Ausbau und die Bewirtschaftung des Parkplatzes als eines der wichtigsten Projekte angesehen. Einerseits wurden die Autos der Einzelhändler von der Straße entfernt und mehr Parkplätze für Kunden zur Verfügung gestellt. Andererseits entstanden weitere Parkplätze in unmittelbarer Nähe der Geschäfte der Lower East Side. Für die Händler besteht die Möglichkeit für eine ermäßigte Monatsrate einen Parkplatz zu mieten, und für Kunden besteht das Angebot vier Stunden kostenlos zu parken (Slonim, 31.10.2003). Die Öffnungszeit des Parkplatzes reicht wochentags von 7 bis 22 Uhr und an den Wochenenden von 8 bis 22 Uhr (LES DMA 2003, S. 10).

Private Partnerschaften ermöglichen die Realisierung von BID-Maßnahmen

Spezielle Stiftungen unterstützen die Tätigkeit der Einzelhändler. Sie können an Schulungen zur Verbesserung des Unternehmensmarketing teilnehmen. Auch die Entwicklung einer eigenen Homepage wird mit fachlichem Rat begleitet. Bei Umfragen unter den Unternehmen wurde die Hilfe bei der Einwerbung von Fördermitteln und der Werbung als die wichtigste Dienstleistung durch das BID-Management angesehen. Zudem fördert der BID die Zusammenarbeit mit den städtischen Einrichtungen und organisiert die sonntäglichen Straßenver-

Individuelle Betreuung der Einzelhändler

kaufveranstaltungen der Geschäfte auf der Orchard Street. Bei der Anwerbung neuer Unternehmen oder der Planung von Geschäftserweiterungen assistiert das Management und veröffentlicht regelmäßig Newsletter zu anstehenden Veränderungen und neuen Projekten (LES DMA 2003, S. 14ff).

Moderne Marketingstrategie notwendig

Die zunehmende Heterogenität der Unternehmen verlangt eine variablere und modernere Marketingstrategie (Flamm, 06.11.2003). Die neuen Unternehmen haben die Angebotsstruktur so stark verändert, dass heute mit einer neuen Vermarktungsstrategie reagiert werden muss. Ein stärkerer künstlerischer Bezug in der Präsentation und die Einbeziehung junger Zielgruppen in das Angebotsspektrum sind gefragt. Zukünftig will sich das Management verstärkt mit der Rolle der asiatischen, jüdischen und spanischen Communities auseinandersetzen, da aufgrund unterschiedlicher Nutzungsarten und –zeiten der Gewerbeangebote für den Besucher ein uneinheitliches Bild entsteht. Während die asiatischstämmigen Einwohner ihre Räume oft als Bürofläche nutzen und folglich an den Wochenenden geschlossen haben, bleiben die Jüdischen Geschäfte wegen des Sabbats am Samstag geschlossen und öffnen dafür am Sonntag. Ziel ist es, eine Balance zu finden zwischen dem Respekt gegenüber den Religionen und dem angestrebten harmonischen Bild für Besucher und Bewohner (Slonim, 31.10.2003).

10.4 Ergebnisse und Erfolgsfaktoren der BID-Arbeit

Neues Image, vielfältige Angebotsstruktur und steigende Bodenwerte

Heute wird die Lower East Side als einer der im Trend liegenden Stadtteile von New York angesehen. Dazu beigetragen hat ein Wandel in der Einwohnerstruktur. Da die Mieten in den umliegenden Stadtteilen sehr angestiegen sind, weichen immer mehr junge Menschen in die Lower East Side aus. Diese Gruppe belebt die Nachfrage nach neuen, moderneren Geschäften, so dass derzeit ein Transformationsprozess im Gange ist (Slonim, 31.10.2003). Dieser Wandel in der Zusammensetzung der Bevölkerung des Districts wird von den Grundstückeigentümern mit Wohlwollen gesehen, da er in den letzten Jahren zu steigenden Grundstückswerte geführt hat (Slonim, 31.10.2003). Nach nunmehr elfjähriger Tätigkeit des BID im Gebiet ist die Anzahl der Unternehmen und damit einhergehend die Nutzungsvielfalt erheblich gestiegen. Gegenwärtig sind im District 430 Unternehmen tätig (Flamm, 06.11.2003). Eine weitere wissentliche Veränderung ist die höhere Wertschöpfung von Wohnflächen im Vergleich zu gewerblich genutzten Räumen (Slonim, 31.10.2003). Dementsprechend widmen die neuen Eigentümer die ihnen zu Verfügung stehenden Flächen eher zu Wohnraum um.

Zunehmende Projektvielfalt

In den ersten Jahren war die Tätigkeit des BID fast ausschließlich auf Marketingmaßnahmen ausgerichtet. Das Geld für die Bezahlung einer Firma zur Graffitibeseitigung oder auch für Sicherheitspersonal fehlte. Heute zählen die verbesserte Straßenreinigung und die Graffitientfernung ebenso zu den Erfolgen wie das gewachsene Sicherheitsgefühl im öffentlichen Raum (Slonim, 31.10.2003). Für Marketing wird jedoch immer noch das mit Abstand das meiste Geld ausgegeben.

Foto 28 bis 30:
Neue Geschäfte mit starker Ausrichtung auf junges Publikum

Foto 33:
Freies Parken für Gebietsbesucher

Foto 31und 32:
Themenspezifische Events und ein sonntäglicher Flohmarkt im Sommer bei Schließung der Orchard Street für den motorisierten Verkehr sind Teil der starken Marketingausrichtung

Foto 34 bis 36:
Hinweisschilder und historische Führungen durchs Gebiet

Traditionelle Geschäfte weichen teilweise teureren Wohnungen

Die Einzelhandelsstruktur hat sich in den letzten Jahren geändert. Früher gab es mehr Mom-and-Pa-Shops, während heute eine Reihe von größeren Einzelhandelsketten Einzug gehalten haben und trendige Designerläden eröffnen (Slonim, 31.10.2003). Die Leerstandsrate im Gebiet beläuft sich auf ungefähr ein Prozent und ist eher dem üblichen Umzugsleerstand geschuldet. Nach dem 11. September 2001 hatte man viel stärker mit dem Problem des Leerstands zu kämpfen. Seit Oktober 2003 hat sich der Markt jedoch von dem Schock jedoch spürbar erholt (Slonim, 31.10.2003). Viele internationale Restaurants wurden neu eröffnet. Sie sind in der Lage höhere Mieten zu zahlen. Auch wenn das Mietniveau gestiegen ist, ist eine unbegrenzte Mieterhöhung im Bestand nicht möglich. Erst wenn Modernisierungen vorgenommen werden bzw. wenn bei Neukauf das gesamte Gebäude grundsaniert wird, ist eine Mietsteigerung durchsetzbar (Slonim, 31.10.2003).

Gute Bedingungen für Existenzgründer

Heute ist die Lower East Side ein Ort an dem junge Menschen leben und arbeiten wollen. Für die Perspektive des Districts ist das unter dem Motto: „young people are the future" vorteilhaft (Misrahi, 19.11.2003). Vergleichsweise niedrige Mieten und die für junge Menschen realisierbaren Bedingungen für eine Existenzgründung ermöglichen diese Entwicklung. In den meisten anderen Teilen von Manhattan ist es sehr schwer, eine Existenz zu gründen. Um sich dort ansiedeln zu können, muss man bereits an einem anderen Standort ein Geschäft betreiben. Um in Shopping-Malls ein Geschäft zu eröffnen, sollte man sogar mehr als drei weitere Läden besitzen (Misrahi, 19.11.2003). Für Jungunternehmer sind diese Kriterien unerfüllbar. In der Lower East Side genügen für die Existenzgründung in den meisten Fällen die Kreditfähigkeit und ein guter Geschäftsplan (Misrahi, 19.11.2003).

Konflikte zwischen Eigentümern und Einzelhändlern

Die unterschiedlichen Interessen von Grundstückseigentümern und Einzelhändlern führen durchaus zu Konflikten. Die Eigentümer versuchen, durch erhebliche Steuererhöhungen geplagt, die zusätzliche Abgabe an die Einzelhändler weiterzugeben. Diese Gelegenheit bietet sich, wenn die alten Pachtverträge auslaufen. Während früher die meisten Eigentümer gleichzeitig Händler waren, kaufen sich heute zunehmend Projektentwickler in das Gebiet ein, die eher die Entwicklung von Wohnraum im Auge haben (Slonim, 31.10.2003). Diese unterschiedliche Interessenslage ist eine wesentliche Ursache für die Verschärfung des Konflikts.

Gewachsene Nachbarschaft unterstützt Zusammenarbeit im BID

Laut Aussage des BID Presidents a. D. MISRAHI ist die Zusammenarbeit im Lower East Side BID besser als in vielen anderen BIDs. Das liege daran, dass es sich bei der Lower East Side um eine gewachsene Nachbarschaft und um überschaubare städtische Strukturen handele. Die Einwohnerzahlen sind überschaubar und man kennt sich untereinander. Die kurzen und direkten Kommunikationswege erleichtern die Konfliktbekämpfung (Misrahi, 19.11.2003).

Nach zehn Jahren: eigene Profilbildung und wirtschaftliche Revitalisierung

Welche Wirkungen und Erfolgsfaktoren kennzeichnen die Tätigkeit des Lower East Side BID? Zu den harten Wirkungen zählen die Belebung der wirtschaftlichen Aktivitäten, die verbesserte Aufenthaltsqualität im öffentlichen Raum und die Standortprofilierung. Ergänzt werden sie durch verbesserte Kommunikationsstrukturen zwischen öffentlichen und privaten Akteuren sowie die zunehmende Übernahme von Verantwortung Privater für die Belange des Districts.

Tab. 6: Wirkungen und Erfolgsfaktoren des Lower East Side BID

Wirkungen	Erfolgsfaktoren
Harte:	Harte:
• erhöhte Kundenzulauf durch vielschichtige Marketingstrategie,	• gute Standortpotenziale,
• zunehmende Angebotsvielfalt durch neue Unternehmen,	• Budgetaufbesserung durch privatwirtschaftliches Engagement,
• einen auf die Fluktuationsrate gesenkten Leerstand,	• klare inhaltliche Schwerpunkte des Management,
• sicherer öffentlicher Raum,	
• verbesserte Aufenthaltsqualität im öffentlichen Raum durch Begrünung und Umgestaltung,	Weiche:
• unfangreiche Information der Touristen,	• gewachsene Nachbarschaft und funktionierende Kommunikation,
• gestiegene Grundstückswerte,	• stabile soziale Strukturen zur Standortaufwertung vor BID-Gründung vorhanden,
• Entwicklung des Districts zu einer Marke,	
• Entwicklung des Districts zu einem kulturellen Treffpunkt,	• Vertrauen der beitragspflichtigen Akteure in das BID-Management,
• aber auch: teilweise Verdrängung von Bevölkerungsschichten.	• professionellem Management und umfangsreiche Übernahme individueller Verantwortung.
Weiche:	
• verbesserte Kommunikation unter den lokalen Akteuren und zu den Behörden,	
• Verantwortungsübernahme von lokalen Akteuren für strategische Planungen im District.	

Quelle: eigene Zusammenstellung.

Ebenso wie beim 34th Street BID wirken auch in der Lower East Side die vorteilhaften gesetzlichen Rahmenbedingungen des BID-Gesetzes, wie eine gesicherte Finanzierungsgrundlage und ein abgestimmtes Arbeitsprogramm. Zusätzlich finden sich standortspezifische Erfolgsfaktoren (vgl. Tab. 6). Die gewachsenen nachbarschaftlichen Beziehungen mit einer traditionell funktionierenden Kommunikation und bereits bestehenden Organisationsstrukturen bot günstige Voraussetzungen für die Gründung eines BID. Trotz der im Vergleich zum 34th Street geringen finanziellen Ausstattung wurde durch eine klare Ausrichtung auf den Schwerpunkt Marketing ein substanzieller Effekt im Sinne der Etablierung eines ausgewiesenen Wirtschaftsstandortes erreicht. Für den Erfolg war die Akquisition zusätzlicher finanzieller Mittel durch die Bewirtschaftung eines Parkplatzes wesentlich. Diese Zusammenhänge verdeutlichen die Notwendigkeit eines engen Zusammenspiels von harten und weichen Erfolgsfaktoren.

Erfolgsfaktoren: richtige inhaltlichen Schwerpunktsetzung und gute weichen Standortfaktoren

Der Lower East Side BID ist der kleinste BID in Manhattan und versteht sich insofern innerhalb dieses Bezirks als Außenseiter. Diese Einstellung schlägt sich im Umfang und der Zielsetzung der geplanten Maßnahmen nieder. Die deutliche Ausrichtung auf Marketingmaßnahmen war der Schlüssel zum Erfolg. Die gleichzeitige Inanspruchnahme letztlich sehr teurer privater Sicherheit- und Reinigungsdienste hätte diese Orientierung aufgrund unzureichender finanzieller Mittel gefährdet. Im Ergebnis dessen hätten beide Bereiche nicht optimal entwickelt werden können. Die realisierten Maßnahmen auf dem Sek-

Bewertung der Aussagen: Fokussierung auf Marketing ist die richtige Strategie

tor der Promotion und der gezielten Ansiedlungspolitik von Existenzgründern haben dem District zur Revitalisierung verholfen.

Wandel in Bevölkerungs- und Gewerbestruktur

Da in der Lower East Side die Sicherheit im öffentlichen Raum aufgrund fehlender Ressourcen nicht aktiv angegangen werden konnte, sind im Bereich der Kriminalität keine Verdrängungseffekte zu vermuten. Der teilweisen Umwandlung von Lagerflächen in den Obergeschossen in Wohnraum wird nicht von allen gern gesehen. Die damit verbundene Zunahme der Bevölkerung, also neuer Kunden, sowie die Belebung des öffentlichen Raums auch in der Nacht sind als positiv einzustufen. Die Neuankömmlinge sind zahlungskräftigere Mieter und erhöhen die Kaufkraft. Die trendigen Gewerbeeinheiten und Nachtlokalitäten sind ein Magnet für die Besucher, eine Tatsache, die sich bei eigenen Begehungen bestätigte. Dieser Wandel kann zur Verdrängung alteingesessener Mieter oder auch Gewerbetreibenden führen. Das Management des BID ist sich des Wertes der Mischung aus traditionellen und modernen Strukturen bewusst.

Fazit: Belebung des Wirtschaftsstandortes gelungen, Kombination aus Tradition und Zukunft steht noch bevor

Dem Lower East Side BID ist die Belebung der wirtschaftlichen Aktivitäten mittels breit angelegter Marketingmaßnahmen in Kombination mit finanziellen und logistischen Hilfestellungen für die einzelnen Unternehmen gelungen. Ausgehend von einem vergleichsweise geringen Beitragsvolumen werden durch eigene unternehmerische Aktivitäten und Spendengelder Projekte in allen wesentlichen Zielbereichen, wie Sauberkeit, Sicherheit und Marketing, finanziert. Der BID zählt nicht zuletzt durch seine guten kommunikativen Beziehungen, zu den erfolgreichen seiner Art. Die mit Wirken des BID einhergehenden Veränderungen in der Bevölkerungszusammensetzung und der Art der Unternehmen werden von den mit der Materie vertrauten Verantwortlichen als nicht problematisch angesehen. Für die zukünftige Weiterentwicklung des Standortes wird es entscheidend sein, wie man die Zusammenführung von alten, historisch verwurzelten Strukturen mit neuen, moderneren Elementen meistert.

11.

FALLSTUDIE MYRTLE AVENUE BID

Der Myrtle Avenue BID befindet sich noch im Entstehungsprozess und wird voraussichtlich im Herbst 2004 gegründet. Er liegt in einem Teil des Bezirkes Brooklyn, der als Fort Greene und Clinton Hill bekannt ist. Die besondere Spezifik dieses in der Gründung befindlichen BID, und damit sein Wert für die vorliegende Untersuchung, liegen in der Analyse der existierenden Beziehungen zwischen den Initiatoren und dem Entstehungsprozess des BID. Aufgrund der zeitlichen Nähe zur Gründung spielt in dieser Fallstudie die Darstellung detaillierterer Denkprozesse im Vorfeld der Tätigkeit des BID eine größere Rolle. Im Gegenzug lässt sich naturgemäß zu den möglichen Wirkungen des BID nur anhand der Vorarbeiten und damit sehr begrenzt eine Aussage treffen.

11.1 Spezifik des Standortes

Die Myrtle Avenue ist eine Geschäftsstraße mit der Bedeutung eines Stadtteilzentrums. Ihre bauliche Struktur ist überwiegend durch eine drei- bis viergeschossige Bebauung geprägt. Die Erdgeschosse werden ausschließlich gewerblich genutzt. In den oberen Geschossen wird gewohnt. Der zukünftige Geltungsbereich des BID erstreckt sich beidseitig der Myrtle Avenue und wird durch die Flatbush und die Classon Avenue begrenzt (vgl. Abb. 25).

BID in einem Stadtviertelzentrum in Brooklyn

Die Kundschaft der Geschäfte kommt hauptsächlich aus dem Gebiet bzw. sind Besucher aus den angrenzenden Vierteln. In direkter Nachbarschaft liegen das Pratt Institute, Ausbildungsstätte u. a. für Kunststudenten, und das Brooklyn Hospital Center. Westlich grenzt die MetroTech BID an, der, im Zentrum von Brooklyn liegend, von Bürohochhäusern geprägt ist. Nur zwei Blöcke nördlich schließt sich das Gelände der Navy Yard an, welches derzeit noch eine Vielzahl an industriellen und gewerblichen Nutzern beherbergt und zukünftig der Sitz einer Filmgesellschaft sein wird (MARP 2003, S. 3f).

Gewerbe- und Geschäftsviertel sowie große öffentliche Einrichtungen bilden das Umfeld

Dass die Myrtle Avenue zu einem Zentrum für Handel und Dienstleistungen heranwuchs, liegt sich vor allem an ihrer räumlichen Nähe zur Brooklyn Navy Yard, die 1801 gegründet wurde. Während des zweiten Weltkrieges waren hier ungefähr 71.000 Angestellte, vorwiegend Afro-Amerikaner, beschäftigt. Wegen der großen Nachfrage nach Wohnungen errichtete New York City im Jahr 1944 größere Wohnblöcke in der Myrtle Avenue. Diese werden noch heute als Sozialwohnungen vermietet (MARP 2003, S. 4). 1966 gab die Navy Yard diesen Standort auf und das Gelände wurde 1971 zum Industriegebiet umgewidmet. Die neue Bestimmung des Areals führte zu einem erheblich geringeren Arbeitsplatzangebot. Der Verlust an Jobs im produzierenden Gewerbe und die Demontage einer als Hochbahn geführten U-Bahnlinie hatten in den frühen 1970er Jahren eine immer stärkere Abwertung des einstmals

Historische Entwicklung basiert auf Navy Yard als großem Arbeitgeber

belebten Geschäftszentrums Myrtle Avenue zur Folge (Sorensen / Gerend 2003, S. 6).

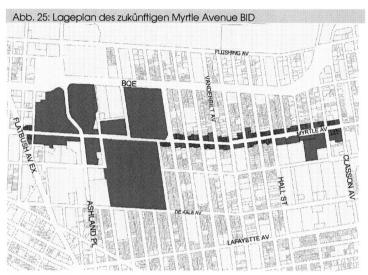

Abb. 25: Lageplan des zukünftigen Myrtle Avenue BID

Quelle: DSBS New York City 2003, ohne Maßstab.

Kleinteilige Gewerbestruktur in der Myrtle Avenue

Das Grundstückseigentum der Myrtle Avenue liegt überwiegend in den Händen von Einzeleigentümern, die zum Großteil in Brooklyn wohnen. Nur wenige Eigentümer besitzen mehrere Grundstücke. Lediglich etwa 10 Prozent der Eigentümer sind gleichzeitig Geschäftsinhaber (Gerend, 05.11.2003). Das ortsansässige Gewerbe ist sehr vielfältig. Es wird mehrheitlich von Immigranten betrieben, ohne dass eine ethnische Gruppe dominiert. Im zukünftigen BID arbeiten annähernd 200 kleine Einzelhändler-, Gastronomie- und Serviceeinheiten. Eine typische Gewerbeeinheit auf der Myrtle Avenue beschäftigt zwei bis fünf Arbeitnehmer und hat einen Jahresumsatz von cirka 500.000 Dollar (Sorensen / Gerend 2003, S. 6).

Es haben sich nur wenige Ladenketten und Supermärkte sowie eine geringe Anzahl an Franchise Restaurants in der Myrtle Avenue angesiedelt. Probleme bereitet die monotone Geschäftsstruktur, die von Wiederholungen geprägt ist. So wechseln sich Friseure und Nagelstudios mit Chinarestaurants ab. Ergänzt werden diese Geschäfte durch Banken und Einrichtungsläden. In den letzten Jahren wurde versucht die Einseitigkeit im Angebot aufzubrechen. In den letzten drei Jahren ist es gelungen neue Unternehmen, wie beispielsweise internationale Restaurants, Modeboutiquen, Coffeeshops oder Bäckereien, für eine Niederlassung im District zu gewinnen. Auf diese Art und Weise konnte die Leerstandsrate gesenkt werden. Sie liegt heute im gewerblich genutzten Raum bei ungefähr vier Prozent (MARP 2003, S. 6).

Gute Erreichbarkeit mit dem öffentlichem Nahverkehr und...

Das Gebiet um die Myrtle Avenue ist über den öffentlichen Nahverkehr gut erreichbar. Die westliche Grenze des Gebietes, der Bereich von MetroTech, bietet Anschluss an unterschiedliche öffentliche Verkehrsmittel.

Foto 37 bis 42: Charakteristik des Standortes: negative Gestaltung von Schaufenstern; einseitige Branchenstruktur (viele Friseure, Reinigungen, Nailshops etc.); breiter Straßenraum mit vergleichsweise niedriger Bebauung

Foto 43 bis 48: Potenziale und erste Maßnahmen: Nähe zu Downtown Brooklyn; Anwerbung neuen Gewerbes; Gestaltungsmaßnahmen im öffentlichen Raum

Mehrere U-Bahnlinien, die jedoch keine Station direkt im District haben, stellen die Verbindung nach Manhattan und zu den östlichen sowie südlichen Teilen Brooklyns her. Eine weitere U-Bahnlinie, drei Blocks südlich gelegen, bietet wiederum Anschluss in den Süden Brooklyns und nach Queens. Zusätzlich wird die Myrtle Avenue noch direkt durch eine Buslinie bedient.

... ebenso gut erreichbar mit dem motorisiertem Individualverkehr

Ebenso vielfältig stellt sich die Erreichbarkeit des Gebietes durch den motorisierten Individualverkehr dar. Der nur einen Block nördlich des Districts parallel verlaufende Brooklyn-Queens Expressway stellt eine schnelle Verbindung zu anderen Stadtteilen her und kann über Zufahrten sowohl vom östlichen wie auch vom westlichen Bereich des zukünftigen BID-Gebietes erreicht werden. Der Großteil des ruhenden Verkehrs befindet sich beidseitig der Straße. Zusätzlich gibt es noch ein Parkhaus am südlichen Rand des Viertels.

Bevölkerung durch Afro-Amerikaner geprägt

Die direkt an die Myrtle Avenue angrenzenden Stadtteile Fort Greene und Clinton Hill hatten im Jahr 2000 30.280 Einwohner. Der District ist durch eine Konzentration von Sozialwohnungen geprägt. Damit einher gehen eine hohe Arbeitslosen- und Kriminalitätsrate sowie eine starke Abhängigkeit der Einwohner von öffentlicher sozialer Unterstützung (Sorensen / Gerend 2003, S. 6).

Tab. 7: Der zukünftige Myrtle Avenue BID in Zahlen

Fläche in ha	Einwohner 1990	Einwohner 2000	Bevölkerungszusammensetzung in 2000 in %	Anzahl der Eigentümer	Anzahl der Geschäfte
ca. 40	ca. 29.500	ca. 30.280	54 Afro-American	250	200
			23 Hispanic		
			15 Weiße		
			5 Asiaten		
			3 Sonstige		

Quelle: DCP 2002, o. S.; Gerend, 05.11.2003.

In den letzten Jahren hat in größeren Teilen des Districts ein Gentrifizierungsprozess begonnen. Einige Einwohner mussten bereits wegen steigender Mieten ihre Wohnungen aufgeben. Dafür ziehen immer mehr Leute aus Manhattan in die Nachbarschaft, insbesondere Weiße. Von diesem Wechsel der Mieterstruktur ausgenommen, sind die Wohnblöcke des Sozialen Wohnungsbaus, da dort eine gesetzliche Mietpreisbindung besteht (Dew, 11.11.2003).

Haushaltseinkommen differiert erheblich

Nach einer Erhebung aus dem Jahr 2000 treten beim mittleren Haushaltseinkommen innerhalb des Districts beachtliche Differenzen auf. So schwankt der Median des Haushaltseinkommens zwischen 11.641 und 42.587 Dollar im Jahr. Das Einkommen in den zwei größten Arealen mit sozialem Wohnungsbau an der Myrtle Avenue, Whitman und Ingersoll, lag 2001 zwischen 12 - 13.000 Dollar (Sorensen / Gerend 2003, S. 7).

Hohe Arbeitslosenquote

In Brooklyn sind mehr Menschen arbeitslos als in anderen Bezirken von New York City. Im September 2003 lag die Arbeitslosenquote von New York City bei 8,6 Prozent. In Brooklyn erreichte sie zum gleichen Zeitpunkt 9,5 Prozent. Der Fort Greene / Clinton Hill Bereich tendiert bei einer großen Schwankungsbreite zu einer noch höheren Quote. In einigen Teilen wurde im Jahr 2000 eine Arbeitslosenquote von dreiundvierzig Prozent festgestellt, während sie in anderen nur bei vier Prozent lag (Sorensen / Gerend 2003, S. 8).

Fort Greene / Clinton Hill und das Gebiet um die Myrtle Avenue hatte viele Jahre mit einer hohen Kriminalitätsrate zu kämpfen. Nicht selten waren Restaurants mit schusssicheren Fenstern ausgestaltet (Gerend, 05.11.2003). Das New York City Police Department hat im Zeitraum von 1993 bis 2002 durch rigorose Maßnahmen der Verbrechensbekämpfung eine Reduzierung der Gesamtkriminalität um 65 Prozent erreicht (Sorensen / Gerend 2003, S. 8). Dieser rückläufige Trend verkehrte sich 2003 ins Gegenteil. Die Anzahl der Raubüberfälle hat sich im letzten Jahr um über vierundzwanzig Prozent erhöht (Sorensen / Gerend 2003, S. 8).

Rückgang der Kriminalität, aber noch immer ein Problem

Der Handlungsbedarf für die Gründung des BID ergibt sich aus folgenden Umständen: Zum einen wird die einseitig ausgerichtete Gewerbestruktur der sich durch den Zuzug weißer und besser verdienender Bevölkerungsschichten verändernden Nachfrage nicht gerecht. Zum anderen wurde zwar durch eine verbesserte Zusammenarbeit mit der Polizei die Kriminalität im Gebiet reduziert, ein Anstieg im letzten Jahr zeigt jedoch die Notwendigkeit dauerhafter Maßnahmen. Nicht zuletzt wird es immer schwieriger, für einige Projekte der lokalen Initiative die Finanzierung zu sichern. Das betrifft besonders die Instandhaltung und die Fortführung einmal begonnener Maßnahmen. So wächst bei Stiftungen der Unwille mit ihrem Geld zum Beispiel Reinigungskräfte zu bezahlen. Bei der Einwerbung von Spenden konkurriert man zunehmend mit stärker Bedürftigen. Auf der anderen Seite stieg mit der zunehmenden Belebung des öffentlichen Raumes und der Eröffnung von neuen Gewerbebetrieben das Bedürfnis nach Dienstleistungen, die im Allgemeinen eher durch BIDs realisiert werden (Sorensen / Gerend 2003, S. 10).

Handlungsbedarf: Monotone Angebotsstruktur im Gewerbe, Kriminalität im öffentlichen Raum und unsichere Finanzierungsgrundlage der lokalen Initiative

11.2 Akteure, Organisation und Finanzierung

Das Myrtle Avenue Revitalization Project (MARP) entstand aus einer Initiative von Einzelhändlern, Eigentümern, Repräsentanten unterschiedlicher Organisationen im Gebiet, Banken, Bewohnern und öffentlicher Einrichtungen. Gemeinsam hatte man sich entschlossen, etwas für die wirtschaftliche Entwicklung des Geschäftsstandortes Myrtle Avenue zu tun. Anfänglich waren die Ausschussmitglieder für die strategische Planung im District zuständig und beschäftigten einige Berater um den lokalen Entwicklungsprozess voranzutreiben. 1999 reichte man dann einen Antrag zur Bildung einer Local Development Corporation (LDC) ein und stellte im August 2000 eine Vollzeitbeschäftigte, Jennifer Gerend, für das Management ein. Seit diesem Zeitpunkt ist das Management von MARP auf drei Beschäftigte angewachsen.

Übergreifende Initiative als Initiator des BID

Bevor das Projekt MARP ins Leben gerufen wurde, gab es bereits den Versuch ortsansässiger Einzelhändler zusammen zu arbeiten. Mit dem Ziel die Interessen ihrer Mitglieder zu vertreten, versuchte diese, ähnlich den deutschen Interessensarbeitsgemeinschaften agierende Organisation, Probleme der Myrtle Avenue anzugehen. Wie bei vielen der auf freiwilliger Basis arbeitenden

Lokale Einzelhändlerinitiative als Vorläufer

Gruppen reichten die Bemühungen jedoch nicht aus, um gegen die Vielzahl der in der Myrtle Avenue vorhandenen Probleme anzugehen (Sorensen / Gerend 2003, S. 19). Ein wesentlicher Grund für das Scheitern der Initiative war die Ablehnung der meisten Gewerbetreibenden, einen auch noch so kleinen finanziellen Beitrag zu leisten (Gerend, 05.11.2003).

Öffentliche Akteure als wichtige Stütze

Die Gründung des MARP bot die Möglichkeit der Zusammenarbeit mit neuen Akteuren, den Grundstückeigentümern und im District ansässigen Organisationen. Wichtige Helfer des MARP sind Institutionen wie das Pratt Institute oder das am Fort Greene Park gelegene Brooklyn Hospital Center. Während die Kunst- und Stadtplanungsstudenten des Pratt Institutes das MARP mit Ideen und Entwürfen versorgen, leistet das Krankenhaus finanzielle Hilfe (Battle, 06.11.2003).

Vom lockeren Verbund zum Entschluss einen BID zu gründen

In den ersten Jahren des Revitalisierungsprojektes MARP konnten wichtige, schnell Erfolg versprechende Projekte vorbereitet und realisiert werden. Diese Erfolgserlebnisse stärkten die Motivation der Beteiligten und gaben Außenstehenden ein positives Signal, dass sich das Engagement für den District lohnt. Auf der anderen Seite wurde deutlich, dass sich nicht alle angestrebten Projekte in diesem Rahmen realisieren lassen würden. Die starke finanzielle Abhängigkeit von privater und öffentlicher Förderung sowie der große Aufwand für die Akquisition dieser Finanzmittel, forcierten die Entscheidung eine BID zu gründen. Nach dreijähriger Tätigkeit des MARP wurde ein Steering Committee gegründet, das sich aus Mitgliedern der LDC und aus neu hinzukommenden Eigentümern und Einzelhändlern zusammen setzt (Gerend, 05.11.2003).

Überzeugungsarbeit ist ein langwieriger Prozess

Um die heterogene Gruppe der Eigentümer und Gewerbetreibenden für die Gründung eines BID zu gewinnen, war und ist die Unterstützung zahlreicher Helfer im Steering Committee notwendig. So ist für die Einbeziehung der Schwarzafrikanischen Mehrheit der Einwohner ein Vertreter dieser Bevölkerungsgruppe erforderlich. Gleiches gilt für die Chinesische Community, die ebenfalls durch einen Muttersprachler vertreten sein muss. Für eine gute Kommunikation und Zusammenarbeit ist es wichtig, mit den Einzelhändlern und Grundstückeigentümern zu sprechen und in ihren Geschäften einzukaufen. Die Ziele des BID müssen wiederholt erläutert und die individuellen Vorstellungen der Eigentümer an MARP herangetragen werden (Dew, 11.11.2003). Diese verantwortungsvolle Tätigkeit wird ehrenamtlich von Mitgliedern des Steering Committees geleistet. Eine große Herausforderung war es, die Eigentümer und Gewerbetreibenden davon zu überzeugen, dass die Zusammenarbeit in einem BID ihnen trotzdem noch die Möglichkeit bietet, eine individuellen Gestaltung ihres Gewerbes entsprechend ihrer Präferenzen und Bedürfnisse vornehmen zu können (Sorensen / Gerend 2003, S. 19). In der Vorbereitungsphase sind die Geschäftsleute die mit Abstand wichtigsten Ansprechpartner. Sie sind diejenige, die letztlich den finanziellen Beitrag leisten und häufig den notwendigen Kontakt zu den Eigentümern herstellen (Gerend, 05.11.2003).

Mit der Entstehung des Myrtle Avenue BID wird die Myrtle Avenue Brooklyn District Management Association (MAB DMA) gegründet werden. Diese Organisation soll die Ausführung der im District Plan vorgesehenen Maßnahmen koordinieren (MARP 2003, S. 23). Vorgesehen ist, dass die bereits existierende LDC bestehen bleibt. Vorstellbar wäre eine Arbeitsteilung zwischen den beiden Organisationen. Die LDC soll sich dem sozialen Engagement und der BID der wirtschaftlichen Entwicklung des Districts widmen (Gerend, 05.11.2003). Personell können dabei Überschneidungen auftreten, das heißt für beide Organisationen kann ein und dieselbe Person tätig sein. Vorgesehen war eine Deckungsgleichheit der Geltungsbereiche von LDC und BID. Aufgrund von massivem Widerstand im Abschnitt östlich der Classon Avenue wurde dieses Gebiet nicht in den BID aufgenommen. Die LDC ist folglich im Bereich zwischen Flatbush und Bedford Avenue tätig. Der Einflussbereich des Myrtle Avenue BID erstreckt sich nur von der Flatbush bis zur Classon Avenue (vgl. Abb. 25).

Gründung einer neuen Organisation mit personellen Überschneidungen zu bestehenden Strukturen

Um die Berechnung der finanziellen Beiträge der Mitglieder gab es im Steering Committees zahlreiche Diskussionen. Gefordert ist eine gerechte Entscheidung für alle Beteiligten. Da in den meisten Fällen der von den Grundeigentümern eingezogene Beitrag über die Mieten an die Gewerbetreibenden weitergegeben wird, war es notwendig eine faire Lösung für beide Seiten zu finden (Sorensen / Gerend 2003, S. 17).

Finanzierungsmodell basiert auf der straßenseitigen Länge der Grundstücke

Eingedenk der Tatsache, dass es sich bei dem Myrtle Avenue District um ein im Aufschwung befindlichen Stadtteil handelt, ist für die nächsten Jahre mit einer weiteren Steigerung der Grundstückspreise zu rechnen. Bei einem an den Bodenwerten orientierten Finanzierungsmodell käme es automatisch zu Beitragssteigerungen. Um dem vorzubeugen und die Einzelhändler nicht über Gebühr zu belasten, wurde ein Finanzierungsmodell ausgewählt, dass sich an der Länge der straßenseitig gelegenen Grundstücksfront orientiert (Sorensen / Gerend 2003, S. 17).

Danach zahlen Händler mit einer breiteren Ladenfront und damit größeren Ausstellungsfläche für ihre Waren einen höheren Betrag, während die kleinen Ladenbesitzer mit einem geringeren Beitrag belastet werden. Pro Fuß Straßenfront sollen jährlich 41 Dollar bezahlt werden. Durchschnittlich wird damit von jedem Eigentümer ein Betrag von 800 Dollar im Jahr eingezogen (Gerend, 05.11.2003).

Ermittlung des individuellen Beitrags:

$$\frac{\text{Gesamtsumme Beitragszahlung}}{\substack{\text{Gesamtlänge der straßenseitig} \\ \text{gelegenen Front aller} \\ \text{Beitragszahler der Gruppe A}}} \times \substack{\text{individuelle} \\ \text{Straßenfront-} \\ \text{länge}}$$

Für die Ermittlung der Beitragshöhe und der gesamten Finanzierungsquote sieht der District Plan eine Klassifizierung der Beitragszahler vor. Gebildet werden die Gruppen A, B, C und D, die sich wie folgt zusammensetzen (MARP 2003, S. 16):

- Gruppe A umfasst die Eigentümer von vollständig oder teilweise gewerblich genutzten Flächen. Ihr Beitrag errechnet sich anhand der straßenseitig gelegenen Front.
- Gruppe B setzt sich aus Eigentümern von brachliegenden und unentwickelten Grundstücken zusammen. Ihr Beitrag wird im District Plan mit einem Dollar pro Jahr festgelegt.

- Gruppe C bilden die Eigentümer von Wohnraum. Auch sie bezahlen einen Dollar im Jahr.
- Gruppe D besteht aus den öffentlichen und nicht kommerziellen Eigentümern. Diese Gruppe wird nicht in die Beitragzahlung einbezogen.

Abb. 26: Geplante Budgetverteilung im ersten Geschäftsjahr

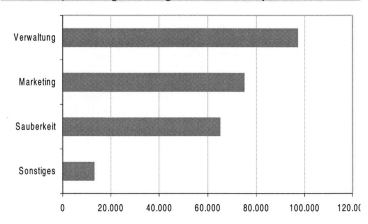

Quelle: MARP 2003, S. 20, eigenen Darstellung.

Zusätzliche finanzielle Mittel durch Stipendien und Spenden

Zusätzlich zu den von den lokalen Eigentümern eingezogenen Beiträgen erhält man finanzielle Zuschüsse durch Stipendien und Spenden privater Institutionen, der Stadt, anderer öffentlicher und privater Einrichtungen (MARP 2003, S. 17). Eine weitere Finanzierungsquelle eröffnet sich aus der Möglichkeit als DMA bei diesen Organisationen Geld zu leihen. Das Budget für das erste Vertragsjahr beträgt 250.000 Dollar und verteilt sich wie folgt:

Für das erste Geschäftsjahr wird mit hohen Kosten für die Verwaltung, sprich Personal, Buchhaltung, Mieten und Versicherungen gerechnet. Die beiden entscheidenden Handlungsschwerpunkte werden durch die Reinigung des öffentlichen Raums und Marketingmaßnahmen gebildet.

11.3 Zielsetzung, und Maßnahmenkatalog des BID

Zielsetzung: Shoppingmeile mit vielfältigen Angeboten für alle Bevölkerungsschichten

Das zentrale Anliegen der Initiative ist die Revitalisierung der einstmaligen Shoppingmeile Myrtle Avenue als Hauptgeschäftsstraße für die Bereiche Fort Greene / Clinton Hill. Angestrebt wird ein belebter Bereich öffentlichen Lebens der vielfältige Möglichkeiten des Einkaufens, der Freizeitgestaltung und kultureller Aktivitäten bietet. Dieses Angebot soll die Einwohner, die Beschäftigten und die Studenten des Districts einbeziehen ohne andere Interessenten auszuschließen. Da man davon ausgeht, dass die soziale Vielfalt von Villenbewohnern und Sozialhilfeempfängern auf absehbare Zeit erhalten bleibt, wird die Myrtle Avenue zu einem der wenigen Treffpunkte dieser Schichten werden. Es ist erklärte Zielsetzung des BID, den Angebotsspagat zwischen niedrigpreisigen Unternehmen und hochwertigen Geschäften zu gewährleisten (Gerend, 05.11.2003).

In einem langwierigen Entscheidungsprozess wurden die zukünftigen Handlungsschwerpunkte des BID wie folgt festgelegt (Sorensen / Gerend 2003, S. 17):

- ein gemeinsames Marketing für die Straße;
- die Instandhaltung des öffentlichen Raums;
- die Erhöhung der Sicherung.

Im ersten Jahr setzte MARP schnell sichtbare Projekte um, beispielsweise die Graffitientfernung. Im zweiten Jahr bemühte man sich dann schon verstärkt um die Ansiedlung neuer Geschäfte und verbesserte die Organisation und die technische Ausstattung. Dabei war es wichtig, auch Geschäfte von Minderheiten zu integrieren, wie Thai- oder Middle-Eastern-Restaurants (Gerend, 05.11.2003). Der Wunsch nach einem einplanbaren, festen Einnahmenstrom für das Geschäftsstraßenmanagement sowie das gesteigerte Bedürfnis nach mehr Dienstleistungen entlang der Myrtle Avenue ließen das Management eine Informationskampagne starten. Begonnen wurden Gespräche mit Schlüsselfiguren unter den Einzelhändlern über Arbeitsweise und Ziele eines BID. Aufgrund der bereits erkennbaren Erfolge des MARPs entstand bei einem Großteil der Einzelhändler das Gefühl, dass die Bildung eines BID zu diesem Zeitpunkt durchaus geeignet sei, die begonnene Revitalisierung des Geschäftszentrums fortzuführen (Sorensen / Gerend 2003, S. 10).

Positive Veränderungen als Anstoßpunkt für BID-Gründung

Drei Aspekte prägen den Entstehungsprozess des Myrtle Avenue BID:

- die Bildung einer Organisation zur Bündelung von Interessen,
- Motivationshilfen durch die öffentliche Hand und
- die genaue Problemanalyse durch fundierte Bestandsaufnahmen.

Im Herbst 2002 begann MARP mit öffentlichen Veranstaltungen zum Thema BID und warb in der Lokalpresse für seine baldige Gründung im Gebiet der Myrtle Avenue. Daraufhin bildete sich das BID-Steering Committee. Es setzte sich aus Einzelhändlern, Eigentümern, Bewohnern sowie Vertretern weiterer öffentlicher und privater Institutionen zusammen. Dieses Gremium diskutiert seither Fragen wie die Höhe des zu leistenden Beitrages oder die zukünftigen Grenzen des BID. Gleichzeitig organisiert es das für den Entstehungsprozess so wichtige Outreaching, also die Informationsverbreitung an alle Einzelhändler und Eigentümer.

Steering Committee ist Entscheidungsgremium

Zur gleichen Zeit wurde vom Department of Small Business Services eine finanzielle Förderung zur Bildung des entstehenden BID in Aussicht gestellt. Das Geld soll den Mehraufwand für Personal, Informationsmaterial und Versanddecken.

Unterstützung der lokalen Initiative durch Gelder der öffentlichen Hand

Das Hauptaugenmerk in der Vorbereitungsphase lag in der Überzeugungsarbeit unter den Eigentümern und Gewerbetreibenden. Die ökonomischen Rahmenbedingungen für einen Myrtle Avenue BID und die aktuelle Problemlage in der Straße mussten so aufbereitet werden, dass für alle Beteiligten

Überzeugung durch Vorteile und genaue Kenntnis der Probleme

überzeugend argumentiert werden konnte. Zuerst wurde über Befragungen eine genaue Analyse des Standortes, seiner Defizite und Potenziale vorgenommen. Unter anderem war es wichtig zu ermitteln, wo die Bewohner des Viertels ihre Waren einkaufen. Jeder Mangel am Standort führt den Kunden zum Ausweichen in andere Zentren und zu einem Verlust an Kaufkraft im eigenen District (Battle, 06.11.2003).

Die Gründungsphase als Sozialisationsprozess

Neben den harten Standortfaktoren spielten ebenso weiche Elemente der Vertrauensbildung im Entstehungsprozess des BID eine wichtige Rolle. Da sich viele der potenziellen BID-Betroffenen nicht als Teil einer Gemeinschaft sahen, wurde eine verbesserte Vernetzung der maßgeblichen Akteure aufgebaut. Veränderungen wie die Aufwertungen im MetroTech BID in Downtown Brooklyn und die daraus resultierende Gentrifizierung in vielen der umliegenden Blöcke, führten zu der Befürchtung, dass eine Aufwertung durch die Installation eines BID, auch sie auf lange Sicht verdrängen könnte. Das Steering Committee des BID versucht durch seine Zusammensetzung aus alteingesessenen und neu hinzukommenden Einzelhändlern und Eigentümern zwischen den unterschiedlichen Vorstellungen über die Zukunft der Myrtle Avenue zu vermitteln. Die Vorbereitungstreffen zur Gründung des BID waren geeignet eine Art Gemeinschaftsgefühl zu entwickeln, da man sich hier auf einer neuen Ebene begegnete und gemeinsame Interessen auslotete (Sorensen / Gerend 2003, S. 18).

Misstrauen in Zusammenarbeit mit der öffentlichen Hand

Eine zusätzliche Barriere war das grundsätzliche Misstrauen der zukünftigen BID-Beteiligten gegenüber der Stadt New York, der Regierung und den administrativen Abteilungen. In einem BID zusammen zu arbeiten, erfordert die Bereitschaft sich in einer neuen formellen Organisation zu integrieren, die positive Effekte für die Teilnehmer in Aussicht stellt, deren Konzepte und Vorgehensweise aber durchaus noch fremd und vage blieben (Sorensen / Gerend 2003, S. 18). Um diesen Bedenken entgegenzutreten, wurde ein Stellvertreter des Departments of Small Business Services in den Gründungsprozess einbezogen. Der Einblick in die Tätigkeit anderer BIDs in New York City bzw. in lokale Revitalisierungsprogramme diente der umfassenden Information. Viele Fragen, die während des Entstehungsprozesses auftraten, konnten so schnell beantwortet werden. Zum Beispiel beunruhigte zahlreiche Eigentümer und Gewerbetreibende, dass die Abbuchung der Beiträge durch die Stadt erfolgt. Erst der Vertreter des Departments konnte Befürchtungen zerstreuen, die Stadt würde für diese Leistung eine Art Prämie einbehalten (Sorensen / Gerend 2003, 18f).

Vertrauen durch Einflussnahme auf Beitragsverwendung

Ein wesentlicher Erfolgsfaktor in der Motivation- und Überzeugungsarbeit ist die Möglichkeit der lokalen Akteure zur direkten Einflussnahme auf die Verwendung der Beiträge. In der Vorbereitungsphase wurden die Einzelhändler und Eigentümer durch das Steering Committee in die Entscheidung über die Verwendung des Budgets einbezogen. Dreh- und Angelpunkt der kontroversen Diskussion war die Kontrolle über die Ausgaben. Die Kontrollfunktion des Department of Small Business Services und die Tatsache, dass die Finanzen des BID und deren Verwendung jährlich überprüft und anhand der Angaben des District Plan ausgegeben werden, trug wesentlich zur Vertrauensbildung bei. Dass das eingesammelte Geld zweckbestimmt verwendet wird, schafft zusätzlich Verlässlichkeit (Sorensen / Gerend 2003, S. 17f).

Trotz der breit angelegten Kampagne zur Vertrauensbildung verlief die Planungsphase des BID nicht unproblematisch. Das führte dazu, dass die Idee der BID-Bildung nicht im gesamten Geltungsbereich des MARPs realisiert werden kann. Nach mehreren Diskussionsabenden mit Eigentümern und Geschäftsleuten aus dem Abschnitt zwischen Classon und Bedford Avenue, wurde dieser Bereich aus dem BID herausgenommen. Der vehemente Widerstand einer Eigentümerin, der es gelang den Großteil der Anwesenden von ihrer Meinung zu überzeugen, führte zu einer mehrheitlichen Ablehnung des Projekts (Battle, 06.11.2003).

Abgrenzung des Districts entlang von Mehrheiten

Auch ein Teil der ortsansässigen Gewerbetreibenden wandte sich gegen die Initiative. Viele von ihnen sind bereits seit fünfzehn bis zwanzig Jahren am Standort und mit den Gewinnen aus ihrer Tätigkeit zufrieden. Dementsprechend wollen sie nicht für Maßnahmen bezahlen (Dew, 11.11.2003), von denen sie sich wenig positive Auswirkungen auf ihren geschäftlichen Erfolg versprechen. So erscheinen ihnen die Installation von Weihnachtsbeleuchtung, die Schneebeseitigung oder die zusätzliche Reinigung der Gehwege, die vom BID vorgesehen sind, zwar als hilfreich für das Image des Districts, aber nicht direkt für ihre Geschäftstätigkeit (Westbrooks, 11.11.2003). Aus ihrer Sicht sind Marketingmaßnahmen notwendig, die ein eigenes Profil des Stadtteils als Einkaufszentrum prägen. Um diese spezifischen Interessen einbringen zu können, engagieren sich die Einzelhändler im Steering Committee.

Unterschiedliche Interessen bei den Akteuren

Im Vorfeld der BID-Gründung realisierte MARP bereits Maßnahmen, die die Motivation für den langwierigen Entstehungsprozess des BID förderten. Die angestrebte Revitalisierung der Geschäftsstraße wurde durch einen Mix aus schnell sichtbaren Ergebnissen und langfristigen Strategien angegangen. Die Verwirklichung der meisten Maßnahmen ist von der Finanzierung durch unterschiedliche Förderprogramme, Fonds, Stiftungen und privater Investoren abhängig. Wie viele andere Non-Profit-Organisationen hat MARP deshalb nur ein begrenztes Programm bezüglich sozialer Projekte (Sorensen / Gerend 2003, S. 9).

Projekte von MARP: Balance zwischen schnellen Erfolgen und langfristigen Strategien

Während erste Maßnahmen des MARP, wie bereits erwähnt, auf schnelle Erfolge ausgerichtet waren, konnten in der Folge anspruchsvollere Projekte geplant werden. Im Februar 2002 wurde ein Projekt umgesetzt, welches stark von der Beteiligung der Einzelhändler und Grundstückseigentümer abhängig war. Das so genannte „Rolling up the Gates" war eine Art „Tag der offenen Tür" für leerstehende Gewerbeflächen. In der Vorbereitung wurden potenzielle Unternehmen ermittelt und gezielt angesprochen. Interessierte Geschäftsleute wurden eingeladen und konnten sich über die Flächen informieren. Diese Aktivitäten führten zur Neuvermietung von vier Ladenflächen. In der Phase der Anmietung versuchte MARP lenkend darauf hinzuwirken, dass leerstehende Flächen an Gewerbe vermietet werden, die die Vielfalt des Angebots in der Straße ergänzen. Für die Entwicklung und Umsetzung dieser Idee bekam MARP den Preis für das beste ökonomische Entwicklungsprojekt in New York City, den Barbara Wolff Award (Sorensen / Gerend 2003, S. 9). Der

Aufwendigere, innovative Vermietungsprojekte nach Anfangserfolgen

gezielte Versuch, bei der Neuvermietung die Angebotsvielfalt zu erhöhen, trifft auch bei den Gewerbetreibenden auf Verständnis. Andererseits gilt die Maxime, will ein neuer Nailshop aufmachen, dann sollte man ihm helfen „to be a better nailshop than any other one" (Westbrooks, 11.11.2003). Diese Aussage zeigt die Skepsis einer Gewerbetreibenden gegenüber dem Versuch, aus einer gewöhnlichen New Yorker Einkaufsstraße ein supermodernes Geschäftsviertel nach Lehrbuch machen zu wollen.

Aufwertung des öffentlichen Raums

2003 wurde ein neues Begrünungsprogramm unter dem Motto „Green on Myrtle" gestartet. Ziel war es durch das Setzen von Bäumen den Straßenraum zu begrünen und die laufende Pflege zu organisieren. Insgesamt wurden dreißig neue Bäume gepflanzt und die Baumscheiben erneuert. In Kooperation mit den Eigentümern und Einzelhändlern wurde die Verantwortlichkeit für die Bewässerung festgelegt (Sorensen / Gerend 2003, S. 10). Innerhalb der letzten zwei Jahre hat MARP über fünfundzwanzig Einzelhändler bei der Renovierung ihrer Geschäftsfronten unterstützt. Dazu wurden in Zusammenarbeit mit Studenten des Pratt Institutes neue Ladenbeschilderungen entworfen. Die Zusammenarbeit mit diesem Institut wird auch zukünftig weitergeführt.

Schwerpunkte der Tätigkeit des BID: Aufenthaltsqualität im öffentlichen Raum und Marketing

Welche Aufgaben wird nun der entstehende Myrtle Avenue BID übernehmen? Neben der Fortführung bereits begonnener Maßnahmen führt der bereits erarbeitete District Plan auf, welche Dienstleistungen zukünftig zu den Aufgaben des BID gehören sollen. Schwerpunktmäßig kristallisieren sich drei Aufgaben heraus:
- Straßeninstandhaltung und Pflege,
- Marketing und Promotion,
- Feiertagsbeleuchtung,

Maßnahmen im Bereich Pflege des öffentlichen Raums

Die Maßnahmen zur Pflege und Instandhaltung des öffentlichen Raums sollen entweder durch eigene Arbeitskräfte bewältigt oder als Auftrag vergeben werden. Dieser Programmteil schließt ein (MARP 2003, S. 9):
- die Reinigung der Gehwege, des Bordsteins und ein kleines Stück der angrenzenden Straße,
- die Leerung der Papierkörbe,
- die Reinigung des Straßenmobiliars von Graffiti,
- die Pflege der Straßenbäume und Baumscheiben sowie
- die Schneebeseitigung an Bushaltestellen und Fußgängerübergängen.

Besondere Aufmerksamkeit soll überquellenden Müllbehältern, aufgerissenen Müllbeuteln, die auf ihre Abholung warten, und der Sauberkeit in den Stunden vor der Ladenöffnung gewidmet werden. In allen Fragen wird eine enge Zusammenarbeit mit dem Sanitation Department, mit dem Community Board des Districts und den Privatpersonen angestrebt (MARP 2003, S. 9). Personell sind für die Pflege des öffentlichen Raums zwei bis vier Arbeitskräfte vorgesehen, die an sieben Tagen in der Woche arbeiten werden.

Das Programm Marketing und Promotion beinhaltet:
- eine gemeinsame Werbung,
- spezielle Veranstaltungen und
- Publikationen.

Ziel des Marketings ist die Optimierung der geschäftlichen Aktivitäten aller Einzelhändler und Unternehmen innerhalb des BID und die zunehmende Attraktivität des Districts für die Kunden. Das soll durch themenbezogene Veröffentlichungen wie einen regelmäßigen Newsletter, Kalender oder spezielle Werbeanzeigen in Zeitungen, aber auch durch thematische Straßenfeste oder spezielle Angebotsverkaufstage erreicht werden (MARP 2003, S. 10). Für ferien- und jahreszeitenbezogene Dekorationen im öffentlichen Raum sind zunächst Beleuchtungskörper vorgesehen. Zusätzlich sollen Informations- und Promotionstände oder Newsboxen auf den Gehwegen aufgestellt werden. Die dafür an die Stadt zu zahlende Gebühr ist bereits im Budget ausgewiesen (MARP 2003, S. 25).

Vielfältige Ansätze im Bereich Marketing

Für die Standortprofilierung des Myrtle Avenue BID soll die Nähe zum Pratt Institute, der Filmgesellschaft und dem Entwicklungsgebiet MetroTech genutzt werden. Vereinbarte Kooperationen, wie zum Beispiel die Zusammenarbeit mit Kunststudenten, können die Geschäftstätigkeit des ansässigen Gewerbes unterstützen und möglichst neue Kundengruppen, beispielsweise die Arbeitnehmer oder Besucher des Filmgeländes, auf lokaler Ebene erschließen.

Kooperationen mit umliegenden Institutionen zur Standortprofilierung und -stärkung

11.4 Ergebnisse und Erfolgsfaktoren der BID-Arbeit

Der Revitalisierungsprozess in der Myrtle Avenue steckt noch in den Kinderschuhen. Insofern können BID, die bereits über zehn Jahre existieren, nicht der Maßstab für eine Bewertung der Ergebnisse der bislang erfolgten Revitalisierung sein. Trotzdem hat die mehrjährige Arbeit des MARP fassbare Ergebnisse gebracht. Im Vergleich zu den anderen untersuchten BIDs zeigt der Myrtle Avenue BID eine eigene, spezifische Zielsetzung. So ist beispielsweise kein einheitliches Design bei der Straßenmöblierung geplant, sondern es soll mit Hilfe der Kunststudenten des Pratt Institutes individuell gestaltet werden.

Prozess noch in den Anfängen mit individueller Zielsetzung

Das Niveau der Geschäftsmieten ist in den letzten Jahren gestiegen. Trotzdem ist es im Vergleich zu anderen Geschäftsstraßen im District moderat. Bei der Neuvermietung von leerstehenden Flächen war die Höhe der Mieten bisher kein Problem (Gerend, 05.11.2003). Im Gegenzug zu steigenden Mieten und Abgaben erwarten die Gewerbetreibenden durch die BID-Arbeit eine höhere Kundenfrequenz und einen größeren Umsatz. Mancher Händler würde dann auch sonntags öffnen, um die Kaufwilligen zu bedienen. Derzeit gehen diese sonntags noch nach Manhattan einkaufen (Esposito, 11.11.2003). Bereits heute lässt sich, wie die pünktliche Zahlung der Gewerbemieten beweist, eine wirtschaftliche Erholung am Standort ausmachen. Vor einigen Jahren noch war das nicht selbstverständlich. Man führt diese verbesserte Zahlungsmoral auf eine erhöhte Kundenfrequenz im District zurück (Dew, 11.11.2003).

Steigende, aber angemessene Mietpreise

Die Ansiedlung nationaler Handelsketten ist in absehbarer Zukunft nicht zu erwarten (Gerend, 05.11.2003). Der für die Standortwahl so wichtige Indikator des Einkommensdurchschnitts verspricht diesen Unternehmen in der Myrtle Avenue keine ausreichenden Gewinne. Solange die zahlreichen Sozialwohnungen existieren, geht man davon aus, dass sich an dieser Situation nicht viel ändert. Die Angst der Gewerbetreibenden aufgrund der Tätigkeit des BID

Teilweiser Austausch von Mietern, aber keine Handelsketten

durch große Geschäftsketten verdrängt zu werden, scheint unbegründet. In diesem Zusammenhang ist die Haltung der Betroffenen jedoch ambivalent. So sehen einige Eigentümer einen der wesentlichen Vorteile des BID in der Akquisition zahlungskräftigerer Mieter. Einhergehend mit einer erheblichen Erhöhung der Grundsteuer ist man zunehmend auf pünktlich und gut zahlende Mieter angewiesen (Esposito, 11.11.2003).

Erhöhtes Sicherheitsempfinden im öffentlichen Raum

Noch vor zehn Jahren war die Kriminalität in der Straße so hoch, dass in der Nacht nahezu niemand auf der Straße unterwegs war. Heute sitzen die Studenten des Pratt Institutes die ganze Nacht im öffentlichen Raum oder in den Restaurants. Ihre Eltern kaufen ihnen zunehmend Wohnungen in der Gegend. Auch wenn laut Statistik die Kriminalitätsrate im letzten Jahr wieder anstieg, wird durch die Belebung des öffentlichen Raums durch neue Bevölkerungsschichten ein erhöhtes Sicherheitsempfinden offensichtlich. Durch solche Entwicklungen stiegen gleichzeitig die Bodenpreise (Dew, 11.11.2003).

Stärkung der Wohnfunktion

Die Aktivitäten von MARP haben zu einer verstärkten Wohnnutzung im Gebiet beigetragen. Aufgrund der gesteigerten Aufenthaltsqualität im öffentlichen Raum, der verbesserten Angebotsstruktur des Gewerbes und der erhöhten Sicherheit wurde der Wohnraum aufgewertet und wird heute verstärkt nachgefragt. Wohnungen über den Gewerberäumen, die früher in vielen Fällen leer standen, werden heute wieder vermietet. Positiver Nebeneffekt ist der sinkende Mietdruck auf die gewerblich genutzten Flächen (Gerend, 05.11.2003).

BID bietet mehr Zeit für konzeptionelle Arbeit

Der in Gründung befindliche BID wird vorrangig die Finanzierung der geplanten Maßnahmen sichern. Im Vergleich zum Budget des MARP wird der Myrtle Avenue BID nicht viel mehr finanzielle Mittel haben. Die Angestellten können nun aber erheblich mehr Zeit in die konzeptionelle Arbeit investieren, da die Antragsstellungen für Förderungen und die Akquisitionsgespräche für zusätzliche finanzielle Mittel entfallen. Zudem hat der langwierige Entstehungsprozess dazu beigetragen, dass sich die unterschiedlichen Akteure näher gekommen sind und auch schon einige Konflikte ausgetragen haben.

Erste Wirkungen des MARP ersichtlich

Aufgrund des derzeitigen Entwicklungsstandes des Myrtle Avenue BID können keine Aussagen zu seinen Wirkungen gemacht oder eine Abschätzung seiner Erfolgsfaktoren geleistet werden. Maßstab für eine kurze Darstellung der im District erfolgten Veränderungen ist deshalb die Arbeit des MARP. Dabei sei ausdrücklich auf die ungleichen Rahmenbedingungen und folglich die nur bedingte Vergleichbarkeit verwiesen. Die bereits heute erreichten harten Wirkungen sind eine belebte Wirtschaftsaktivität, eine verbesserte Aufenthaltsqualität im öffentlichen Raum und die Stärkung der Wohnfunktion (vgl. Tab. 8). Eine verbesserte Kommunikation zwischen öffentlichen und privaten Akteuren sowie die gestiegene Bereitschaft zur Übernahme von Verantwortung für die Belange des Districts lassen sich schon jetzt als positive Veränderung wahrnehmen.

Erfolgsfaktoren derzeit nur vage abzuschätzen

Im Prozess der Gründung des BID lassen sich die Erfolgsfaktoren nicht so sehr an bereits umgesetzten Projekten sondern eher an der Organisation des Managements und der Aktivitäten erkennen. Neben den gegebenen Standortpotenzialen sind vor allem die umfangreiche Einbindung aller Interessensgruppen und die Vertrauensbildung für den Prozess entscheidend. Die Zusammenarbeit mit renommierten Institutionen und die Besetzung von Schlüsselpositionen mit erfahrenen und kooperativen Funktionsträgern sind Garant für die Umsetzung der Ziele des BID.

Tab. 8: Wirkungen und Erfolgsfaktoren des MARP

Wirkungen	Erfolgsfaktoren
Harte:	Harte:
▪ erhöhte Zulauf an Kunden,	▪ gute Standortpotenziale (Anbindung, Nachfrage, Institutionen),
▪ erhöhte Angebotsvielfalt durch neue Unternehmen,	▪ Aussicht auf gesicherte Finanzierung der Maßnahmen unterstützt BID-Bildungsprozess.
▪ gesenkte Leerstandsrate,	
▪ erhöhte Sicherheit im öffentlicher Raum,	
▪ verbesserte der Aufenthaltsqualität im öffentlichen Raum,	Weiche:
▪ gestiegene Mietpreise und neue, zahlungskräftigere Mieter.	▪ richtige Besetzung der Schlüsselpositionen,
▪ Stärkung der Wohnfunktion.	▪ umfangreiche Einbindung aller ethnischen Bevölkerungsgruppen und Interessensgemeinschaften in den Diskussionsprozess,
Weiche:	▪ schnell sichtbare Erfolge dienen als Argumentationshilfe für ein persönliches Engagement.
▪ verbesserte Kommunikation unter den lokalen Akteuren und zu Behörden,	
▪ Übernahme von Verantwortung für strategische Planungen im District.	

Quelle: eigene Zusammenstellung.

Wegen der eindeutigen Fokussierung der Aktivitäten des in der Gründung befindlichen BID auf den Organisationsprozess unter Berücksichtigung der unterschiedlichen Interessenlagen, sollen an dieser Stelle auch nur diese Aspekte beurteilt werden. Die im Verlauf der Untersuchung erlangten Kenntnisse über die Interessen und Ambitionen einzelner Personen und Gruppen macht folgendes deutlich:

Bewertung der Aussagen:
Umfangreiche Einbindung von Betroffenen führt zur erfolgreichen BID-Gründung

- neben dem gemeinsamen Ziel der Standortaufwertung bestehen offensichtlich differenzierte Vorstellungen über die konkreten Schwerpunkte und die erforderlichen Maßnahmen,
- die Einbindung aller ethnischen Gruppen erfordert ein vielseitiges und zeitaufwendiges Engagement,
- bei der Festlegung des Geltungsbereichs werden Widerstände ausgelotet und Mehrheitsentscheidungen getroffen.

Die Auseinandersetzung mit kontroversen Meinungen und die umfassende Einbindung der Betroffenen führt zum Erfolg, erfordert jedoch naturgemäß einen langen Atem. Gleichzeitig verdeutlichen die aufgezeigten Abläufe, dass die Realisierung des Modells in einem ganz gewöhnlichen Stadtviertelzentrum möglich ist und von den Betroffenen als hilfreich angesehen wird. Inwieweit er auch Erfolg haben wird, muss die Zukunft beweisen.

Die verbesserte Zusammenarbeit kann als wesentlicher Erfolg des bislang absolvierten Gründungsprozesses Prozesses angesehen werden. Dass es trotzdem zu Konflikten zwischen den Vorstellungen der Einzelhändler und Grundeigentümer und den Ideen des BID-Managements kommt, liegt sicher-

Fazit:
Erfolgreiche Startphase absehbar

lich zum Teil an der derzeitigen frühen Phase der Entstehung des BID. Die zeitliche Nähe zum Gründungsprozess lässt die Bedenken der Akteure konkreter sichtbar werden und zeigt detaillierter mögliche Alternativen. Eine abschließende Bewertung der Aktivitäten ist jedoch in dieser Anfangsphase noch nicht möglich. Erst an Projekten größeren Umfangs wird sich das BID-Management beweisen müssen.

12.
ZWISCHENBILANZ: VERGLEICHENDE ANALYSE DER FALLSTUDIEN

Der nun folgende Vergleich der untersuchten Fallstudien dient der Verifizierung von charakteristischen Merkmalen. Gleichzeitig verdeutlicht er Handlungsabläufe und beurteilt die Wirkungen des BID-Ansatzes.

12.1 Spezifik der untersuchten BID-Standorte

Business Improvement Districts sind in ihrer originären Funktion auf die Standortverbesserung von Geschäftszentren ausgerichtet und entstehen in Bereichen mit konzentrierten Gewerbeansiedlungen. So unterschiedlich Geschäftsviertel sein können, so verschieden stellen sich auch die Wirkungsräume der BIDs dar. Ausgehend von der Charakterisierung der Stadtteile, in denen die untersuchten BIDs liegen, wird hier eine Einschätzung der Rahmenbedingungen vorgenommen.

BIDs wirken an städtebaulich vielfältigen Standorten, wobei es sich immer um im Zusammenhang bebaute, kompakte Strukturen handelt. Die in New York City gelegenen BIDs weisen zum größten Teil geschlossene Blockrandbebauung auf, die in den Erdgeschosszonen lückenlos gewerblich genutzt wird. Trotzdem differieren die städtebaulichen Strukturen erheblich. Extrem unterschiedlich hohe Gebäude und Baustile prägen die untersuchten Geschäftszentren. Die Bebauungshöhe und damit die Nutzungsdichte der Viertel wirken sich auf die Passanten- und Verkehrsströme aus.

Zusammenhängend bebaute Standorte mit unterschiedlichsten Bebauungsstile und Geschäftsbesatz

Die prägende Nutzung des öffentlichen Raums ist die Verkehrsnutzung in breiten oder engen Straßenzügen. Auch wenn bei manchen BIDs über die Mittagszeit die kleineren Seitenstraßen nur für Fußgänger zugänglich sind und in der Lower East Side sonntags eine Fußgängerzone eingerichtet wird, bestimmen die Verkehrsströme das Bild der Geschäftsviertel. Die Einbindung in das ÖPNV- und MIV-Netz ist wichtig. Die Einstiegs- und Umstiegspunkte führen zu erheblichen Fußgängerfrequenzen und erleichtern die Erreichbarkeit. Alle untersuchten BIDs haben eine relativ gute Verkehrsanbindung. Die 34th Street erhält durch die Penn Station den Status eines regionalen Verkehrsknotenpunkts, der durch ein Netz von U-Bahnen und Bussen ergänzt wird. Demgegenüber sind die anderen beiden BIDs zwar gut erreichbar, weisen jedoch bei weitem kein so großes Standortpotenzial auf.

Gute Erreichbarkeit ist Grundvoraussetzung

Unterschiedliche Attraktivität für Touristen

Die untersuchten BIDs verfügen über unterschiedliche Anziehungskraft für Bewohner und Besucher. Einen eindeutigen Standortvorteil hat erneut die 34th Street, da sie eine der touristischen Hauptattraktionen von New York besitzt. Dieser Umstand erleichtert die Vermarktung des Standortes. Auch wenn die Lower East Side und Myrtle Avenue nicht über ein ähnliches touristisches Potenzial verfügen, gelingt es ihnen durch kleinteiligere und weniger stark kommerzielle Neuerungen den Standort erfolgreich zu vermarkten. Die anvisierten Zielgruppen sind dabei grundverschieden.

Tab. 9: Bewertung der Standortpotenziale der Fallstudien

	34th Street	Lower East Side	Myrtle Avenue
Lage im Stadtgebiet	Midtown in Manhattan	Downtown in Manhattan	östlich von Downtown Brooklyn
Bebauungsstruktur	Sehr dichte und hohe Blockrandbebauung mit dem derzeit höchsten Gebäude in New York City	Sechsgeschossige Blockrandbebauung	Viergeschossige Blockrandbebauung
Physisch-strukturelle Einbindung in die Stadt	Sehr gut: Lage am regionalen Verkehrsknotenpunkt Penn Station und sehr gute Anbindung durch einige U-Bahn- sowie Buslinien; MIV-Anbindung nach New Jersey über Lincoln Tunnel und nach Queens über den Queens-Midtown Tunnel;	Gut: Gute Anbindung durch U-Bahn- und Buslinien; sehr gute MIV-Anbindung nach Brooklyn über die Williamsburg Bridge	Gut: Gute Anbindung durch Buslinie; keine direkte U-Bahnstation im District; gute Erreichbarkeit durch MIV über Brooklyn-Queens Expressway
Struktur des öffentlichen Raums	Rechtwinkliges Straßenraster mit Blockrandbebauung und dem Broadway als Diagonale; in den Kreuzungspunkten des Broadways mit den Avenuen liegen kleine dreieckige Plätze; breite Straßenzüge mit weiträumigen Gehwegen in Nord-Südrichtung sowie der 34th Street in Ost-West Richtung; aber auch Straßenschluchten als Einbahnstraßen mit schmalen Gehwegen;	Rechteckiges Straßenraster; keine Ausformung von Plätzen; überwiegend Einbahnstraßen mit schmalen Gehwegen; Durchquerung einer großen Straßenachse in Richtung Williamsburg Bridge;	Im Verhältnis zur Bauhöhe der Blockrandbebauung breiter Straßenzug mit beidseitiger Fahrbahn; breite Gehwege, keine Plätze
Bedeutung als touristisch übergeordneter Anziehungspunkt	Wichtiger touristischer Anziehungspunkt durch: Empire State Building; Madison Square Garden und Macy's;	Bedeutung als Anziehungspunkt für Design- und Geschichtsinteressierte sowie als Ziel für Nachtschwärmer	Keine touristischen Attraktionen, aber für die Bewohner der Nachbarschaft und die Studenten des Pratt Institutes wichtiger Bezugspunkt
Bewertung	1	2	2-

Quelle: eigene Zusammenstellung und Bewertung.

Ausgangssituation: Bedeutungsverlust der Zentren

An allen drei untersuchten Standorten ist der Gründung des BID ein Bedeutungsverlust des Geschäftszentrums durch den Niedergang der Einzelhandelsstruktur, den Leerstand von Gewerberäumen und eine steigende Kriminalitätsrate vorangegangen. Die konkreten Ursachen für den Niedergang waren unterschiedlich und lassen sich auf Veränderungen zurückführen, die vormals den Erfolg des Standortes begründeten.

- 34th Street District: sinkende Kundenfrequenzen durch Strukturwandel im Einzelhandel mit neuen Betriebsformen in dezentraleren Lagen;

- Lower East Side: sinkende Kundenfrequenzen durch Wegfall des Sonderstatus mit Sonntagsöffnungszeiten und
- Myrtle Avenue: sinkende Kundenfrequenzen durch Schließung des Navy Yards und der damit verbundenen hohen Arbeitslosenrate.

BIDs entstehen in allen Typen von Geschäftszentren (vgl. Kap. 2.2). Zwei der drei Standorte lassen sich als Stadtviertelzentrum einordnen. Der 34th Street BID zählt zu den wichtigsten Einkaufszentren der Stadt. Touristisches Potenzial ist in zwei Geschäftsvierteln, der 34th Street und in der Lower East Side, vorhanden. Die Angebotsstruktur der Geschäfte konzentriert sich in der Myrtle Avenue vorwiegend auf Waren des täglichen Bedarfs und in der Lower East Side zusätzlich auf Waren des mittelfristigen Bedarfs.

Differenzierte Zentrentypen und Angebotsstrukturen

Tab. 10: Charakterisierung der Geschäftsviertel

	34th Street	Lower East Side	Myrtle Avenue
Zentrentyp / Funktionalität	Stadtzentrum mit überregional bedeutenden Touristenattraktionen; Dominanz der Handels- und Dienstleistungsfunktion; nahezu keine Wohnnutzung	Stadtviertelzentrum in zentraler Lage mit touristischem Potenzial; Dominanz der gewerblichen Funktion (Produktion und Handel) sowie der Wohnfunktion; geringer Dienstleistungsanteil	Stadtviertelzentrum mit geringem touristischem Potenzial; Dominanz der Wohnfunktion mit durchgehend gewerbliche genutzten Erdgeschossen
Einzelhandelsausrichtung	Waren des täglichen (nur eingeschränkt), mittelfristigen und langfristigen Bedarfs	Waren des täglichen und mittelfristigen Bedarfs	Waren des täglichen (vorwiegend) und mittelfristigen Bedarfs
Kundenstruktur	Überörtlicher Bezug: Viele Touristen, Einwohner der gesamten Stadt, Bewohner und Arbeitnehmer des Districts	Überörtlicher Bezug: Bewohner des Districts und der anderer Stadtviertel, auch Touristen	Lokaler Bezug: Mehrheitlich Bewohner aus der direkten Nachbarschaft
Historische Entwicklung des Zentrums	Büro- und Geschäftsviertel, Bedeutungsverlust durch Strukturwandel im Einzelhandel; Schließung der großen Warenhäuser und Ansiedlung von Läden im Niedrigpreissegment; seit Anfang der 1990er Jahre verstärkt Ansiedlung von nationalen und internationalen Handelsketten	Immigrantenviertel, Ausgangspunkt für Neugründung von Unternehmen, Kundenmagnet wegen Sonderöffnungszeiten am Sonntag; nach Aufhebung des Sonderstatus erheblicher Bedeutungsverlust	Ehemals Versorgungszentrum für die Arbeitnehmer der nahe gelegenen Werft; nach deren Schließung hohe Arbeitslosigkeit, in der Folge starker Kaufkraftverlust und Niedergang des Zentrums

Quelle: eigene Zusammenstellung.

Alle untersuchten BIDs versuchen mit ihren Marketingmaßnahmen wie „in alten Zeiten" Kunden anzuziehen. Die Kunden, die in der 34th Street einkauften, kamen bereits vor 25 Jahren aus allen Stadtteilen bzw. aus der ganzen Welt. Der Lower East Side BID ist ein Anziehungspunkt für Besucher aus der Stadt und Touristen. Die Myrtle Avenue versucht, sich der verändernden Einwohnerstruktur anzupassen, und umwirbt die Bewohner der direkten und angrenzenden Nachbarschaft.

Vorwärts zur „guten alten Zeit"

Die Bevölkerungsstruktur wird in allen drei Districten durch vielfältige Ethnien charakterisiert. Je nach der historischen Entwicklung ergeben sich dabei andere Schwerpunkte. Im 34th Street District bildet die weiße Bevölkerung die Mehrheit. Die asiatisch-stämmige Einwohnerschaft dominiert in der Lower East Side. Trotz beginnender Gentrifizierung bilden die Afro-Amerikaner im Myrtle

Multi-Kulti-Einwohnerstruktur charaktergebend für Einzelhandelsangebot

Avenue District die größte Bevölkerungsgruppe (vgl. Abb. 27). Diese divergierende ethnische Zusammensetzung hat in der Vergangenheit die Einzelhandelsstruktur der Districte entscheidend geprägt. In den beiden Stadtviertelzentren ist diese Ausrichtung heute noch erkennbar, obwohl sich die Einzelhandelsvielfalt durch Neuansiedlungen verstärkt. In der 34th Street lässt sich hingegen nur noch in den Seitenstraßen erahnen, wie die Einzelhandelstruktur vor der Gründung des BID ausgesehen hat.

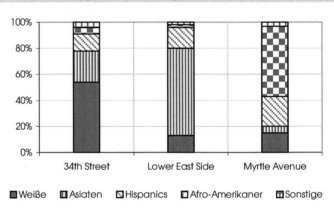

Abb. 27: Bevölkerungszusammensetzung in den Fallstudiendistricts

Quelle: DCP 2002, o. S.

Keine Korrelation zwischen Einwohneranteil und Geschäftstätigkeit

BIDs liegen nicht zwangsläufig in dicht besiedelten Stadtteilen und sie sind auch flächenmäßig unterschiedlich groß. Der bedeutendste und städtebaulich kompakteste unter den untersuchten BIDs ist der in der 34th Street. Er beherbergt mit Abstand die geringste Anzahl an Bewohnern (vgl. Tab. 11). Da es sich traditionell um ein Büro- und Geschäftsviertel handelt, konnte auch die zunehmende Zahl der Einwohner an dieser Tatsache nichts ändern. In den beiden anderen BIDs dominiert hingegen die Wohnnutzung, wobei eine gewerbliche Nutzung des Erdgeschosses vorgeschrieben ist.

Tab. 11: Die untersuchten BIDs in Zahlen

	34th Street	Lower East Side	Myrtle Avenue
Bevölkerungszahl in 1990*	ca. 10.300	ca. 24.900	ca. 29.500
Bevölkerungszahl in 2000*	ca. 11.200	ca. 27.000	ca. 30.300
Anzahl Eigentümer	197	275	250
Anzahl Läden	450**	430	200
Fläche in ha	ca. 50	ca. 9	ca. 40
Flächennutzung	Gewerbe- und Dienstleistungsviertel mit geringem Anteil Wohnen	Wohngebiet mit gewerblicher Erdgeschossnutzung	Wohngebiet mit gewerblicher Erdgeschossnutzung

* Die Angaben zur Bevölkerungszahl beruhen auf dem Mikrozensus von 2000. Die Zahlen wurden nach Statistischen Gebieten erhoben, die nicht den Grenzen der BIDs entsprechen. Deshalb stellen die Angaben nur einen Näherungswert dar.
** Angabe bezieht sich nur auf die Erdgeschosszone in der 34th Street.
Quelle: DCP 2002, o. S.; Glatter, 19.05.2004; Flamm, 06.11.2003; Gerend, 05.11.2003; eigene Darstellung

Tab. 12: Potenziale und Hemmnisse in den untersuchten BIDs

	34th Street	Lower East Side	Myrtle Avenue
Lage im Stadtgebiet	+ zentrale Lage in Manhattan und damit sehr gute Erreichbarkeit für Touristen und Einwohner;	+ in fußläufiger Erreichbarkeit einiger Hauptattraktionen Manhattans;	+ direkter Anschluss an bedeutendes Entwicklungsgebiet in Brooklyn - als touristischer Anziehungspunkt zu abgelegen
Anziehungskraft	+ mehrere touristische Anziehungspunkte und Verkehrsknotenpunkt Penn Station; + Renaissance als Einkaufszentrum; - durch zunehmende Filialisierung geringe Möglichkeit zur Identifikation	+ Steigerung des Bekanntheitsgrades durch übergeordnete Marketingstrategie und historische Führungen im Gebiet; + durch neue Club- und Restaurantszene Magnet für junge Leute	+ Anziehungskraft durch einige gute Restaurants, ansonsten lokale Bedeutung + Nähe zum Pratt Institute und MetroTech
Erreichbarkeit mit dem ÖPNV	+ sehr gute Anbindung durch den ÖPNV, neben der Penn Station mehrere U-Bahnstationen und Buslinien	+ gute Anbindung durch direkten Anschluss an U-Bahn- und Buslinien	+ direkte Bedienung durch Buslinie - kein Direktanschluss ans U-Bahnnetz
Erreichbarkeit mit dem MIV	+ gute Verbindung in alle Richtungen - grundsätzlich hohes Verkehrsaufkommen und Staugefahr	+ gute Anbindung nach Brooklyn - Anbindung nach New Jersey führt durch stark staugefährdetes Gebiet	+ gute Anbindung nach Manhattan und Queens über Brooklyn-Queens Expressway
Fußgängerfrequenz	hoch	mittel	niedrig

Quelle: eigene Zusammenstellung und Bewertung.

Die Ausgangslage an den untersuchten Standorten weist sehr heterogene Potenziale auf. Für Unternehmen ist die Attraktivität des Standortes eine Grundvoraussetzung für geschäftliche Erfolge. In dieser Hinsicht ist die 34th Street durch ihre zentrale Lage und die Existenz eines Verkehrsknotenpunktes, der von viele Arbeitnehmern und Besuchern frequentiert wird, ein idealer Standort. Ergänzend sei auf die bedeutenden touristischen Anziehungspunkte verwiesen. Trotzdem können auch die beiden kleineren BIDs vorhandene Potenziale nutzen. So bietet gerade das Milieu der Lower East Side mit seiner europäisch anmutenden Baustruktur und den neuen, kleinen Designerläden in Kontrast zu den alten, traditionellen Geschäften eine reizvolle Mischung, die sich zunehmender Beliebtheit erfreut. Ebenso zeichnet sich heute bereits ab, dass der Myrtle Avenue BID seine Nähe zum Pratt Institut, der Filmgesellschaft und dem Entwicklungsgebiet MetroTech als Standortvorteil nutzen wird. Vereinbarte Kooperationen werden dem Gebiet ein eigenes Profil verleihen und ihm zumindest auf lokaler Ebene Bedeutung verschaffen.

Heterogene Rahmenbedingungen

Die Bildung eines BID ist mit einer intensiven Vorbereitungsphase verbunden, die normalerweise ungefähr zwei Jahre dauert. In einigen Fällen kann diese Periode auch fünf Jahre beanspruchen. Es existieren Beispiele, bei denen in der Vorbereitungsphase das Vorhaben abgebrochen wurde, da entweder personelle Schwierigkeiten einer kontinuierlichen Vorbereitung im Wege standen oder die Widerstände bei Einzelhändlern und Eigentümern zu groß waren. Bei der überwiegenden Mehrheit der Initiativen endet der Vorbereitungsprozess aber mit dem erfolgreichen Abschluss des BID-Vertrages mit der Stadt (Battle, 06.11.2003).

Zeitaufwendige Vorbereitungsphase notwendig

Lokale Initiativen als Vorläufer

Häufig agieren im Vorfeld einer BID-Gründung andere lokale Initiativen im Bereich der Wirtschaftsförderung. In den untersuchten Districts waren beispielsweise Einzelhändlerinitiativen oder LDC tätig. Im Fall des 34th Street BID gab die Initiative einzelner Personen den Anstoß zum Gründungsprozess. Heute ist die Vorbereitung eines BID durch die Erfahrungen der bereits bestehenden weitaus einfacher. Vorträge von „bekehrten" Eigentümern aus anderen BIDs oder auch statistisch nachweisbare Erfolge können Skeptiker überzeugen.

Tab. 13: Bewertung der Ausgangssituation vor Gründung der untersuchten BIDs

	34th Street	Lower East Side	Myrtle Avenue
Gründungsjahr	1992 Vorbereitungszeit ca. 2 Jahre	1993 Vorbereitungszeit ca. 2 Jahre	2004 Vorbereitungszeit ca. 2 Jahre
Anstoßpunkt	Erfolgreicher BID in der Nachbarschaft und die Aktivität des dortigen Directors und eines Großeigentümers führten zur Initiative	Initiative ging von einer Händlergemeinschaft aus; zuvor scheiterte ein Versuch einen freiwilligen Beitrag einzufordern; Vorteil: viele Händler waren gleichzeitig Grundstückseigentümer	Initiative ging von Einzelhändlern und verschiedenen Vertretern öffentlicher und privater Einrichtungen aus; LDC arbeitet bereits seit drei Jahren im Gebiet
Zustimmung der Akteure	Groß, aufgrund positiver Erfahrungen mit anderen BIDs der Initiatoren	Nach intensiver Vorbereitungsphase nahezu kein Widerspruch zur Bildung	Derzeit noch im Entstehungsprozess, jedoch heute bereits hohe Zustimmungsrate
Finanzieller Handlungsspielraum	vergleichsweise hoher Jahresbeitrag, dadurch großer finanzieller Handlungsspielraum	Kleiner konsensfähiger Beitrag gewählt; Handlungsspielraum durch eigene Wirtschaftstätigkeit gut	Knappe Finanzierungsgrundlage; eingeschränkter finanzieller Handlungsspielraum

Quelle: eigenen Zusammenstellung und Bewertung.

Handlungsfähigkeit abhängig vom Budget

Die unterschiedliche finanzielle Ausstattung beeinflusst von Beginn an die Handlungsfähigkeit der BIDs. Bei der überwiegenden Zahl an BIDs werden die Beiträge möglichst niedrig gehalten, da ansonsten mit zu hohem Widerstand bei der Gründung zu rechnen ist. Infolge dessen ist die ökonomische Leistungsfähigkeit eingeschränkt. So können aufwändigere Projekte häufig nur durch zusätzlich eingeworbene Mittel realisiert werden und die personelle Ausstattung wird auf ein Minimum reduziert.

12.2 Akteure, Organisation und Finanzierung der BIDs

Beitragshöhe differiert erheblich

Die Beitragszahlungen in den untersuchten BIDs differieren erheblich. Der 34th Street BID zählt zu den finanzstärksten der Stadt. Die Beitragszahlungen der beiden kleineren BIDs spiegeln hingegen eher den Durchschnitt in New York City wider.

Zusätzliche Finanzquellen als wichtiger Mosaikstein

Das Budget der BIDs setzt sich aus Beitragszahlungen der Eigentümer und zusätzlichen Einnahmequellen, die zum Teil recht erheblich sind, zusammen (vgl. Tab. 14). Gemessen an der Höhe der Beiträge können diese Einnahmen den Haushalt entscheidend ergänzen. Sie spielen bei allen BIDs eine wichtige Rolle, auch wenn sich die Gewährung und die Höhe der Zuwendungen relativ kurzfristig entscheiden. Aus diesem Grund können sie nicht als feste Planungsgröße in das Budget einfließen. Die Erwirtschaftung eigener Finanzmittel, wie im Fall der Lower East Side, ist eher eine Ausnahme (Misrahi, 19.11.2003).

Tab. 14: Finanzierungsgrundlagen der BIDs für das Abrechnungsjahr 2002 / 2003

	34th Street	Lower East Side	Myrtle Avenue
Jährliche Beitragszahlungen	7.994.000 Dollar	200.000 Dollar	250.000 Dollar (geplant)
Finanzmittel aus eigener Wirtschaftstätigkeit	0 Dollar	288.000 Dollar Bewirtschaftung eines Parkplatzes	0 Dollar
Einnahmen aus Fonds und Stiftungen etc.	856.000 Dollar	81.500 Dollar	0 Dollar
Jahresgesamtbudget	8.850.000 Dollar	569.500 Dollar	250.000 Dollar
Steigerung der Beitragssumme seit Gründung	2.219.000 Dollar	Keine Steigerung	----
Bemessungsgrundlage der Beiträge	Bruttogeschossfläche der Gebäude	Steuerlicher Vermögenswert	Länge der straßenseitig gelegenen Grundstücksfront

Quelle: 34th Street DMA 2003; LES DMA 2003; MARP 2003; eigene Darstellung

Bei einigen BIDs, wie der in der 34th Street, steigern sich die Beitragssummen über die Jahre spürbar. Andere hingegen, wie der Lower East Side BID, haben seit ihrer Gründung ein konstantes Beitragsniveau. Höhere Beiträge können das Resultat von Veränderungen der baulichen Struktur sein, sprich der Entwicklung beitragspflichtiger, zusätzlicher Gewerbefläche. Diese Entwicklung lässt sich in der 34th Street beobachten. Andererseits sind sie das Ergebnis eindeutiger Beitragserhöhungen. Inwieweit diese in einem ausgewogenen Verhältnis zu Wertsteigerungen durch BID-Aktivitäten stehen, kann nur spekuliert werden.

Beitragssteigerungen als weitere Finanzquellen

Die Ermittlung der Beitragssätze kann mit Hilfe sehr unterschiedlicher Verfahren erfolgen. So wählten alle untersuchten BIDs einen anderen Ansatz (vgl. Tab. 14). Oberste Priorität hatte dabei stets die möglichst gerechte Verteilung von finanzieller Belastung und ökonomischen Nutzen. In Gebieten mit einer vergleichsweise finanzschwachen Bevölkerung, wie der Myrtle Avenue, wird bewusst ein Verfahren gewählt, dass auf einer fixen Bemessungsgrundlage beruht. So lassen sich automatische Beitragserhöhungen aufgrund von Bodenwertsteigerungen verhindern.

Beitragsermittlungen auf unterschiedlicher Basis

Die personelle Situation der BIDs ist ein Spiegelbild ihrer Finanzkraft. Der Vergleich in Tabelle 15 verdeutlicht, dass bei entsprechendem Budget ein BID eine gewisse Bedeutung als Arbeitgeber gewinnen kann. Das zeigt das Beispiel der 34th Street. Demgegenüber sind die beiden kleineren BIDs nicht in der Lage, eine größere Anzahl von Mitarbeitern zu beschäftigen. Das hat selbstverständlich Auswirkungen auf den Umfang der Eigenleistungen. Während der finanzstarke BID einen Großteil seines Tagesgeschäftes mit eigenen Angestellten bewältigt, greifen kleinere BIDs eher auf zeitlich begrenzte Servicelelstungen anderer Firmen zurück.

BIDs können Bedeutung als Arbeitgeber gewinnen

Beim Executive Director, Schlüsselfigur im BID-Management, trifft man auf sehr heterogene Führungsstile. Auch wenn die Analyse von drei Fallstudien nicht geeignet ist, die Ergebnisse zu verallgemeinern, bleibt festzuhalten, dass im 34th Street BID ein dominanter und hierarchisch geprägter Führungsstil die Ar-

„It depends on the people"

beit des BID und die zwischenmenschlichen Beziehung bestimmt. Das kann der großen Zahl an Mitarbeitern und dem erheblichen Organisationsaufwand geschuldet sein. In der Lower East Side beeinflusst das Board of Directors die BID-Aktivitäten deutlich stärker. Die Zusammenarbeit zwischen Board und Executive Director vermittelt hier einen soliden, umgänglichen Eindruck. Durch eine unvergleichbar bessere Personalausstattung sind Ideenreichtum und Vermarktung des 34th Street BID sehr professionell. Durch die gute finanzielle Ausstattung können nicht nur umfangreiche Projekte umgesetzt, sondern auch qualifiziertes Personal eingesetzt werden. Das kann die Innovationsfähigkeit und Kompetenz eines BID-Managements entscheidend beeinflussen. Allein das Jahresgehalt des Executive Directors der 34th Street erreicht nahezu das jährliche Beitragsaufkommen des Lower East Side BID.

Tab. 15: Akteurs- und Organisationsstruktur in den untersuchten BIDs

	34th Street	Lower East Side	Myrtle Avenue
Zahl der Angestellten im BID Management	24 Angestellte im Management; 56 Kräfte für Reinigung; 13 für Sicherheitsaufgaben; 5 Instandhaltung	Vier Angestellte	Drei (geplant)
Erbringung der Leistungen	Beauftragung von Firmen für Spezialaufgaben; Leistungen für Sauberkeit und Sicherheit werden durch eigenes Personal erbracht	Einstellung von Arbeitsnehmern zur Gewährleistung der Sicherheit; Durchführung der Reinigung und spezieller Aufgaben durch Fremdfirmen;	---
Führungswechsel	Seit 1993 immer der gleiche Direktor	Seit 1993 dreimaliger Wechsel des Direktors	---
Führungsstil Executive Director*	dominant	kooperativ	---
Einflussnahme der Akteure	Starke Orientierung der Akteure an der Meinung des Direktors; Eigentümer und Einzelhändler in einer eher passiven Rolle	Eher kooperatives Management durch Director; stärkere Beratungshaltung und Einflussnahme durch Eigentümer und Einzelhändler	---

*Aussage beruht auf eigenen Beobachtungen
Quelle: eigene Zusammenstellung.

12.3 Zielsetzung und Maßnahmenkataloge der BIDs

Ähnliche Problemlage als Ausgangssituation

Eine zunehmende Monostrukturierung des Einzelhandels, der Trend zu niedrigpreisigen Angeboten und die häufig damit einhergehende Zunahme des Leerstands sind Anlass, die ökonomische Entwicklung eines Gebietes als problematisch einzustufen. Bei den untersuchten BIDs sind ähnlich problematische Tendenzen kennzeichnend für die Anfangsphase.

Hohe Kriminalität verstärkte Handlungsdruck

Hohe Kriminalitätsraten spielen in der Problemanalyse der BID-Gebiete eine zentrale Rolle, da sie die Lebensqualität im öffentlichen Raum stark einschränken. Dreiste Raubüberfälle und Schießereien am helllichten Tage sowie die unzureichende Straßenbeleuchtung in der Nacht verursachten Unsicherheit und Angst. Diese Situation beeinflusste die Geschäftstätigkeit negativ. Die Nutzung des öffentlichen Raums als Drogenumschlagsplatz oder als Asyl für Obdachlose schreckte viele potenzielle Kunden ab.

Tab. 16: Problemanalyse zu den Geschäftsvierteln zum Zeitpunkt der Gründung der BID

	34th Street - 1992	Lower East Side -1992	Myrtle Avenue *
Einzelhandelsstruktur	Macy´s als einziges Warenkaufhaus, Einzelhandelsläden im Niedrigpreissegment	Niedrigpreisige Bekleidungsgeschäfte, Wochenmarkt,	monostrukturierte Einzelhandelslandschaft;
Sauberkeit im öffentlichen Raum	Durch hohes Fußgängeraufkommen und Ablegen der Müllsäcke der Geschäfte viel Müll auf den Gehwegen;	Starke Vermüllung auf den Straßen; schmutzige Gehwege da viele Verantwortliche ihrer Reinigungspflicht nicht nachgekommen	Starke Vermüllung auf den Straßen; schmutzige Gehwege da viele Verantwortliche ihrer Reinigungspflicht nicht nachgekommen
Kriminalität	Hohe Rate an Drogenhandel und Diebstahl	Drogenhandel und Diebstahl häufig	Hohe Kriminalitätsrate
Ladenleerstand	9 Prozent	10 Prozent	8 Prozent

* Angaben beziehen sich auf die Situation zu Beginn der Tätigkeit des MARP im Jahr 1999
Quelle: eigene Zusammenstellung.

Öffentliche Sicherheit und Sauberkeit, die Aufwertung der Einzelhandelstruktur und die Vermarktung des Standortes zählen zu den vorrangigen Zielen der BIDs. Insofern ist es nicht verwunderlich, dass die geplanten Maßnahmen der untersuchten BIDs nahezu identisch sind. Einzige Ausnahme bildete das Engagement des 34th Street BIDs für soziale Dienste, wie in den Jahren 1993 und 1997. Es kann angenommen werden, dass jeder BID die Obdachlosen gern aus seinem Straßenbild entfernen würde, jedoch fehlen dafür offensichtlich die finanziellen Mittel. Die Angaben aus dem letzten Annual Report des 34th Street BID zeigen, dass derzeit kein Geld mehr in diesen Bereich fließt.

Gemeinsame Zielsetzung: Aufwertung des öffentlichen Raum und Vermarktung des Standortes

Abb. 28: Ausgabenbereiche und -gewichtung bei den untersuchten BIDs

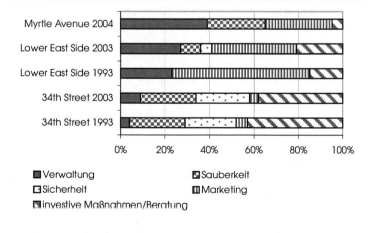

■ Verwaltung   ▨ Sauberkeit
▢ Sicherheit   ▥ Marketing
▧ investive Maßnahmen/Beratung

Quelle: 34th Street DMA 1991 und 2003; LES DMA 1992 und 2003; MARP 2003;
eigene Berechnung und Darstellung

Ähnliche Maßnahmen bei unter-schiedlicher Gewichtung

Auch wenn die BIDs grundsätzlich in die gleichen Bereiche investieren, sind Umfang und Gewichtung der angegangenen Maßnahmen sehr unterschiedlich. Während der 34th Street BID den Großteil seines Budgets für investive Maßnahmen sowie Sauberkeit und Sicherheit ausgibt, legt die Lower East Side ein stärkeres Gewicht auf Marketingmaßnahmen (vgl. Abb. 28). Für die Verbesserung der Aufenthaltsqualität im öffentlichen Raum setzen alle BIDs auf eine Begrünung sowie eine Beleuchtung der Gehwege. Der 34th Street BID finanziert zusätzlich zur Jahreszeit passende Beet-, Baumscheiben- und Blumengirlandenbepflanzungen. Den größten Anteil unter dem Punkt investive Maßnahmen verauslagt er für die Neugestaltung des Straßenmobiliars, einschließlich der Entwürfe für ein eigenes Design und die komplette Auswechslung der Straßenmöbel. Die Mitwirkung bei baulichen Umbaumaßnahmen können sich ebenfalls nur budgetkräftige BIDs wie die 34th Street leisten. So wurden in diesem Zusammenhang beispielsweise die Fußgängerübergänge behindertengerecht umgebaut.

Sauberkeit und Sicherheit genießen hohe Priorität

Sicherheit und Sauberkeit sind in allen Fällen zentrale Zielsetzungen. Zum einen begründet sich diese Tatsache in dem real vorhandenen Handlungsdruck durch den nachlassenden Service der öffentlichen Hand. Zum anderen erleichtert eine relativ hohe Interessensgleichheit und ausgeglichene Ergebnispartizipation bei diesen Themen die Bildung einer gemeinsamen Strategie unter Eigentümern. Über Art und Umfang des Engagements entscheiden jedoch wieder die finanziellen Rahmenbedingungen, um diese durch personelle Ressourcen umsetzen zu können. So kann in kleineren BIDs wie der Lower East Side oder auch zukünftig der Myrtle Avenue nur durch eine verbesserte Zusammenarbeit mit der Polizei versucht werden, Einfluss auf die Sicherheit im District zu nehmen. Der Vergleich der Ausgaben im Lower East Side BID von 1993 und 2003 zeigt, dass eigenes Sicherheitspersonal eingesetzt wird, wenn es die steigenden Einnahmen zulassen (vgl. Abb. 28).

Heterogene Unternehmensanwerbung

Eine für alle untersuchten BIDs prägende Vorgehensweise zur Aufwertung der Einzelhandelsstruktur ist die aktive Suche und Akquisition von neuen Unternehmen. Der Agitationsradius und die Zielgruppen sind dabei sehr heterogen. Während der 34th Street BID verstärkt auf Konferenzen wie beispielsweise der Vereinigung von Shopping Centern wirbt, versucht das MARP-Management in anderen Stadtteilzentren attraktive Geschäfte zu einem zweiten Standort in der Myrtle Avenue zu bewegen. Diese unterschiedlichen Zielgruppen sind sicherlich einerseits dem vorhandenen Flächenangebot geschuldet, andererseits verdeutlichen sie jedoch auch die grundlegend verschiedenen Standortvisionen.

Professionelle Öffentlichkeitsarbeit

Standortmarketing zählt zu den wichtigsten Aufgabenbereiche von BIDs. Bei den untersuchten Fällen schlägt sich dies auch in der Schwerpunktsetzung auf vielfältige Promotionmaßnahmen nieder, wie zum Beispiel:

- Werbung für den District durch Informationsmaterial, Anzeigen in den Printmedien und Fernsehwerbung;
- Information interessierter Besucher mittels geführter Touren oder eigens aufgestellter Informationsstände;

- Betreuung der Einzelhändler durch Marketing- und Betriebsberatung sowie finanzielle Unterstützung (zum Beispiel für die Erstellung einer unternehmenseigenen Homepage) und
- Veröffentlichung einer BID-eigenen Homepage und eines District-Logos.

Einkauf wird durch die Verknüpfung mit vielfältigen künstlerischen Aktivitäten zum Erlebnis. Besonders in der Lower East Side hat man sich der Kombination von Kommerz und Kunst verschrieben. Der verstärkte Zuzug von Designern führte zu einer deutlichen Ausrichtung auf diese Marketingaktivitäten. So finden nun jährliche Modenschauen und monatliche Galerierundgänge statt.

Zusammenarbeit mit Kunst im gegenseitigen Interesse

Tab. 17: Ziele und Maßnahmen der untersuchten BIDs

Zielsetzung	34th Street	Lower East Side	Myrtle Avenue*
Sauberkeit der Gehwege	56 Reinigungskräfte vorhanden; Service täglich	Regelmäßige Gehweg- und Parkplatzreinigung an sechs Tagen in der Woche	k. A.
Sicherheit im öffentlichen Raum	13 Sicherheitskräfte täglich 16 Stunden 7 Tage im Einsatz	1 Sicherheitskraft patrouilliert durch die Straßen und Geschäfte an sechs Tagen in der Woche	Verstärkte Zusammenarbeit mit der Polizei
Verbesserung der Aufenthaltsqualität im öffentlicher Raum	Platzumgestaltungen; Erneuerung der Straßenmöbel; saisonale Blumenbepflanzungen; Lichterketten in den Wintermonaten; stärkere Ausleuchtung bei Nacht; Ausbau behindertengerechter Übergänge etc.; Graffitientfernung	Aufstellung neuer Laternen in historisierendem Design und verbesserter Ausleuchtung des Straßenraums; Begrünung im Gehwegbereich; zur Ferienzeit zusätzliche Lichterketten; Graffitientfernung	Graffitientfernung; Begrünung im Gehwegbereich;
Vermarktung des Standortes	Informationsstände für Touristen im Gebiet; Zusammenarbeit mit Zeitschriften zur Platzierungen aktueller Nachrichten; eigene Homepage; Führungen durch den District; Anzeigen in Zeitungen; wöchentlicher E-Mail-Newsletter; Beratung bei der Schaufenster- und Schriftzuggestaltung;	Regelmäßige Anzeigen in Zeitungen und Fernsehen; Events auf der Straße; historische Gebietsführungen (vom Tenementmuseum angeboten); eigene Homepage; Shopping Guide mit Discount-Karte; Verbindung Kunst und Kommerz durch monatliche „Artwalk"-Tours; Subventionierung der Schaufenstergestaltung; vier Stunden kostenloses Parken;	Erstellung neuer Beschilderung für Geschäfte in Zusammenarbeit mit Kunststudenten;
Aufwertung der Einzelhandelsstruktur	Suche nach geeigneten Mietern für Ladenflächen gemeinsam mit Eigentümern; überwiegend Ansiedlung von nationalen und internationalen Ketten; Unterstützung der Gewerbetreibenden bei Behördengängen; Werbestand auf Konferenzen;	Ansiedlung neuen Gewerbe; vor allem Existenzgründer, Designer etc.; stärkere Verbindung mit künstlerischen Angeboten; Unterstützung der Gewerbetreibenden bei Behördengängen	Suche nach geeigneten Mietern für Ladenflächen und Abstimmung mit Eigentümern; Tag der offenen Tür für leerstehende Gewerbeflächen
Soziales Engagement	Finanzielle Hilfe für Arme und Obdachlose (nur in den ersten Jahren)	k. A.	k. A.

* Angaben beziehen sich auf die Tätigkeit des MARP

Quelle: eigene Zusammenstellung.

BIDs lassen sich je nach ihren angestrebten Wirkungsbereichen in global oder lokal agierenden unterteilen. Der ortsansässige Einzelhandel kann in bestimmten Geschäftszentren allein durch die Nachfrage der lokalen Einwohnerschaft nicht überleben. Auf Grund dessen entwickelten sich die 34th Street und der

Globale bis lokale Wirkungsbereiche

Lower East Side zu globalen bzw. gesamtstädtisch agierenden BIDs. Für diese ist die Profilierung nach „Außen" sehr viel wichtiger als bei Standorten wie der Myrtle Avenue. Den weit gereisten Besucher muss ein Anreiz geboten werden, der sie genau an den gewünschten Standort zieht. Die Myrtle Avenue muss mit ihrer Marketingstrategie die Botschaft vermitteln, ein sicherer und attraktiver Einkaufsort mit einem kompletten Angebot zur Nahversorgung zu sein. Nur so lassen sich die Kunden aus der nahen und weiten Umgebung anziehen.

Tab. 18: Bewertung der Zielsetzung und Maßnahmen der untersuchten BIDs

	34th Street	Lower East Side	Myrtle Avenue
Zielsetzung	Renaissance des einstmaligen Anziehungspunktes 34th Street als Einkaufszentrum für Einwohner der Stadt und Touristen; Verbesserung der Einzelhandelstruktur und Aufenthaltsqualität des öffentlichen Raums	Verbesserung der Aufenthaltsqualität des öffentlichen Raums und Verbesserung der Einzelhandelsstruktur; Anziehung von Besuchern und Kunden	Stärkung und Attraktivierung des lokalen Zentrums Myrtle Avenue durch Angebotsvielfalt und Attraktivierung des öffentlichen Raums
Angestrebter Wirkungsbereich	global	gesamtstädtisch	lokal
Maßnahmenbereiche	Sauberkeit und Sicherheit; Soziale Dienstleistungen; Bauliche Maßnahmen im öffentlichen Raum; Öffentliche Veranstaltungen; Besucherservice; Grünpflege und Dekoration im öffentlichen Raum	Sauberkeit und Sicherheit; Marketing; Verbesserung der Parkplatzsituation Grünpflege und Dekoration im öffentlichen Raum	Sauberkeit; Marketing; Grünpflege und Dekoration im öffentlichen Raum
Wirkungshorizont der Maßnahmen	Kurz-, mittel- und langfristig	Kurz- und mittelfristig	Kurz- und mittelfristig

Quelle: eigene Zusammenstellung.

12.4 Ergebnisse und Erfolgsfaktoren der BIDs

Erhöhte Vielfalt im Einzelhandel

Das Einzelhandelsangebot hat sich in allen Fällen durch die Aktivitäten der BIDs vervielfältigt. Nachdem durch Untersuchungen die Defizite im Angebot ermittelt wurden, begann eine gezielte Werbekampagne. Je nach Vermarktungsstrategie, Nachfrage am Standort und vorhandenen Flächengrundrissen siedelten sich neue Einzelhändler im District an. Der 34th Street BID setzt dabei vorwiegend auf zahlungskräftige, nationale und internationale Unternehmen, die Lower East Side und Myrtle Avenue bieten aufgrund kleinerer Flächen und niedrigerer Mietpreise eher finanzschwächeren Geschäftsleuten die Chance für eine Existenzgründung.

Reduzierung der Leerstände in Gewerberäumen

Die deutliche Senkung der Ladenleerstände ist ein weiteres Indiz für die erfolgreiche Arbeit der BIDs. In den bereits existierenden zwei BIDs konnte die Leerstandsquote auf die Fluktuationsrate gesenkt werden. Erfolge werden auch in den gewerblich genutzten Flächen verzeichnet. So registriert die 34th Street eine Senkung des Leerstands an Gewerberaum von neun auf vier Prozent und die Lower East Side im Zeitraum zwischen der Gründung und 2002 von zehn auf fünf Prozent (DSBS 2003, S. 5).

Der Einsatz privater Reinigungskräfte, als Ergänzung zum städtischen Service, **Sauberkeit im öffentlichen Raum**
hat in den untersuchten Districten die Problematik der verunreinigten Geh-
wege lösen können. Die Gehwege werden entsprechend ihrer Verschmutzung mit unterschiedlich hohem privatem Personalaufwand gesäubert. Für ein
befriedigendes Ergebnis ist der kontinuierliche Einsatz über alle Wochentage
erforderlich.

Tab. 19: Wirkungen in den Handlungsbereichen der untersuchten BIDs

	34th Street - 2003	Lower East Side -2003	Myrtle Avenue - 2003
Einzelhandelsstruktur und -angebot	Hoher Filialisierungsgrad; internationale Handelsketten bestimmen das Angebot; in einigen Seitenstraßen noch unabhängige Läden im Niedrigpreissegment	Höhere Angebotsvielfalt; neben alteingesessenen Wäscheläden zunehmend mehr moderne Läden für jüngeres Publikum	Kleinteilige Einzelhandelsstruktur ohne Filialen; einseitig ausgerichtete Angebotsstruktur; Dominanz von asiatischen Restaurants; Friseurläden und Maniküreshops;
Sauberkeit im öffentlichen Raum	Sauberkeit der Gehwege durch massiven Einsatz privater Reinigungskräfte unproblematisch; dessen Arbeit jedoch kontinuierlich notwendig	Sauberkeit der Gehwege durch privates Personal und Reinigungsmaschinen, kontinuierliche Arbeit notwendig	Die Verunreinigung der Gehwege soll zukünftig durch privates Personal gestoppt werden
Kriminalität	Sinkende Kriminalität, kein Drogenhandel mehr durch eigenes Sicherheitspersonal	Geringere Kriminalitätsrate durch einen Sicherheitsmann	Noch vor drei Jahren hohe Kriminalitätsrate; heute bereits sinkend
Leerstand	Leerstand ca. 1 Prozent = Fluktuationsrate	Leerstand ca. 1 Prozent = Fluktuationsrate	Leerstand ca. 4 Prozent

Quelle: eigene Zusammenstellung.

Eine sinkende Kriminalitätsrate gehört ebenfalls zu den Ergebnissen der erfolg- **Unterbindung krimineller**
reichen BID-Aktivitäten. Durch eine Aufstockung der Sicherheitskräfte durch **Aktivitäten**
privates Personal konnte die Sicherheit im öffentlichen Raum erhöht werden.
Dieser Effekt beruht unter anderem auf einer Verdrängung krimineller Aktivitäten in andere „Nicht-BID"-Gebiete. Auch die bessere Zusammenarbeit mit der
Polizei half bei der Bekämpfung der Kriminalität.

Die beiden BIDs in Manhattan vermarkten nach „Außen" ein Standortimage. **Unterschiedliche**
Während die 34th Street zu einem der attraktivsten und größten Einkaufszen- **Aussendarstellungen der BIDs**
tren von ganz New York City werden will, setzt die Lower East Side eher auf ein
spezialisiertes Image. Der 34th Street BID setzt auf Angebotsvielfalt durch große internationale Handelsketten in Kombination mit touristischen Attraktionen.
Alle namhaften Unternehmen sind am Standort vertreten und sprechen ein
breites Publikum an. Die Lower East Side vermittelt mit ihren Designer-, Delika-
tessen- und Traditionsgeschäften eher den Eindruck eines Einkaufszentrums für
Insider, der sie aber durchaus nicht mehr ist. Zusätzlich bietet die Lower East
Side ein Nachtleben für junge Leute und ist zum Anziehungspunkt „rund um
die Uhr" geworden.

Die Belebung wirtschaftlicher Aktivitäten, als zentrale Zielstellung von BIDs, **Aufwertung des**
wurde in den untersuchten Fällen erreicht. Unterschiedlich sind Art und Um- **Wirtschaftsstandortes mit**
fang der Auswirkungen. Während einerseits traditionelle Geschäfte qualifiziert **differenzierten Ergebnissen**
werden, gewinnt man andererseits neue Einzelhandelsunternehmen hinzu.
Dieser Prozess wird teilweise von einem erheblichen Image- und Angebots-
wandel begleitet. Begünstigt durch die bauliche Struktur im 34th Street BID,

die eine Ansiedlung großflächiger Filialbetriebe erst ermöglicht, erfolgte hier eine signifikante Ansiedlung nationaler und internationaler Handelsketten.

Tab. 20: Bewertung der Auswirkungen der BID-Arbeit

	34th Street	Lower East Side	Myrtle Avenue*
Image	Übergeordnetes Einkaufsviertel für alle Preisklassen und Bevölkerungsgruppen	Einkaufsviertel in historischem Ambiente mit übergeordneter Bedeutung	Lokales Stadtviertelzentrum
Ökonomische Auswirkungen**	Anziehung zahlungskräftigerer Einzelhandelsketten; erhöhte Kundenfrequenz; Mieterhöhungen;	Anziehung neuer Gewerbe; Qualifizierung traditioneller Geschäfte; teilweise Mieterhöhungen, höhere Kundenfrequenzen	Anziehung neuer Gewerbe; Qualifizierung traditioneller Geschäfte; höhere Kundenfrequenzen
Soziale Auswirkungen**	Aufgrund geringerer Einwohnerzahl nur begrenzte soziale Auswirkungen; nur anfangs finanzielle Unterstützung Obdachloser	Wandel in der Bewohnerstruktur hin zu jüngeren Leuten	Zunehmender Zuzug von Besserverdienenden und Weißen
Nutzungsstruktur	Wandel von individuellen Einzelhändlern zu Filialisten; Verbesserung der Angebotsvielfalt; Senkung des Leerstands auf die Fluktuationsrate	Anwerbung junger Unternehmensgründer; Verbesserung der Angebotsvielfalt; Senkung des Leerstands auf die Fluktuationsrate	Verbesserung der Angebotsvielfalt; teilweise Beseitigung des Ladenleerstandes
Sicherheit	Erhöhung des individuellen Sicherheitsempfinden durch Anwesenheit von privatem Wachschutz; nahezu keine Bettler mehr auf der Straße; Verdrängung des Drogenhandels	Erhöhung des individuellen Sicherheitsempfinden durch einen Sicherheitsmann;	Erhöhtes Sicherheitsempfinden durch verstärkte Zusammenarbeit mit der Polizei
Sauberkeit im öffentlichen Raum	Starkes Aufgebot an privaten Reinigungskräften; dadurch bestmögliche Pflege des öffentlichen Raums	Verbesserung der Sauberkeit durch häufigeren Einsatz von Reinigungskräften	durch Förderung wurde Graffitientfernung durchgeführt;
Besonderheiten	Stark zentralisierter Führungsstil; vergleichsweise hohes Jahresbudget; außergewöhnliche touristische Anziehungspunkte; Vollständige Erneuerung des Straßenmobiliars mit eigenem Design	Trotz zentraler Lage keine reiche Nachbarschaft, deshalb Jahresbeitrag vergleichsweise niedrig; hoher Finanzierungsbeitrag durch den vom BID-Management betriebenen Parkplatz; Führungsstil kooperativ, starker Einfluss des Boards	Ehemals sehr homogene Einwohnerschaft durch den Arbeitgeber Navy Yard; durch Zusammenarbeit mit dem Pratt Institute mit kostenloser Umgestaltung der Außenwerbung der Läden
Bewertung	Faszination durch Professionalität und Projektvielfalt; Verbesserung der Aufenthaltsqualität und der Standortvermarktung; ob die Bodenwerterhöhung auf die Existenz des BID zurückzuführen ist, bleibt fraglich; insgesamt sehr dominanter und innovativer BID	Profilierung zum Insidertipp sehr erfolgreich; Verbesserung der Aufenthaltsqualität und der Standortvermarktung; kooperativer Prozess mit hohem Einfluss des Board of Directors auf das BID-Management	Erste positive Ergebnisse sind Rückenwind für die BID-Gründung; viel versprechende Resultate für eine Revitalisierung als Stadtviertelzentrum; kooperativer Prozess unter Einbeziehung aller ethnischen Gruppen am Standort

* Bei der Myrtle Avenue wird die bisherige Arbeit des Revitalisierungsprojektes zur Beurteilung herangezogen.
**Hinweis: Für die genannten ökonomischen und sozialen Auswirkungen ist nicht nur die Arbeit der BIDs ursächlich.

Quelle: eigene Zusammenstellung und Bewertung.

Im Ergebnis wurde der Einzelhandelsstandort durch die neuen Unternehmen gestärkt, die heute den Standort prägen. Einen ähnlichen Prozess durchläuft die Lower East Side. Hier sind die neuen Geschäfte aber eher Start-ups einer künstlerisch geprägten Szene. Gleichzeitig haben sich bereits erste Filialen von Banana Republic und GAP im District niedergelassen. In der Myrtle Avenue wurden bisher bewusst lokale Unternehmen angeworben. Eine veränderte Angebotsstruktur lässt sich aufgrund der kurzen Laufzeit noch nicht festmachen. Erste Ansätze sind erkennbar. Welche konkreten Ergebnisse die Tätigkeit des in Gründung befindlichen BID hat, werden die nächsten Jahre zeigen. In den beiden bestehenden BIDs ist zudem, dank entsprechender Marketingmaßnahmen, die Kundenfrequenz gestiegen.

Tab. 21: Ursache-Wirkungs-Zusammenhang bzgl. Veränderungen im BID-Gebiet

Veränderung	Unmittelbare Auswirkung des BID	Wirksame Rahmenbedingungen
Höhere Sauberkeit im öffentlichen Raum	Einsatz von privatem Reinigungspersonal	Umweltpolitik
Gestiegene Sicherheit im öffentlichen Raum / Senkung der Kriminalitätsrate	Einsatz von privatem Sicherheitspersonal; Zusammenarbeit mit Polizei	Sozialpolitik
Anstieg der Kundenfrequenzen	Vermarktung des Standortes	Kaufkraftpotenziale durch wirtschaftliche Gesamtsituation
Arbeitsplatzsicherung bzw. Schaffung	Qualifizierung und Vermarktung der ansässigen Unternehmen; Anwerbung neuer Unternehmen	Arbeitsmarktpolitik des Landes
Verbesserte Ladenflächenvermietung	Marketing; Einzelberatungen; Betreuung der Interessenten	Wirtschaftliche Gesamtsituation
Anstieg der Boden- und Mietpreise	Aufwertung des Standortesimages; Umlegung der BID-Beiträge auf die Miete	Nationale Konjunkturlage; Wirtschaftspolitik des Landes und der Kommune
Wandel in der Bevölkerungszusammensetzung	Profilierung des Angebotes für bestimmte Bevölkerungsschichten	Individueller Umzuginteressen der Bewohner; Veränderten Arbeitsmarkt- und damit Lebensbedingungen

Quelle: eigene Zusammenstellung.

Steigende Boden- und Mietpreise bilden eine weitere Facette in den bekundeten Auswirkungen von BIDs. Ob jedoch ein direkter Zusammenhang besteht ist schwer nachzuweisen. Zu viele andere Faktoren wie zum Beispiel der Einfluss globaler, nationaler und kommunaler Wirtschaftspolitik dürften die Bodenpreise ungleich mehr beeinflussen (vgl. Tab. 21). Festhalten lässt sich aber, dass durch entsprechende Marketingmaßnahmen die Vermietung der Gewerbefläche zu Marktpreisen erfolgreicher verläuft.

Korrelation zwischen Wirken der BIDs und Bodenpreisen nicht eindeutig bestimmbar

Häufig werden die Aktivitäten der BIDs mit Verdrängungseffekten unter den ortsansässigen Einwohnern in Verbindung gebracht. Tatsache ist, dass in allen untersuchten BIDs ein Wandel in der Bevölkerungsstruktur stattfindet. Unklar bleibt, inwieweit diese Prozesse schon vor der BID-Gründung begonnen haben. Im Myrtle Avenue District lässt sich dieser Wandel in der Struktur der Bevölkerung bereits über mehrere Jahre verfolgen. Es handelt sich hier um eine Zunahme der weißen Bevölkerung. Aufgrund der geschützten Sozialwohnungen sollte aber die soziale Mischung auf absehbarer Zeit konstant bleiben (Gerend, 06.11.2003). In der 34th Street steigt die Zahl der Einwohner

Veränderte Bevölkerungsstruktur nicht eindeutig den BIDs anzulasten

nur langsam an. Signifikante Tendenzen in der Bevölkerungsstruktur sind deshalb noch nicht erkennbar. Für die Lower East Side ist der Zuzug von Künstlern aus den umliegenden Gebieten charakteristisch. Die Maßnahmen der BIDs auf den Gebieten Sauberkeit, Sicherheit und gehobene Einkaufskultur sprechen für eine verbesserte Lebensqualität und folglich für die steigende Zahl finanzkräftiger Einwohner.

Unstrittige Erfolge bei der Säuberung der Gehwege

Am eindeutigsten lässt sich nur in den Bereichen Sauberkeit und Sicherheit im öffentlichen Raum ein unstrittiger Zusammenhang zwischen Ursache und Wirkung herstellen. Das erklärt sich aus der Tatsache, dass hier durch eigenes Personal direkt eine Veränderung bewirkt wird. Die erfolgreiche Reinigung der Gehwege wird gern mit der Anzahl gefüllter Müllsäcke wiedergegeben bzw. mit dem erreichten Reinigungsgrad der Gehwege. So hat sich beispielsweise im 34th Street Bereich nach offiziellen Angaben der Reinigungsgrad von 52 Prozent im Jahr 1991 auf hundertprozentige Reinheit im Jahr 2003 gesteigert (DSBS 2003, S. 5).

Handelnde Akteure prägen den BID

Neben der Suche nach „harten" Wirkungen der untersuchten BIDs spielen ebenso eher „weiche" Prozesselemente bei der Charakterisierung der BIDs eine nicht zu unterschätzende Rolle. Auffällig bei den Untersuchungen war ein differenziertes ausgefülltes Rollenbild der handelnden Akteure. So ist die Besetzung des Executive Directors und der anderen Angestellten prägend für die Außendarstellung, die Art der Zusammenarbeit im BID-Management und den Kontakt zu den Eigentümern. Eine dominante, charismatische Führung durch den Executive Director führt im 34th Street BID zu einem extremen Leistungsdruck innerhalb des Projektteams im BID-Management, aber auch zu dem Anspruch, die Besten sein zu wollen. Nach „Außen" werden perfekt ausgearbeitete Projekte präsentiert, die durch das Board of Directors fast ohne Diskussion akzeptiert werden. Diese Charakterisierung lässt sich letztlich auch auf die Organisation der internen Prozesse ausdehnen. Eine Erklärung für den zentralisierten Führungsstil liegt sicherlich in der Größe des Mitarbeiterteams und im Umfang der in der Bearbeitung befindlichen Projekte. Im Lower East Side District wird das Tagesgeschäft ebenfalls durch die Angestellten des BID bewältigt. Nicht zuletzt durch die begrenzten personellen Kapazitäten wird jedoch enger zwischen Board und Management zusammen gearbeitet und der Executive Director tritt kooperativ bis zurückhaltend auf. Die unterschiedlichen Verhaltensweisen der Direktoren ziehen auch differierende Beziehungen zum Department of Small Business Services nach sich, wobei der Kontakt und die Zusammenarbeit in beiden Fällen sehr gut sind.

BID als unsterbliches Chamäleon?

Aus der Sicht vieler Akteure wird die Arbeit eines BID nie endgültig abgeschlossen sein, da es sich bei Geschäftszentren um ständig in Bewegung befindliche Gebilde mit immer neuen Problemen handelt. Für diese müssen Lösungen entwickelt und mit den entsprechenden Partnern umgesetzt werden. Dabei gilt es zwischen den unterschiedlichen Interessen der öffentlichen Hand und der Eigentümer und Gewerbetreibenden einen tragfähigen Kompromiss zu finden (Slonim, 31.10.03). Wird diese Aussage durch die Suche nach Wirkungen und Erfolgsfaktoren der untersuchten BIDs bestätigt?

Die Tätigkeit der BIDs zeitigt messbare Wirkungen. Betrachtet man die Erfolgs-faktoren genauer, lässt sich eine wichtige Erkenntnis bestätigen. Neben den finanziellen Mitteln, den Standortpotenzialen und einem konkreten Arbeits-programm spielen „weiche" Faktoren eine entscheidende Rolle. Zu ihnen gehören u. a. die strategische Besetzung von Schlüsselpositionen, hohes En-gagement, gute Kommunikation und die Entwicklung einer Basis für die vertrauensvolle Zusammenarbeit (vgl. Tab. 22). Trotzdem können BIDs nur mit Unterstützung harter Indikatoren wie ausreichendem Standortpotenzial und Finanzen erfolgreich sein. Womöglich ist der Erfolg dort am aussichtsreichsten, wo die Ausgangssituation am attraktivsten ist und somit ein hoch qualifiziertes Management agiert. Eine fundierte Aussage ist dazu jedoch nicht möglich.

Wirkungen maßgeblich von „weichen" Erfolgsfaktoren beeinflusst

Tab. 22: Wirkungen und Erfolgsfaktoren von BIDs

Wirkungen	Erfolgsfaktoren
Harte:	Harte:
• erhöhte Kundenfrequenzen durch ideenreiches Marketing,	• gute Standortpotenziale,
• erhöhte Angebotsvielfalt durch neue Unternehmen,	• Budgetaufbesserung durch eigenes privatwirtschaftliches Engagement,
• gesenkte Leerstandsrate,	• ausformuliertes Arbeitsprogramm mit klarer Schwerpunktsetzung bei inhaltli-cher Ausrichtung,
• erhöhte Sicherheit im öffentlicher Raum,	• gesicherte finanzielle Ausstattung,
• verbesserte Aufenthaltsqualität im öf-fentlichen Raum,	Weiche:
• gestiegene Grundstücks- und Miet-preise.	• strategische Besetzung der Schlüsselpo-sitionen,
• Stärkung der Wohnfunktion,	• umfangreiche Einbindung aller ethni-schen Bevölkerungsschichten sowie Interessengruppen in die Diskussion über die Standortaufwertung,
• Entwicklung des Standortes zu einer Marke,	• gewachsene Nachbarschaft und funktionierende Kommunikation,
• aber auch: teilweise Verdrängung von Bevölkerungsschichten,	• Vertrauen der beitragspflichtigen Ak-teure in das BID-Management,
• teilweise Verdrängung von inhaber-geführten Geschäften durch Filialen und	• kreatives und engagiertes Personal,
• Verdrängung von Obdachlosen und Kriminellen in Nicht-BID-Gebiete.	• ein charismatischer Executive Director,
Weiche:	• trotz professionellem Management Ü-bernahme individueller Verantwortung bei lokalen Akteuren.
• verbesserte Kommunikation unter den lokalen Akteuren und zu Behörden,	
• Übernahme von Verantwortung für strategische Planungen durch lokale Akteuren.	

Quelle: eigene Zusammenstellung und Bewertung.

Alle drei BIDs dürfen entsprechend ihrer Entwicklungsphase und den gesetz-ten Zielen als erfolgreich bezeichnet werden. Schwerwiegende Konflikte untereinander bestehen nicht und die zum Gründungszeitpunkt beschlosse-nen Arbeitsprogramme wurden zum größten Teil realisiert. Die Arbeit der BIDs wird von vielen Beteiligten als eine „never-ending-story" angesehen, die die Chance für eine immer stärkere Professionalisierung in der Umsetzung der an-gegangenen Projekte bietet. Der Vergleich zwischen den Fallstudien zeigt, dass mit einem Organisationsmodell wie den BIDs an sehr unterschiedlichen Standorten erfolgreich gearbeitet werden kann. Entscheidend sind, neben

Fazit der Untersuchung: Erfolgreiche „never-ending-story" an sehr unterschiedlichen Standorten; Organisationsstruktur des BID bietet Rahmen für enga-gierte Akteure

einer guten Organisationsstruktur, die handelnden Akteure mit ihrem Engagement, den finanziellen Möglichkeiten und ihrer Kreativität.

Zusammenfassung erster Ergebnisse für die Thesendiskussion in Teil V

Zusammenfassend ist festzuhalten, dass sich aus den empirischen Ergebnissen der Fallstudien für die in Teil I formulierten Thesen folgende wichtige Aussagen ergeben:

- Die Ausgangssituation war durch einen Bedeutungsverlust des Geschäftszentrums und damit steigenden Handlungsdruck gekennzeichnet.
- BIDs entstehen in allen Zentrentypen von New York City.
- Die lokalen Akteure waren zu Beginn des BID-Gründungsprozesses bereits in irgendeiner Form organisiert und dienten als Anstoßgeber.
- Die zu durchlaufende BID-Vorbereitungsphase ist sehr zeit- und kraftaufwendig. Den Endpunkt bildet ein schriftlich abgestimmtes Maßnahmen- und Finanzierungskonzept für eine fünfjährige Laufzeit.
- Es wird trotz hundertprozentiger Stimmverteilung zugunsten der Eigentümer auf die Einbindung aller Interessensgruppen geachtet, bei gleichzeitig klarer Ausrichtung auf wirtschaftliche Interessen.
- Entsprechend ihrer finanziellen Ausstattung gestalten sich die Handlungsmöglichkeiten und der Umfang der Maßnahmenbereiche der BIDs differenziert.
- Die grundsätzliche Schwerpunktsetzung im Ausgabenverhalten für durchzuführende Maßnahmen hat sich über den Tätigkeitszeitraum nicht erheblich verändert. Aber es kommen im Laufe der Jahre neue Projekte hinzu, insbesondere die Politikberatung und der Beteiligung an Stadtentwicklungsprozessen. Diese werden als komplexere Maßnahmen gegenüber den Problembereichen Sauberkeit und Sicherheit verstanden.
- Die Ergebnisse von BIDs liegen eindeutig in der Aufwertung der wirtschaftlichen Belebung des Standortes, aber auch in einer erhöhten Attraktivität des öffentlichen Raums. Allerdings ist der direkte Ursache-Wirkungs-Zusammenhang schwierig nachweisbar. Am eindeutigsten gelingt dies für Reinigungs- und Sicherheitsmaßnahmen, da hier ein spezieller Personaleinsatz durch den BID erfolgt.

Vor dem Hintergrund der gewonnen Erkenntnisse aus den Fallstudien soll im nun folgenden Teil III die Übertragbarkeit US-amerikanischer Ansätze auf Deutschland überprüft werden.

III. TEIL: DIE IMPLEMENTIERUNG VON BIDS IN DEUTSCHLAND

Teil III vergleicht die Rahmenbedingungen in den USA und in Deutschland, die für die Tätigkeit der BIDs relevant sind. Anschließend werden die ersten Versuche einer Implementierung dieser Modelle in Deutschland vorgestellt.

13.
RAHMENBEDINGUNGEN IN DEN USA UND DEUTSCHLAND

Die Stadtentwicklung findet in den USA vor einem anderen gesellschaftlichen Hintergrund statt als in Deutschland. Die für die Tätigkeit der BIDs relevanten gesellschaftlichen Rahmenbedingungen umfassen die kulturelle Tradition, die historische Stadtentwicklung, das Staatsverständnis sowie den Charakter des Planungssystems, Aspekte des Steuersystems und die gesetzliche Legitimation. Auf eine ausführliche Darstellung der deutschen Stadtgeschichte und den Aufbau des deutschen Planungssystems wird verzichtet. Jedoch werden Parallelen und Unterschiede zwischen den Rahmenbedingungen beider Staaten hervorgehoben.

13.1 Kulturelle Traditionen in den USA und Deutschland

Unterschiede in den kulturellen Traditionen der beiden Staaten sind gut aus der historischen Entwicklung zu erklären.

Das amerikanische Wertesystem ist das Ergebnis der Amerikanischen Revolution, die stark von aus Europa eingewanderten protestantischen Glaubensgemeinschaften beeinflusst wurde. Kennzeichnend für die USA ist seither eine starke Religiosität, die von diesen Glaubensgemeinschaften und weitaus weniger von den Kirchen dominiert wird (Fuchs 1999, S. 12). Traditionell sind die USA das Land mit der striktesten Trennung von Religion und Staat in der Verfassung und der Gesetzgebung.

Amerikanisches Wertesystem sehr religiös und stark durch Glaubensgemeinschaften beeinflusst

Im Ergebnis dominieren im amerikanischen Wertesystem vor allem die Werte Freiheit (des einzelnen Bürgers) und Gleichheit (zwischen den Bürgern), wobei es an Ausgewogenheit zwischen diesen beiden mangelt. Freiheit genießt den eindeutigen Vorrang vor Gleichheit. In Abgrenzung zu den aristokratischen Gesellschaften Europas wird Gleichheit vor allem als gleicher Wert aller Menschen begriffen. Nicht die Gleichheit der allgemeinen und materiellen Lebensbedingungen, sondern die Chancengleichheit des Individuums zur Teilnahme am Wettbewerb auf den verschiedenen Märkten steht im Mittelpunkt (Fuchs 1999, S. 13). Dieses Selbstverständnis wird durch eine zusätzliche Komponente aus der Ethik protestantischer Glaubensgemeinschaften geprägt, die meint, dass sich menschliche Schicksale neben göttlicher Fügung

Freiheit und Gleichheit als Grundwerte

insbesondere durch konkrete Erfolge im Leben bestimmen. Die dadurch erzeugte individualistische Leistungs- und Arbeitsethik, bei gleichzeitig gesetzten Differenzen in der Verteilung von materiellen und anderen Ressourcen, führt zu einer Akzeptanz von Ungleichheiten (Fuchs 1999, S. 13).

Deutsches Wertesystem stark durch Hierarchien und Institutionen geprägt

Das deutsche Wertesystem hingegen ist durch die hierarchischen Strukturen der Gesellschaft (aristokratisch und monarchisch) und ihren Institutionen (Kirche und Staat) geprägt, die sich mit dem beginnenden Mittelalter herausbildete. Herrschende Auffassung war, dass gesellschaftliche Probleme vor allem durch einen aristokratisch geführten Staat gelöst werden. Insgesamt charakterisierte die Gesellschaft eine starke anti-kapitalistische und anti-marktwirtschaftliche Gesinnung (Fuchs 1999, S. 14). Bismarck favorisierte zur Verbesserung der Situation der unteren Klassen staatliche Lösungen und leitete damit den Wohlfahrtsstaat ein. Die Selbstverantwortung der Individuen und die Lösung gesellschaftlicher Probleme durch den Wettbewerb der Individuen auf freien Märkten, spielte damit auch zukünftig eine untergeordnete Rolle (Fuchs 1999, S. 15).

Höherer Stellenwert von gemeinnützigem Engagement in den USA

Diese differenzierten Sozialisationsprozesse prägten in beiden Staaten die unterschiedlichen Handlungsmuster der Individuen und ihre Erwartungshaltung an den Staat in beiden Ländern. So lässt sich heute feststellen, dass die weitaus stärkere religiöse Prägung der US-amerikanischen Gesellschaft mit einer größeren individuellen Verantwortung für die Gemeinschaft verbunden ist. Das hat zu einem höheren Stellenwert von ehrenamtlichem und gemeinnützigem Engagement geführt als in Deutschland (Westerburg 2003, S. 224). Eine weitere Ursache für die größere Wertschätzung gesellschaftlichem Engagement könnte aber auch in den geringeren Beschränkungen im Wettbewerbsrecht liegen. Mit großzügigen Spenden und persönlichem Einsatz bietet sich für Privatpersonen und Konzerne ein Weg, um sich als Marke zu etablieren und damit positiv wahrgenommen zu werden (Westerburg 2003, S. 224).

Ingesamt sehr viel höheres Spendenvolumen in den USA

Im Vergleich zu Deutschland werden in den USA staatliche Leistungen zum Beispiel im Sozial- und Gesundheitswesen aber auch im Stadtentwicklungsbereich in weitaus geringerem Maße gewährt. Vor diesem Hintergrund spielen Spenden für gemeinnützige Zwecke eine entsprechend größere Rolle als in Deutschland. Diese Tatsache lässt sich quantitativ belegen. So stieg das Spendenaufkommen in den USA seit 1987 kontinuierlich an und erreichte im Jahr 2000 insgesamt 203 Milliarden Dollar (Westerburg 2003, S. 105). Schätzungen gingen im Jahr 2000 von cirka vier Milliarden DM Spendenvolumen in Deutschland aus. Knapp ein Viertel dieser Summe wird von Unternehmen aufgebracht (Westerburg 2003, S. 24).

Gemeinnützige Organisationen werden in den USA nicht annähernd so hoch subventioniert wie in Deutschland

In Deutschland werden gemeinnützige Organisationen zu 64 Prozent über öffentliche Zuwendungen finanziert und nur drei Prozent sind auf Spendeneinnahmen zurückzuführen (Westerburg 2003, S. 105). Demgegenüber beziehen amerikanische, gemeinnützige Organisationen nur 31 Prozent ihrer Einnahmen aus Zuwendungen der öffentlichen Hand und 13 Prozent aus Spenden (Westerburg 2003, S. 105). Interessant ist, dass nicht die, letztlich nur marginal vorhandenen, größeren Anreize des Steuersystems die sehr viel höhere Spendentätigkeit der US-Amerikaner erklärt, sondern diese in einem unterschiedlichen kulturellen Kontext begründet sind (Westerburg 2003, S. 224).

Anders als in Deutschland besteht in den USA im Rahmen der Quartiersentwicklung verstärkt die Tradition „sich am eigenen Schopf aus dem Sumpf zu ziehen". Unterstützt wird dieses Engagement von höchst professionell organisierten, meist Non-Profit-Organisationen. Sie zeichnen sich, wie im Fall der BIDs, durch eine enge Zusammenarbeit mit dem Markt aus und verfügen über umfassende Kenntnisse im Bereich Management und Marketing (Staubach 1999, S. 45). Gleichzeitig scheint entgegen der deutschen Praxis eine größere Kooperationsbereitschaft zwischen öffentlichem Sektor, Markt, Initiativen und Verbänden zu existieren. In Deutschland bestehen stärkere Vorbehalte der öffentlichen Hand gegenüber einer Zusammenarbeit mit privaten Initiativen wie im Rahmen dieser Arbeit durchgeführte Interviews ergaben (u. a. Bloem, 23.03.2004; Birk, 19.03.2004).

Unterstützung der Selbsthilfe durch Zusammenarbeit des öffentlichen Sektors mit dem Markt, mittels spezialisierter Institutionen in den USA

Der Aufruf zu freiwilligem Engagement geht in den USA von höchster Ebene aus. So äußerte Bill Clinton im Jahr 1996: „Amerika entstand auf einem Fundament gegenseitiger Verantwortung ... Letztendlich ... müssen wir darauf bestehen, dass Bürger, Firmen und Gemeinden sich selbst helfen und Verantwortung übernehmen ... Die Basis ist die individuelle Verantwortung....." (zitiert in: Staubach 1999, S. 40). Erleichtert wird die Akquisition und Kooperation privater und öffentlicher Finanzen in den USA durch bundesweit tätige Einrichtungen (Staubach 1999, S. 45).

Hohe Wertschätzung des freiwilligen Engagements in den USA

Die laut Verfassung gewährte Freiheit des einzelnen Individuums führt zu anderen Formen der Zusammenarbeit und einer unterschiedlichen Planungs- und Entscheidungskultur. Wie spätere Ausführungen zeigen, gehören viele Aufgaben, die in westeuropäischen Ländern als „sozialstaatliche" Aufgabe verstanden werden, in den USA nicht ausdrücklich zum Zuständigkeitsbereich der Bundesregierung (Schneider-Sliwa 1995, S. 426). Stadt- und Regionalplanung ist einer dieser Bereiche.

13.2 Das Staatsverständnis in den USA und in Deutschland

Beiden Staaten beruhen auf einer demokratischen Staatsform, die aufgrund differenzierter Wertesysteme unterschiedlich ausgeprägt ist. So führt der maßgebende Individualismus in den USA zu dem Ergebnis eines minimalen und schwachen Staates. Studien belegen, dass in der US-amerikanischen Demokratie eine antistaatliche Haltung am ausgeprägtesten ist (Fuchs 1999, S. 13). So ist nicht der Staat, sondern das Individuum für seine Lebensgestaltung verantwortlich. Diese Haltung schließt Solidarität nicht aus, versteht sie aber in erster Linie als eine freiwillige Unterstützung (Fuchs 1999, S. 14).

Beide Länder haben demokratische Staatsform aber unterschiedliches Staatsverständnis

In Deutschland dominiert eine starke Staatsorientierung. Damit einher geht die Erwartungshaltung, der Staat habe für das Schicksal der einzelnen Bürger eine maßgebliche Verantwortung. Diese Anspruchshaltung wurde im allumfassenden Wohlfahrtsstaat der DDR, in dem die Gleichheit den relativen Vorrang vor der Freiheit bekam, noch potenziert. Das hat zur Folge, dass heute insbeson-

Deutsche leben in einem Wohlfahrtsstaat

dere in den neuen Bundesländern eine staatlich garantierte soziale Gerechtigkeit erwartet wird (Fuchs 1999, S. 17f).

| 13.3 Historische Stadtentwicklung in den USA

Beginn der Suburbanisierung bereits um 1920

In Amerika begann die Suburbanisierung bereits in den 20er Jahren des letzten Jahrhunderts. Während 1950 noch drei von fünf Städtern in der Innenstädten wohnten, lebten im Jahr 1990 bereits drei von fünf Städtern in den Vororten (Schweitzer 2003, S. 21). Die Gründe hierfür sind bekannt. So ermöglichten technologischer Fortschritt und wachsender Wohlstand immer mehr Stadtbewohnern mit hohem und mittlerem Einkommen eine Abwanderung in die Umgebung (Schweitzer 2003, S, 19).

Negative Folgen der Suburbanisierung

Im Ergebnis der Suburbanisierung kam es zu tief greifenden Veränderungen wie (Eisold 1996, S. 9):
- Nachzug des Einzelhandels in die Randlagen;
- Verlagerung der Arbeitsplätze aus den Innenstädten, die für Investitionen zunehmend unprofitabel wurden;
- Verbleib mitteloser Bevölkerungsschichten in den unattraktiven Innenstädten;
- Mangel an geeigneten Arbeitplätzen in den Innenstädten;
- Erhöhung der Abgaben für die verbleibenden Einwohnern für notwendige Sozialprogramme und
- dadurch verstärkter Wegzug weiterer Einwohner ins Umland.

Letztlich waren die Innenstädte ein Synonym für hohe Arbeitslosigkeit, Abhängigkeit vieler Bewohner von Sozialprogrammen, Drogenkonsum, Obdachlosigkeit, Verfall von Bausubstanz und Infrastruktur (Eisold 1996, S. 25). Wichtige Katalysatoren dieser Erscheinungen waren Projektentwickler (Developer), die in den USA traditionell die Stadtentwicklung stark beeinflussen und finanzkräftige Sponsoren im Wahlkampf sind (Schweitzer 2003, S. 34f).

In den 1970er Jahren wieder Hinwendung zu den Innenstädten

Die Renaissance der Stadtzentren begann in den 1970er Jahren aufgrund veränderter Wertvorstellungen mit der Rückkehr gut verdienender Ein- und Zweipersonenhaushalte in die Stadtzentren. Eine abnehmende Orientierung auf die Familie führte zur Abkehr vom Einfamilienhaus im Vorort. Mitte der 1980er Jahre entdeckten dann auch viele Unternehmen, unterstützt durch Investitionsanreize der Kommunen, die City als Standort wieder (Eisold 1996, S. 32).

In Deutschland später einsetzende Suburbanisierung und intensivere Pflege innerstädtischer Strukturen

In Deutschland setzte die Suburbanisierung der Bevölkerung sehr viel später ein. Bedingt durch den zweiten Weltkrieg entwickelten sich die notwendigen Rahmenbedingungen erst in bzw. nach den Aufbaujahren. Auch die Suburbanisierung des Einzelhandels fand dementsprechend später statt. Hinzu kommt eine traditionell stärkere Pflege innerstädtischer Strukturen (Kazig / Müller / Wiegandt 2003). Vergleichsweise intensiv entwickelten sich nach der Wende in Teilen der neuen Bundesländer Suburbanisierungsprozesse, so dass von „amerikanischen Verhältnissen" gesprochen werden kann. Fehlende Steuerungsinstrumente in den Nachwendejahren führten, gestützt auf einen extremen Nachholbedarf der Konsumenten, zu einer nahezu ungehinderten Ausbreitung der neuen Betriebsformen im Einzelhandel (vgl. Kap. 3.2).

13.4 Steuerungsinstrumente der Stadtplanung in den USA

Die USA verfügen über kein national einheitliches Städtebaurecht wie Deutschland. Planungsrechtliche Fragestellungen über Art und Umfang der Nutzung werden vor allem nach politischen Gesichtspunkten und nicht anhand langfristiger Strategien entschieden (Faulenbach 2003, S. 48). Den Kommunen und der Privatwirtschaft wird eine zentrale Rolle in der Stadtentwicklung zugewiesen. Basierend auf der Überzeugung, dass selbst soziale Aufgaben von der Privatwirtschaft effizienter, schneller und gerechter ausgeführt werden, übernehmen private Initiativen von der Bundesregierung von jeher Aufgaben, die hierzulande der Sozialstaat löst (Schneider-Sliwa 1995, S. 427).

Kein einheitliches Planungsrecht und viel Privatinitiative

Weder die Verfassung der USA noch irgendein anderes Bundes- oder staatliches Gesetz schreibt die Verpflichtung zur Schaffung gleichwertiger Lebensbedingungen fest (Schneider-Sliwa 1995, S. 426). Es gilt das Prinzip der Konkurrenz um Mittel und Ressourcen.

Schaffung gleichwertiger Lebensbedingungen ist nicht verbindlich vorgeschrieben

Während die amerikanischen Stadtverwaltungen in der Kolonialzeit noch eine Reihe von Rechten gegenüber Grundstückseigentümern besaßen, änderte sich dieser Umstand mit der Unabhängigkeit der USA. Für die Stadtentwicklung des 19. Jahrhunderts waren die wirtschaftlichen Interessen der Eigentümer und die Spekulation bestimmend (Eisold 1996, S. 54). Diese Dominanz wirtschaftlicher und verwertungsorientierter Interessen zeigt sich am Beispiel des im Jahr 1811 angefertigten „Masterplans of New York". Sein Rastersystem orientierte sich an den Wünschen der Grundstückseigentümer. Die völlige Ignoranz öffentlicher Interessen verdeutlicht die Geringschätzung der Stadtverwaltungen gegenüber den Bedürfnissen der Gesellschaft (Eisold 1996, S. 34f).

Interessen von Eigentümern sind bestimmend für die Stadtentwicklung

Ende des 19. Jahrhunderts entstanden erste gesetzliche Grundlagen für die Kontrolle der öffentlichen Verwaltung gegenüber Immobilien- und Grundstückseigentümern. In diesem Zusammenhang entstand eines der wichtigsten Instrumente der Stadtplanung der USA – das „zoning". Dieser Flächennutzungsplan steuert die baulichen Entwicklungen in den USA und ist mit dem deutschen vergleichbar. Er beinhaltet gleichzeitig Elemente eines deutschen Bebauungsplans wie (Eisold 1996, S. 72):
- Art und Maß der baulichen Nutzung und
- die Bebaubarkeit der Grundstücke.
Allerdings ist das „zoning" nicht in staatlichen Gesetzen verankert. Es gibt keine Verpflichtung zur Aufstellung dieser Planungen und keine einheitliche Planzeichenverordnung (Eisold 1996, S. 129). Dementsprechend ist seine Verbindlichkeit und Durchsetzungskraft nicht mit dem deutschen Flächennutzungsplan zu vergleichen. In Deutschland liegt mit dem Flächennutzungsplan als Vorbereitende Bauleitplanung ein behördenintern verbindliches Instrument vor, welches sämtliche Genehmigungsverfahren beeinflusst. Die Pflicht zur Erarbeitung eines Flächennutzungsplans besteht in Deutschland ebenfalls nicht.

„zoning" ist wichtiges Instrument zur Steuerung der Flächennutzung

Das „master planning" ist ein integrierterer Ansatz für die Erhaltung der Funktionsfähigkeit der Stadt

In den 20er Jahren des vorigen Jahrhunderts entwickelte sich in den USA zudem das „master planning". Eine Pflicht zur Ausarbeitung und ein verbindlicher Inhalt dieser Pläne existiert nicht. Die Entscheidung über die Aufstellung und Ausführung obliegt bis heute der Stadtverwaltung. Mittels solcher Pläne werden Inhalte wie (Eisold 1996, S. 40):

- Flächennutzung, ÖPNV-Netz und Straßennetz,
- öffentliche Erholungseinrichtungen und
- Stadtgestaltung

festgelegt. Neben der Regelung gestalterischer Fragen wurde mit diesem Instrument die Funktionsfähigkeit der Stadt als schützenswert eingestuft.

Keine übergeordneten und sektoralen Planungen vorhanden

Bis auf wenige Ausnahmen existiert keine den lokalen Verwaltungen übergeordnete Ebene, die verbindliche Pläne für alle im Geltungsbereich liegenden Kommunen und Landkreise aufstellt. Ein vergleichbares Instrument wie die deutschen Einzelhandelskonzepte oder den Stadtentwicklungsplan „Zentren und Einzelhandel" in Berlin gibt es in den USA nicht. Das wirkungsvollste Steuerungsmittel der Stadtentwicklung bleibt also das „zoning", sprich die Flächennutzungsplanung (Eisold 1996, S. 53).

Planerische Steuerung in den USA fokussiert auf Wirtschaftsförderung und Arbeitsmarkteffekte.

Der Stadtplanung in den USA kommt keine vergleichbar steuernde Rolle wie hierzulande zu. Zwar wird sie in den Genehmigungsprozess eingebunden, tritt aber gegenüber den Aspekten der Wirtschaftsförderung und den positiven Arbeitsmarkteffekten in den Hintergrund. Deutschen Planungsinstrumenten liegt der ethische Anspruch der Schaffung gleichwertiger Lebensverhältnisse, d.h. der Ausgleichsgedanke zugrunde. Im US-amerikanischen Planungssystem kommt es nicht selten zu Kompetenzüberschneidungen und einem erhöhten Abstimmungsbedarf, da sich neben der Planungskommission auch Entwicklungsgesellschaften und die Community Boards an der Stadtplanung beteiligen (Faulenbach 2003, S. 49).

13.5 Steuerrechtliche Fragen im Zusammenhang mit BIDs

Dass die Frage der steuerlichen Absetzbarkeit der vom BID erhobenen Beiträge für den Erfolg seiner Implementierung in Deutschland relevant ist, zeigte bereits eine erste Diskussionsveranstaltung im Abgeordnetenhaus in Berlin im Mai 2004. Die steuerliche Anrechnung der Beiträge würde die Einführung von BIDs in Berlin wesentlich erleichtern. Inwieweit besteht also die Chance den Anreiz für das Modell durch steuerliche Vergünstigungen zu erhöhen?

Tätigkeit der BIDs nicht mit dem Status der Gemeinnützigkeit vereinbar

Gemeinnützige Einrichtungen sind in beiden Ländern von der Steuer befreit. Zudem können Zuwendungen an solche Organisationen als Sonderausgaben steuerlich geltend gemacht werden. Da an den Status der Gemeinnützigkeit Vorgaben zum Tätigkeitsfeld und der Gewinnerwirtschaftung gestellt sind, wird in Deutschland davon ausgegangen, dass die Ziele und Aufgaben typischer Standortgemeinschaften mit den Zielsetzungen der Gemeinnützigkeit nicht vereinbar sind (urbanPR / GSR / DSSW 2004, S. 46).

Beiträge wären trotzdem steuerlich anrechenbar

Trotzdem ist in beiden Ländern ein Engagement für den Standort steuerlich anrechenbar. Die DMA-Organisationen der US-amerikanischen BIDs sind Non-

Profit-Organisationen, so dass Spenden und Beiträge an diese Institution steuererleichternd wirken (Glatter, 19.05.2004). Auch in Deutschland gibt es für die Mitglieder der Standortgemeinschaften die Möglichkeit, Beiträge und Umlagen als Werbungskosten oder Betriebsausgaben geltend zu machen, wenn sie mit ihrer Immobilie Einkünfte erzielen. Die Einkünfte müssen aus gewerblicher oder freiberuflicher Vermietung stammen, bei Eigennutzung entfällt der Anspruch auf Steuerminderung (urbanPR / GSR / DSSW 2004, 47).

Ein Hinweis ist für das Verständnis kommunaler Aufgabenerfüllung in den USA bedeutend. Die Grundsteuer wird in den USA auf der Ebene der Bundesstaaten, Bezirke und Gemeinden erhoben und ist die Hauptquelle kommunaler Einnahmen. Aus ihr werden nahezu alle kommunalen Leistungen bezahlt, so dass sie im Verhältnis zu Deutschland um einiges höher ausfällt (Eisold 1996, S. 53). Bemessungsgrundlage und Steuertarif werden von den lokalen Gebietskörperschaften im Rahmen bundesstaatlicher Verfassungen oder allgemeiner Gesetze der Einzelstaaten festgesetzt. Bemessungsgrundlage ist der Verkehrswert des jeweiligen Grundstücks. Dieser wird mit einem Hebesatz und dem endgültigen Tarif multipliziert (Westerburg 2003, S. 103). Mit diesen Einnahmen sind die Gemeinden in den USA nicht in der Lage, einen annähernd gleichen Standard an kommunalen Aufgaben zu erfüllen, wie in Deutschland. Aus diesem Grund zählen Sauberkeit und Sicherheit im öffentlichen Raum in vielen BIDs zu den ersten Aufgaben.

Einnahmen der Kommunen resultieren in den USA aus der Grundsteuer

13.6 Die gesetzliche Legitimation der BIDs

Viele Bereiche der Stadtentwicklung werden in den USA der Zuständigkeit der Bundesstaaten oder Kommunen unterstellt. Bezüglich der Einführung von BIDs erlassen die Bundesstaaten das dafür notwendige Gesetz. Derzeit haben 48 Bundesstaaten ein solches Gesetz (Bloem / Bock 2001, S. 7). Für New York City gilt das Gesetz des Bundesstaates New York, in dem Regelungen getroffen werden wie zum Beispiel (NYC 1982, S. 54ff, vgl. auch Kap. 5):

In nahezu allen Bundesstaaten der USA existiert eine BID-Gesetzgebung

- die Inhalte des District Plans (Zielsetzung, Maßnahmen, Budgetierung etc.);
- die Rolle der öffentlichen Hand (Erhebung von Beiträgen und Weitergabe an den BID, Kontrolle);
- der Gründungs- und Abstimmungsprozess des BID;
- die Rolle des BID-Managements und
- die Laufzeit des BID.

Die gesetzlich verankerte Planungssicherheit spielt für das Verständnis der Handlungsmuster der privaten Akteure eine wichtige Rolle. Aufgrund der Tatsache, dass sich der BID-Ansatz in den USA schon etabliert hat, wird die Rahmengesetzgebung verständlicherweise nicht mehr als Teil des Prozesses gesehen. Das Gesetz dient vielmehr als Erklärungsansatz für viele der vorgenommenen Prozessschritte.

In Deutschland ist die Debatte um eine mögliche BID-Gesetzgebung noch in vollem Gange. Neben der Frage der rechtlichen Legitimation wurde auch die Wahl der Abgaben- und Organisationsform in Rechtsgutachten untersucht.

In Deutschland ist eine BID-Gesetzgebung auf Bundesländerebene umstritten

Einig ist man sich, dass gemäß dem Grundgesetz (GG) die Länder im Besitz der Gesetzgebungskompetenz sind, wenn:

- der Bund nicht im Rahmen der so genannten konkurrierenden Gesetzgebung von seiner Zuständigkeit Gebrauch macht oder
- es sich nicht um einen im Art. 73 GG aufgezählten Sachverhalt der ausschließlichen Gesetzgebung des Bundes handelt.

Da beide Prämissen nicht zutreffen sind die Länder für eine Gesetzgebung über die BIDs zuständig (Bloem / Bock 2001, S. 32).

14.
ERSTE ERFAHRUNGEN MIT DER BID-IMPLEMENTIERUNG IN DEUTSCHLAND

Das BID-Modell wurde in Deutschland erstmals 1999 Gegenstand fachlicher Auseinandersetzungen auf Länderebene. Damals erfolgte eine Vorstellung dieses Modells im Rahmen der Tagung „Stadtplanung als Deal? Urban Entertainment Center und private Stadtplanung" des Landes Nordrhein-Westfalen. Die darauf folgende Untersuchung mündete in dem im Jahr 2001 veröffentlichten Gutachten zu Business Improvement Districts. Das Gutachten enthielt auch eine Studie über die Übertragbarkeit des Modells nach Deutschland (vgl. Bloem / Bock 2001).

Erste Auseinandersetzung mit dem Thema im Jahr 1999

Spätestens seit das Thema von Interessensverbänden auf Tagungen und Hearings propagiert wird, ist eine deutschlandweite Fachdiskussion über Möglichkeiten, Grenzen und Anpassungsvarianten des Modells auf deutsche Verhältnisse in Gang gekommen. Neben juristischen Gutachten zur Implementierung von BIDs in Deutschland positionierten sich mehrere Verbände auf Bundesebene, wie die Bundesarbeitsgemeinschaft der Mittel- und Großbetriebe des Einzelhandels (BAG), Bundesvereinigung City- und Stadtmarketing Deutschland (BCSD) und der Deutsche Verband für Wohnungswesen, Städtebau und Raumordnung e. V. (DV), als Befürworter des BID-Ansatzes (DV / BAG 2003).

Verstärkte Fachdiskussion zum Thema BIDs seit 2002

Ähnlich wie in den USA bilden sich auch hierzulande, bedingt durch die Zuständigkeit der Bundesländer, länderspezifische Modelle heraus. Zwei dieser Ansätze, aus Nordrhein-Westfalen und Hamburg, wurden wegen ihres fortgeschrittenen Bearbeitungsstandes und ihrer unterschiedlichen Herangehensweise für eine nähere Betrachtung ausgewählt.

14.1 Rechtliche Beurteilung eines BID-Abgabeneinzugs

Die nun folgende Darstellung zum Diskussionsstand über die rechtliche Einbettung von BIDs in Deutschland sowie zu zulässigen Formen der Organisation und der Beitragszahlung trägt zum besseren Verständnis der zahlreichen Probleme der Implementierung bei. Für eine ausführlichere Darstellung der Ergebnisse und ihre Begründung wird auf die einschlägige Literatur verwiesen (Bloem / Bock 2001; Schriefers 2003).

Rechtliche Gutachten favorisieren bei positiver Grundtendenz unterschiedliche Lösungen für die Einführung von BIDs

Ob für die verbindliche Implementierung von BIDs in Deutschland eine gesetzliche Grundlage notwendig ist, bleibt nach derzeitigem Diskussionsstand umstritten und ist bislang durch keinerlei Rechtssprechung entschieden. Die beiden oben zitierten Quellen gehen von unterschiedlichen Lösungen aus. Die folgende Tabelle stellt die Aussagen beider Gutachten zu wesentlichen Fragen der Implementierung gegenüber (Bloem / Bock 2001; Schriefers 2003):

Tab. 23: Gutachtenvergleich zur Implementierung von BIDs in Deutschland		
	Gutachten im Auftrag der Landes Nordrhein-Westfalen (2001)	**Gutachten im Auftrag des BCSD (2003)**
Gesetzliche Legitimation für Beitragszahlung	■ geht von der Notwendigkeit eines Landesgesetzes für verbindliche Beitragszahlung aus	■ plädiert für das Satzungsrecht der Gemeinde nach Art. 28 Abs. 2 GG (Selbstverwaltungsgarantie der Gemeinden) und damit für einen verbindlichen Einzug ohne Landesgesetz
Abgabenform	■ plädiert für eine Sonderabgabe oder Verbandslast und schließt Gebühren und Beiträge aus;	■ übernimmt die Idee der Sonderabgabe
Organisationsform	■ privatrechtlich (Verein, GmbH) oder ■ Anstalt sowie Körperschaft des öffentlichen Rechts, wobei diese „nur mit einer Pflichtmitgliedschaft Sinn machen" (Bloem / Bock 2001, S. 39)	■ k. A.

Quelle: eigene Zusammenstellung.

Organisation und Finanzierung eines BID mit und ohne gesetzlichen Rahmen möglich

Beide Gutachten gehen von unterschiedlichen Fragestellungen aus und sind somit nur bedingt vergleichbar. Das Gutachten für das Bundesland Nordrhein-Westfalen untersucht schwerpunktmäßig die Möglichkeiten zur Beitragszahlung und unterschiedlichen Organisationsformen eines BID. Die Notwendigkeit für eine gesetzliche Grundlage wird bejaht. Das Rechtsgutachten für die Bundesvereinigung City- und Stadtmarketing Deutschland (BCSD) untersucht gezielt die Chancen für eine Implementierung von BIDs aufgrund der kommunalen Selbstverwaltung im Sinne des Art. 28 Abs. 2 GG. Das hätte eine Umsetzung von BIDs ohne langwierige Gesetzgebungsverfahren zur Folge.

Eine eindeutige Klärung der gesetzliche Zulässigkeiten ist erst durch entsprechende Gerichtsverfahren zu erwarten

Im Ergebnis des BCSD-Gutachtens wird betont, dass es nach herrschender Meinung für „eine BID-Satzung und die Erhebung einer BID-Sonderabgabe wegen des mit diesem verbundenen Eingriffs in das Freiheitsrecht des Art. 2 Abs. 1 GG für ihre Rechtmäßigkeit einer besonderen formal-gesetzlichen Ermächtigungsgrundlage bedarf." (Schriefers 2003, S. 26). Auf der anderen Seite habe sich die Fachliteratur und die Rechtssprechung mit einer derartigen Konstellation, Verhandlung eines Sachverhaltes mit spezifisch örtlichem Bezug, also nur den Bereich dieser Gemeinde betreffend, noch nicht zu befassen gehabt (Schriefers 2003, S. 30). Insofern plädiert der Verfasser für den direkten kommunalen Weg gemäß Art. 28 Abs. 2 GG und damit für die Auffassung, die kommunalen Handlungsspielräume unter Berufung auf die klare örtliche Spezifik von BIDs zu nutzen. Gleichzeitig räumt er ein: „die Beantwortung der Frage wird dem erkennbar unvermeidbaren gerichtlichen Verfahren vorbehalten sein." (Schriefers 2003, S. 30).

In der Frage der Abgabenform einer BID-Finanzierung plädiert das NRW-Gutachten für eine Sonderabgabe und lehnt sowohl die Form der Steuer (Geldleistung ohne Gegenleistung), als auch die Form der Gebühr (Entgelt für eine tatsächlich in Anspruch genommene Leistung der öffentlichen Hand) und der Beiträge (Abschöpfung eines Vorteils durch vorherigen öffentlichen Investitionsaufwand) ab (Bloem / Bock 2001, S. 27 ff). Welche verfassungsrechtliche Problematik mit der Erhebung von Sonderabgaben verbunden ist, soll hier nicht weiter erläutert werden (siehe dazu Bloem / Bock 2001, S. 30). Auf einen Punkt sei jedoch verwiesen. Die Erhebung von Sonderabgaben ist an bestimmte Zulässigkeitsvoraussetzungen geknüpft, wie:

Die gutachterlich vorgeschlagene Abgabenart ist die Sonderabgabe

- Gruppenhomogenität;
- spezifische Sachnähe und Finanzierungsverantwortung der Gruppe;
- Gruppennützige Verwendung des Abgabenaufkommens und
- periodisch wiederkehrende Legitimation der Abgabe.

Insbesondere der Sachverhalt der Gruppenhomogenität wurde in der weiteren Diskussion um die Durchsetzungskraft solcher Abgaben angezweifelt (u. a. Huber, 05.03.2004) und lässt diese Variante nicht so leicht realisierbar erscheinen. Außerdem wurden erhebliche Bedenken gegenüber einer Zwangsmitgliedschaft geäußert, da sie „im Widerspruch zum verfassungsrechtlich geschützten Grundsatz der negativen Vereinigungsfreiheit" stehe (Stoiber 2003, S. 2). Welche Lösung stattdessen vorstellbar wäre, zeigt der Hamburger Weg (vgl. Kap. 14.3).

Die Durchsetzbarkeit einer Sonderabgabe wird jedoch auch angezweifelt

14.2 ISG – Der Nordrhein-Westfälische Weg

Gegenüber anderen Bundesländern blickt Nordrhein-Westfalen bereits auf eine jahrelange Tradition in Stadtmarketingprozessen zurück und setzte sich als erstes Bundesland mit dem BID-Modell auseinander. Bereits im Jahr 1996 begann das Städtebauministerium des Landes die Zusammenarbeit zwischen Kommunen und der lokalen Wirtschaft mit der Erarbeitung von Stadtmarketingkonzepten anzugehen. Heute kann auf eine Bilanz von 140 Stadtmarketingkonzepten in knapp 400 Kommunen verwiesen werden, von denen 123 einen dauerhaft organisierten Stadtmarketing-Prozess installiert haben (Vesper 2004, S. 118). Nicht zuletzt wegen der großen Nachfrage und der vorzeigbaren Erfolge, aber auch infolge geänderter Problemstellungen wurde im letzten Jahr mit dem Stadtmarketing der 2. Generation begonnen. Neben Programmpunkten wie Leerstandsmanagement, Stadtmarketing und Kultur, Regionalmarketing sowie Stadtmarketing und Tourismus wird die Gründung von Immobilien- und Standortgemeinschaften (ISG) gefördert (Landesbüro Stadtmarketing-NRW 2003, S. 144ff), deren Vorbild die US-amerikanischen BIDs sind. Damit unternimmt man den Versuch, die im Stadtmarketing verfolgte Aufwertung der Standorte mittels neuer Partnerschaften, wie zum Beispiel in den BIDs mit der Einbindung von Eigentümern, umzusetzen.

Förderprogramm zur Bildung von Immobilien- und Standortgemeinschaften (ISG) in Nordrhein-Westfalen

Handlungsdruck auf funktionaler und organisatorischer Ebene charakterisiert die Ausgangssituation

Ausgangspunkt für die Neuauflage des Programms war ein sich manifestierender Handlungsdruck in den Innenstädten des Landes Nordrhein-Westfalen, der charakterisiert wurde durch (Vesper 2004, S. 118):

- die Banalisierung durch einseitige Handelsstruktur;
- unterlassene Investitionen;
- Verkehrsprobleme und soziale Polarisierung sowie
- Den Verfall von Immobilienwerten.

Gleichzeitig erkannte man in den vorhandenen Modellen Defizite, wie zuweilen (Hatzfeld 2004, o. S.):

- Uniformität der Maßnahmen und Strategien;
- mangelhafte Umsetzungsorientierung;
- Finanzierungs- und Trägerschaftsprobleme;
- mangelhafte Verknüpfung mit anderen Handlungsstrategien und
- mangelhafte Positionsbestimmung.

ISG - koordinierte Zusammenarbeit privater und öffentlicher Akteure

Grundsätzlich will man unter Beibehaltung der Grundidee des ersten Stadtmarketingprogramms mit der Koordination öffentlicher und privater Initiativen, neue Partner, neue Themen und neue räumliche Bezüge in die Stadtmarketingstrategie einbeziehen (Hatzfeld 2004, o. S.). Die Gründung von Immobilien- und Standortgemeinschaften (ISG) stellt diesbezüglich einen Baustein dar und setzt sich zum Ziel, die Handlungsmöglichkeiten von Grund- und Immobilienbesitzern in die nachhaltige Stabilisierung und Aufwertung städtischer Zentren einzubeziehen (Vesper 2004, S. 119).

Förderung als Anstoßfinanzierung für private Initiativen gedacht und nur für konzeptionelle und verfahrensrelevante Arbeitsschritte

Mit dem Startschuss des Stadtmarketingprogramms der 2. Generation im Mai 2003 konnten sich die Städte für den Förderzeitraum 2004 / 05 bewerben. Bis zu 20 Kommunen werden als Modellstädte bei der Gründung von ISG für einen Zeitraum von bis zu zwei Jahren mit maximal 200.000 Euro unterstützt. Die Finanzierung der ISG wird zu 60 Prozent vom Land, zu 10 Prozent von der Kommune und zu 30 Prozent von der privaten Hand getragen (Müller, 04.09.2003). Gefördert wird (Landesbüro Stadtmarketing-NRW 2003, S. 146):

- die Bestandsaufnahme;
- die Organisations- und Konzeptentwicklung;
- Moderation und Mediation.

Aufgrund des Modellcharakters sehr flexibles Programm

Das Finanzierungsmodell der ISG ist ähnlich wie die Organisationsform nicht festgeschrieben. Da das Programm Modellcharakter haben soll, gibt Nordrhein-Westfalen nur einen groben Rahmen vor. Letztlich sollen die Entscheidungen anhand der geplanten Maßnahmen individuell getroffen werden (Müller, 04.09.2003).

Tätigkeitsfelder der ISG sind den BID-Aktivitäten ähnlich

In ihren Funktionen lehnen sich ISG stark an die Tätigkeitsfelder von BIDs an. Ihnen werden folgende Schwerpunkte zugeordnet (Vesper 2004, S. 119):

- Gestaltung des Branchenmixes;
- Pflege, Anwerbung und Verwaltung des Geschäftsbestandes;
- Management, Pflege und Gestaltung des öffentlichen Raums;
- Bewirtschaftung von Parkplätzen;
- Verbesserung des öffentlichen Nahverkehrs;
- betriebswirtschaftliche Beratung und Weiterbildung von Händlern und Immobilienbesitzern;

- Verbesserung von Sicherheit und Sauberkeit im Quartier;
- Schaffung einer Corporate Identity und deren Vermarktung durch gemeinsame Werbung;
- bessere Kundenbetreuung;
- soziale Dienste;
- Finanzierung von Investitionen;
- Entwicklung von Ideen und Plänen für die Zukunft und
- Einbeziehung von Kultur.

Die Gründung der ISG beginnt in Nordrhein-Westfalen mit der Erarbeitung eines Rahmenkonzeptes durch die Städte, das mit den Eigentümern und Gewerbetreibenden diskutiert wird. Eine Gruppe von engagierten Eigentümern setzt sich im Anschluss mit der Weiterentwicklung der Konzeption auseinander und wirbt weitere Interessierte. Es ist angedacht, dass sich neben den Eigentümern und Gewerbetreibenden auch die Städte am Management einer ISG beteiligen. Diese starke Einbindung der öffentlichen Hand scheint angebracht, da so Hemmnisse bei der Realisierung der ISG schneller abgebaut werden können (Müller, 04.09.2003). In der weiteren Entwicklung der ISG soll die Verantwortung zunehmend von den Eigentümern und Gewerbetreibenden übernommen werden. Diese Vorgehensweise ist an das US-amerikanische Verfahren angelehnt, wobei in den USA die Initiative von Anfang an in privater Hand liegt. Inwieweit sich das in NRW gewählte Verfahren in der Wirklichkeit bewährt, bleibt abzuwarten.

Starke Rolle der öffentlichen Hand bei ISG-Gründung, zunehmende private Verantwortung

Die derzeit im Prozess der Gründung einer ISG am weitesten vorangeschrittene Stadt ist Bochum mit dem Modellstandort Bermuda3Eck. Um die Möglichkeiten zur Standortentwicklung in Nordrhein-Westfalen durch das neue Förderprogramm aufzuzeigen, wird die Vorgehensweise Bochums hier kurz dargestellt.

Modellstandort Bochum: Bermuda3Eck

Die Wahl des Standortes Bermuda3Eck als Modellprojekt begründet sich in (Postert, 25.05.2004):
- dem bereits bestehenden handlungsfähigen Arbeitskreis mit Gewerbetreibenden und Eigentümern sowie fachbezogenen Institutionen und
- in der überschaubaren räumlichen Ausdehnung und Anzahl an Eigentümern und Gewerbetreibenden.

Grundvoraussetzung zur Standortwahl - ein bereits aktiver privatwirtschaftlicher Arbeitskreis und die Überschaubarkeit des Standortes

Charakteristisch für den Standort Bermuda3Eck ist die hohe Anzahl an gastronomischen Einrichtungen. Die insgesamt 75 Restaurants und Cafés führen zu einer starken Frequentierung des Standortes in den Abendstunden, insbesondere im Sommer (30.000 – 150.000 Gäste pro Tag). Ergänzt wird das Profil durch 40 Einzelhandelsunternehmen und durch einen erheblichen Bestand an Dienstleistungsunternehmen in den Obergeschossen. Insgesamt zählt man 270 Unternehmen und Gewerbetreibende. Das Eigentum verteilt sich auf 96 Immobilien- und 79 Grundstückseigentümer (Postert 2004, 3. 5).

Charakter einer Gastronomie- und Erlebnismeile, ergänzt durch Einzelhandel und Dienstleistungen

Der Handlungsdruck, den die Akteure spüren, ergibt sich vornehmlich aus (Postert, 25.05.2004):
- stadtgestalterischen, sozialräumlichen und nutzungsstrukturellen Defiziten;
- einem zunehmendem regionalen Wettbewerb;

Handlungsdruck ergibt sich aus organisatorischen und finanziellen Restriktionen

- einem Umsetzungsdefizit, trotz zahlreich bestehenden Kooperationsstrukturen und Ideen, das begründet wird durch
- Handlungs-, Finanz- und Zeitrestriktionen bei den Initiativen.

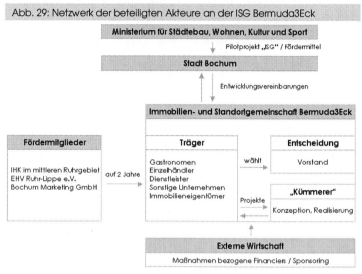

Abb. 29: Netzwerk der beteiligten Akteure an der ISG Bermuda3Eck

Quelle: Postert 2004, S. 13.

Anstoß kommt vom Land wenn die lokale Initiative vorhanden ist

Den Anstoß für die Gründungsinitiative gibt das Förderprogramm für Stadterneuerung des Landes. Dieses Angebot entfaltet, für eine begrenzte Anzahl an Standorten, seine Wirkung jedoch nur aufgrund privater Initiative. In Bochum existierte ein erhebliches Interesse an dem ISG-Ansatz, nachdem Institutionen wie die Industrie- und Handelskammer bzw. der Einzelhandelverband über seine Möglichkeiten informiert hatten. Der starke Wille zur Kooperation und Projektentwicklung von Gewerbetreibenden und Eigentümern vor Ort gibt dem Prozess die notwendige Dynamik.

Derzeit befindet sich die Initiative, die sich u. a. aus Gewerbetreibenden, Eigentümern, Industrie- und Handelskammer sowie der Stadtmarketinggesellschaft zusammensetzt, in der Gründungsphase. Der in der Entstehung begriffene Verein wird als Träger der ISG fungieren. Die vorgesehene Organisationsstruktur bezieht alle Interessengruppen und wichtige Akteure am Standort ein und versucht, eine ausgewogene Verteilung des Stimmrechtes für die Mitglieder zu finden (vgl. Abb. 30).

Finanzierung der ISG über drei Säulen

Die Finanzierung der ISG wird sich aus drei Säulen zusammensetzen (Postert 2004, S. 13):

- aus der Grundfinanzierung durch die Mitgliedsbeiträge;
- aus der exklusiven Bezahlung so genannte Pool-Angebote (Extrabeiträge für besondere, exklusive Leistungen, wie z. B. Organisation und Management eines gemeinsamen Einkaufs für die Gastronomiebetriebe) und
- aus der Finanzierung / dem Sponsoring durch die Wirtschaft für z. B. spezielle Veranstaltungen.

In den ersten zwei Jahren steht zusätzlich die Anschubfinanzierung durch das Förderprogramm des Landes Nordrhein-Westfalen, unter Beteiligung der Stadt Bochum, zur Verfügung. Aus der Höhe der verfügbaren Fördermittel des Landes, 100.000 EUR pro Förderjahr, ergibt sich die Höhe der Komplementärmittel durch die vorgegebene prozentuale Beteiligung des Landes, der Kommune sowie der Privatwirtschaft. Das Gesamtbudget des Vereins für den Förderzeitraum beläuft sich dementsprechend auf jährlich 166.000 EUR. Es ist vorgesehen, dass nach Wegfall der öffentlichen Förderung im Jahr 2006 diese Summe über zusätzliche Mitgliedsbeiträge und Sponsoren ergänzt wird.

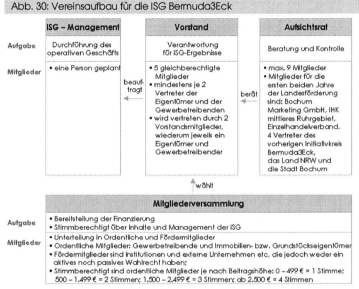

Abb. 30: Vereinsaufbau für die ISG Bermuda3Eck

Quelle: Postert 2004, S. 14, überarbeitet.

Um die unterschiedlichen Interessensgruppen auch ohne verbindliche Mitgliedschaft an sich zu binden, wurde für den Standort ein ausgefeiltes Berechnungssystem für die Ermittlung der Beiträge erarbeitet, in das Gewerbetreibende und Eigentümer zu gleichen Teilen einbezogen werden. Die Beiträge setzen sich aus einem Grundbeitrag und einem individuell gestaffelten Beitrag zusammen. Als Berechnungsgrundlage für den individuellen Beitrag dienen die Flächengröße, die Lage im Gebiet und die Art der Nutzung. Diese unterschiedlich gewichteten Bezugsgrößen ergeben eine Punktzahl (den Gesamtindikator), die mit dem Grundbetrag multipliziert wird (Postert 2004, S. 18).

Beitragsermittlung über ein ausgefeiltes, gewichtetes Berechnungssystem

Berechnung des individuellen Beitrages:

Grundbeitrag x Gesamtindikator = Jahresbeitrag

Als Handlungsfelder werden (Postert 2004, 3. 11).
- Städtebau und Architektur (z. B. Platzgestaltungen, Straßenmöblierung);
- Sauberkeit, Sicherheit und Ordnung;
- Marketing und Kommunikation sowie
- Coaching

Bochumer Initiative ist von Anfang an auf die Umsetzung von Maßnahmen fixiert

definiert. Im Gegensatz zu anderen Standorten geht es in Bochum um eine schnelle Umsetzung erster Maßnahmen, da handlungsfähige Strukturen bereits vorhanden sind.

Die ISG unterscheidet sich vom nordamerikanischen BID in einigen wesentlichen Punkten

Der NRW-Ansatz unterscheidet sich von seinem nordamerikanischen Vorbild durch:

- den Gründungsanstoß zur ISG, der aufgrund eines öffentlichen Engagements (Auflegung eines Förderprogramms) erfolgte;
- eine freiwillige Teilnahme der Eigentümer und Gewerbetreibenden und dementsprechend dem Weiterbestehen des „Trittbrettfahrerproblems";
- eine für die Beitragszahlung notwendige Mitgliedschaft in einem Verein (eine Lösung nach Art 28 Abs. 2 GG ist bisher nicht bekannt) sowie
- einen zeitlich nicht festgelegten Aktionsrahmen der ISG.

14.3 BIDs – Der Hamburger Weg

Gesetzgebungsverfahren für die Gründung von BIDs

Im Gegensatz zu Nordrhein-Westfalen hat sich Hamburg für die Umsetzung eines eigentümerzentrierten Modells mit entsprechender Gesetzgebung entschieden. Derzeit hat Hamburg noch keinen eigenständigen Begriff für diese Initiative gewählt. Der Referentenentwurf zum Gesetz arbeitet zunächst mit der Bezeichnung Innovationsbereiche, da klar ist, dass ein englischer Begriff in deutschen Gesetzen nicht auftauchen darf (Koletschka, 05.03.2004). In den öffentlichen Präsentationen der Stadt wird jedoch von BIDs gesprochen und diese Verfahrenweise wird im Folgenden der Einfachheit halber übernommen.

Ähnliche Problemlage wie in Nordrhein-Westfalen

Hamburg hat, ebenso wie Nordrhein-Westfalen, mit Problemen auf der funktionalen und organisatorischen Ebene seiner Geschäftszentren zu kämpfen. Die historisch gewachsene, polyzentrale Stadtstruktur weist neben der City als Kern der Metropole ein vielfältiges Netz an Stadt- und Stadtteilzentren auf, die aus unterschiedlichsten Gründen zunehmend unter Handlungsdruck geraten. Die öffentliche Hand sieht sich, abgesehen von besonderen Ausnahmen, nicht in der Lage, über die Grundausstattung hinaus finanzielle Mittel in die Umgestaltung und Aufwertung der Standorte zu investieren (Büttner 2004, S. 26). Hinzu kommen auch in Hamburg die bereits in Kapitel 4.3 benannten Struktur- und Wirkungsprobleme von Straßenarbeitsgemeinschaften (Reichhardt 2004, S. 10).

Bildung von BIDs zur Steigerung der Attraktivität eines Standortes

Zielsetzung der Gesetzgebungsinitiative BID ist es, ein Instrument zur Standortstärkung durch erhöhte Attraktivität eines Einzelhandel- und Dienstleistungszentrums für Kunden und Besucher sowie verbesserte Rahmenbedingungen für in diesem Bereich niedergelassene Unternehmen, zu schaffen (BBV HH 2004a, S. 1).

Gesetzgebungsverfahren in Hamburg leichter durchführbar als in Nordrhein-Westfalen

Dass in Hamburg der Weg der Gesetzgebung gewählt wurde, kann unter anderem auf folgende Unterschiede zu Nordrhein-Westfalen zurückgeführt werden:

- Hamburg hat als Stadtstaat kein Problem mit dem Mitspracherecht der Kommunen;

- Durch zentralisierte Entscheidungsstrukturen ist ein schnelleres Gesetzgebungsverfahren möglich;
- Hamburg profitiert von seiner geringen räumlichen Ausdehnung und der geringeren Heterogenität in den Strukturen.
- Die Initiative erhält starke Unterstützung von der Politik.

Anstoß zum Verfahren war die Interessensbekundung von Seiten der Handelskammer Hamburg und der lokalen Wirtschaft. Die Handelskammer setzt sich bereits seit Jahren mit dem Modell auseinander und betreibt sowohl bei den Straßenarbeitsgemeinschaften als auch in der Politik eine breit angelegte Informationskampagne (Koletschka, 05.03.2004). Bereits 1999 gab es in der Stadtentwicklungsbehörde erste Gespräche mit der Politik, der Handelskammer, der Wirtschaftsförderung und Juristen zum Thema BID. Zunächst wurde das Thema wegen zu geringem Interesse von Seiten der Politik und den Fachbehörden nicht weiter verfolgt (Büttner 2004, S. 26). In Zeiten zunehmend standortfreundlicher Politik stieß der Vorschlag für mehr lokale Initiative dann auf offene Ohren. In einer Grundsatzrede im September letzten Jahres versprach der Regierende Bürgermeister von Hamburg die Unterstützung solchen Engagements und die Prüfung einer Gesetzesinitiative. Mit diesen Worten erging der Prüfauftrag für ein entsprechendes Gesetz an die Stadtentwicklungsbehörde (Büttner, 04.03.2004). Bereits zu Beginn des Jahres 2004 konnte in einem behördeninternen Workshop ein vom Rechtsamt der Behörde erarbeiteter Vorentwurf zum Gesetz mit den verschiedenen Interessenträgern besprochen werden. Beteiligt wurden Finanz- und Wirtschaftsbehörde, Senatskanzlei und die Handelskammer Hamburg sowie die Bezirke und Eigentümer des ersten Modellstandortes (Huber, 05.03.2004).

Nach politischem Startschuss schnelle Umsetzung in behördliche Vorlagen

Der überarbeitete Entwurf wurde im Februar 2004 in den Senat eingebracht und dort mit dem Auftrag für eine Gesetzgebung mit Erlangung der Rechtskraft zum 1. Januar 2005 verabschiedet. Die nun folgenden Arbeitsschritte bis zur eigentlichen Verabschiedung durch den Senat, wie :

- Anhörung der Verbände;
- Durchführung eines Rechtsgutachtens zur Überprüfung der Rechtmäßigkeit des Mitgliedsbeitrages;
- Überarbeitung des Gesetzentwurfes und
- Abstimmung mit den Behörden;

sollen bis September diesen Jahres erfolgen. Im Anschluss an die dann stattfindende Senatsentscheidung wird das Gesetz bei positivem Votum in die Bürgerschaftsberatung eingebracht und könnte somit zum 1. Januar 2005 in Kraft treten (Huber 2004, o. S.).

Derzeit Prüf- und Überarbeitungsphase des Referentenentwurfs

Die bisherigen Untersuchungen des Gutachtens für Nordrhein-Westfalen oder auch Diskussionen in Bayern gingen von einem Modell aus, dass die Beitragserhebung mittels einer Art Zwangskooperation in einer Körperschaft öffentlichen Rechts durchsetzen sollte. Das ermöglicht zwar eine erleichterte Einziehung der Beiträge, bringt jedoch gleichzeitig Schwierigkeiten mit dem Grundgesetz und der darin zugesicherten negativen Vereinigungsfreiheit mit sich (Huber, 05.03.2004). Diese Hürde könnte nur überwunden werden, wenn die Gründe für dieses Vorgehen lebensnotwendig wären. Davon ist jedoch

Keine Zwangsmitgliedschaft für den BID in Hamburg geplant

nicht auszugehen. Außerdem wird, wie bereits erwähnt, die Durchsetzbarkeit von Sonderabgaben angezweifelt.

Tab. 24: Der Hamburger Weg, differenziert in Aufgaben privater und öffentlicher Akteure

	Private Akteure	Öffentliche Akteure
Initialphase	Bildung eines Initiatorenkreises unter Mitarbeit von Unternehmen und Grundstückeigentümern; Vorschläge zu Gebietsabgrenzungen, Maßnahmen und Finanzierung; Konzeptdiskussion mit den vor Ort Betroffenen; Einrichtung von Arbeitskreisen.	Unterstützung des Initiatorenkreises durch Handelskammer, Fachbehörden, Politik und Verwaltung der Bezirke.
Nächste Phase wird nur durchgeführt, wenn 15 Prozent der Grundstückseigentümer dem Entwurf des Konzeptes zustimmen		
Konkretisierungsphase	Konzeptvorstellung; ggf. Ideenwettbewerb; Regelmäßige Informationsveranstaltungen; Erarbeitung des definitiven Maßnahmen- und Finanzierungskonzepts; Auswahl eines möglichen Aufgaben- oder Maßnahmenträgers	Vorprüfung des Konzepts durch zuständige Behörde; Organisatorische Hilfestellung und Datenbereitstellung (Grundeigentümer, Gewerbetreibende, Grundsteueraufkommen) durch Handelskammer und die zuständigen Behörden; Entscheidung über mögliche finanzielle Beteiligung der Stadt zum Beispiel für einen Ideenwettbewerb.
Nächste Phase: Offizielle Auslegung durch den Aufgabenträger		
Entscheidungsphase	Verbindliches Maßnahmen- und Finanzierungskonzept wird vorgelegt und im Internet veröffentlicht; Vetomöglichkeit der Grundeigentümer.	Endgültige Prüfung des Maßnahmen- und Finanzierungskonzepts; Stadt führt das Anhörungsverfahren durch.
Nächste Phase wird nur durchgeführt, wenn weniger als 30 Prozent der Grundstückseigentümer gegen das Konzept stimmen.		
Umsetzungsphase	Aufgabenträger unterzeichnet den öffentlich-rechtlichen Vertrag; Umsetzung des Maßnahmen- und Finanzierungskonzepts; Aufstellung und Veröffentlichung des jährlichen Maßnahmen- und Wirtschaftsplans.	Einrichtung des BID durch Rechtsverordnung des Senats; Einzug der Abgabe und Weiterleitung an die BID-Organisation durch die zuständige Behörde; Zentrale Anlaufstelle in der Verwaltung für Anträge und Genehmigungen; Handelskammer überwacht die ordnungsgemäße Geschäftsführung des Aufgabenträgers.
Auflösung des BID nach acht Jahren, Verlängerung möglich		

Quelle: eigene Darstellung nach BBV HH 2004b, S. 1ff.

Beitragszahlung verpflichtend wegen Gewährung eines abstrakten Vorteils

Hamburg hat sich deshalb für die privatrechtliche Organisationsform entschieden, bei der eine Vereinigung als GmbH oder eingetragener Verein für die Erarbeitung des Maßnahmenkonzepts sowie die Antragsstellung verantwortlich ist. Eine Mitgliedschaft in der entsprechenden Organisation ist nicht erforderlich, zahlen müssen aber alle Eigentümer. Das hängt mit dem Konstrukt der Abgabe zusammen. Durch das Finanzamt wird ein Beitrag eingezogen, der sich auf einen abstrakten Vorteil durch den von der Gemeinde eingesetzten BID begründet. Dieser abstrakte Vorteil, den man akzeptieren kann, jedoch nicht muss, bildet das Recht zur Beitragserhebung (Huber 05.03.2004).

Entlehnt ist diese Begründung (wie überhaupt der Ablauf der BID-Entstehung) (vgl. Tab. 24), dem Sanierungsverfahren des Städtebaurechts. Ihn ihm werden Maßnahmen und Ziele abgestimmt, von öffentlicher Seite ein Geltungsbereich festgesetzt und einem Sanierungsträger die Durchführung des Vorhabens übergeben. Die Gründungsinitiative wird in Hamburg eindeutig den lokalen Akteuren zugeschrieben. Wertvolle Hilfe leisteten die Handelskammer, Fachbehörden und die Bezirksverwaltungen (BBV HH 2004b, o. S.). Eine finanzielle Beteiligung der öffentlichen Hand ist nicht vorgesehen. Es steht der Initiative frei, sich um EU-Fördermittel zu bewerben (Büttner, 04.03.2004).

BID-Gründung orientiert sich am Sanierungsverfahren, öffentliche finanzielle Beteiligung nicht vorgesehen

Die Initiative kann folgende Aufgaben übernehmen (BBV HH 2004a, S. 1):
- Für das Zentrum ein Konzept entwickeln;
- Dienstleistungen erbringen;
- in Abstimmung mit den jeweiligen Berechtigten Bauarbeiten durchführen;
- Grundstücke bewirtschaften;
- gemeinschaftliche Werbemaßnahmen durchführen;
- Veranstaltungen organisieren;
- mit öffentlichen Stellen oder mit ansässigen Betrieben Vereinbarungen über die Durchführung von Maßnahmen treffen und
- Stellungnahmen in förmlichen oder nicht förmlichen Anhörungsverfahren abgeben.

Arbeitsprogramm ähnelt inhaltlich dem von Nordrhein-Westfalen

Die Leistungen der öffentlichen Hand bestehen vorrangig in der:
- Beratungsfunktion in der Entstehungsphase;
- inhaltlichen Prüfung und dem Abgleich der Konzeption mit kommunalen Planungen;
- Hilfestellung bei der Datenerhebung über die Eigentümer;
- Antragsprüfung und –genehmigung sowie
- Einziehung des Beitrages mit der Grundsteuer und
- Weiterleitung an den Aufgabenträger.

Keine finanziellen Leistungen der öffentlichen Hand, aber vielfältige Hilfestellung

Bereits im November 2003 stand die Straße Neuer Wall als Modellprojekt fest. Gründe hierfür sind u. a. (Büttner 2004, S. 26):
- der gute Organisationsgrad bei den Initiativen (sowohl die Interessensgemeinschaft Neuer Wall als auch der Grundeigentümerverein Neuer Wall stellen handlungsfähige Institutionen dar) und
- die klare Abgrenzung des Bereiches aufgrund topographischer Gegebenheiten.

Modellstandort: Neuer Wall

Der Neue Wall ist ein innerstädtisches, gehobenes Geschäftszentrum, dass für sich das Image der „exklusivsten Einkaufsstraße Hamburgs" (Trägerverbund 2004, S. 3) in Anspruch nimmt. Trotzdem hat der Standort mit mangelhafter stadträumlicher Gestaltung sowie Leerständen im Erdgeschoss und den Büroflächen der Obergeschosse zu kämpfen. Zusätzlich entsteht derzeit neuer Wettbewerbsdruck durch die Europa-Passage mit 30.000 Quadratmeter Ver-

Gehobener Einkaufsstandort mit nicht imagegemäßem Erscheinungsbild

kaufsfläche (Immobilien Zeitung, 22.04.2004). Da aufgrund dieser Situation bereits seit einiger Zeit sowohl bei den Gewerbetreibenden wie auch bei den Eigentümern eine hohe Unzufriedenheit herrscht, hat man sich mit Hilfe des Trägerverbundes Projekt Innenstadt frühzeitig um eine gemeinsame Problemanalyse und die Erarbeitungen eines Katalogs dringlicher Maßnahmen bemüht. Der bereits bestehende Entwurf lässt die Annahme zu, dass der Neue Wall, ein erfolgreiches Gesetzgebungsverfahren vorausgesetzt, bereits Anfang 2005 seinen Antrag beim Senat auf Einrichtung eines BID durch eine Rechtsverordnung stellt. Ein Finanzierungsplan und ein Konzept für die Beitragsberechnung besteht momentan noch nicht (Stand März 2004).

Maßnahmenkatalog mit Schwerpunkt auf Gestaltung des öffentlichen Raums

Der vorläufige Stand des Maßnahmenkatalogs sieht zum Beispiel folgende Projekte vor (Trägerverbund 2004, S. 10ff):
- Erneuerung der Straßenbeläge;
- Erneuerung der Straßenmöblierung;
- Umgestaltung der Beleuchtung des Straßenraums;
- Zusätzliches Reinigungs- und Kontrollpersonal:
- Baustellenmanagement und
- eine gemeinsame Marketingkonzeption.

Keine charakteristischen Unterschiede zwischen dem Hamburger-Ansatz und den US-amerikanischen BIDs

Der Hamburger Weg entspricht in seinen Grundzügen dem Charakter von US-amerikanischen BIDs. Vergleicht man das Verfahren mit den Regelungen des Bundesstaates New York, so lassen sich Unterschiede feststellen, die jedoch nicht charakteristisch sind. Außerdem beruht die Einschätzung auf der Auswertung eines Referentenentwurfs, der sich in einigen Punkten bis zur verabschiedeten Fassung noch ändern kann. Differenzen zeigen sich darin, dass:
- alle Eigentümer, auch öffentliche, beitragspflichtig sind;
- die Berechnungsgrundlage für den Beitrag der Einheitswert der Grundstücke ist, der per Gesetz und nicht durch die Initiative festgesetzt wird;
- bereits für die Antragsstellung ein Quorum von 15 Prozent Zustimmung der Eigentümer festgelegt wird (BBV HH 2004a, S. 2);
- die Handelskammer Hamburg die Kontrolle der ordnungsgemäßen Geschäftsführung des Aufgabenträgers übernimmt (BBV HH 2004a, S. 4) (in New York durch Fachbehörde ausgeführt) und
- die Laufzeit des BID auf acht Jahre (im Gegensatz zu fünf Jahren in den USA) begrenzt ist.

15.
ZWISCHENBILANZ

15.1 Vergleich der Standorte USA und Deutschland

Die Gesellschaftssysteme der USA und Deutschland beruhen auf unterschiedlichen kulturellen Traditionen und prägen bis heute differenzierte Erwartungshaltungen an den Staat und die individuelle Übernahme von Verantwortung.

Grundsätzlich unterschiedliche Zusammenarbeit und Erwartungshaltung zwischen öffentlicher Hand und Privaten

Hierzulande bildete sich traditionell eine starke Anspruchshaltung gegenüber dem Staat heraus, die sich in der sozialen Marktwirtschaft und umfangreichen Leistungen der öffentlichen Hand im Stadtraum widerspiegelt. In den USA bestimmt die individuelle Verantwortung, bei gleichzeitig möglichst uneingeschränkter Marktwirtschaft, das System.

Höhere Anspruchshaltung gegenüber dem Staat in Deutschland, individuellere Verantwortungsübernahme in den USA

Dieser Umstand legt den Schluss nahe, dass ein stark auf dem individuellen Engagement von privaten Akteuren beruhendes Modell wie das des BID nicht ohne weiteres auf Deutschland übertragbar ist. Wie die Gegenüberstellung der Rahmenbedingungen verdeutlicht (vgl. Tab. 25), sind Strategien aus den USA aufgrund sozioökonomischer und politisch-kultureller (System-) Unterschiede nicht eins-zu-eins auf die deutschen Verhältnisse zu übertragen. Dass sich die Auseinandersetzung mit einem US-amerikanischen Modell trotz nachweislich unterschiedlicher gesellschaftlicher Rahmenbedingungen lohnt, zeigt die im Teil II erfolgte, Betrachtung der Erfolgsfaktoren und der damit verbundenen Chancen. Sie gestattet es, aus den einschlägigen Erfahrungen für die Entwicklung eines eigenen Konzepts zu lernen.

Ansatz aufgrund der Unterschiede nicht eins-zu-eins übertragbar, eine Auseinandersetzung regt jedoch die eigene Konzeptentwicklung an

15.2 Vergleich und Beurteilung der Implementierungsansätze

In welchen Punkten lehnen sich die deutschen Ansätze an das nordamerikanische Modell an und in welchen Punkten treffen sie bewusst abweichende Regelungen? Welchen Charakter haben die bereits bestehenden Implementierungsversuche des BID-Modells in Deutschland? Wie bereits deutlich wurde, unterscheiden sich die vorgestellten deutschen Ansätze in ihrem Charakter, bei gleichem Vorbild.

Beide vorgestellten deutschen Modelle übernehmen den Grundansatz der verstärkten Übernahme von Verantwortung durch private und privatwirtschaftliche Akteure. Im Fall Nordrhein-Westfalens tritt zusätzlich die Weiterentwicklung öffentlicher Subventionierung von Stadtentwicklungsprozessen mittels Förderprogrammen dazu. Der öffentlichen Hand kommt von daher eine einflussreiche Rolle zu. In Hamburg unterstützt der öffentliche Sek-

Beide Modelle stärken privates Engagement, wobei die Rollenverteilung der öffentlichen und privaten Seite unterschiedlich ausfällt

tor durch ein Gesetzgebungsverfahren die Initiative. Seine weitere Tätigkeit, nach Inkrafttreten des Gesetzes, hängt vor allem von privater Initiative ab.

Tab. 25: BID-relevante Rahmenbedingungen in den USA und Deutschland

Rahmenbedingungen	USA	Deutschland
Kulturelle Traditionen	▪ stärkere Religiosität; ▪ individuelle Freiheit als höchstes Gut; ▪ strikte Trennung von Religion und Staat; ▪ starke individuelle Verantwortungsübernahme; ▪ höherer Stellenwert von gemeinnützigen Engagement (hohes Spendenaufkommen).	▪ ausgeprägte Anspruchshaltung gegenüber dem Staat (Wohlfahrtsstaat); ▪ Vorbehalte gegenüber zu starker Verantwortungsabgabe an privatwirtschaftliche Akteure; ▪ hohe Subventionierung gemeinnütziger Tätigkeiten.
Staatsverständnis	▪ Demokratie, bei der der Individualismus maßgebend ist und der Staat minimalistisch handelt	▪ Demokratie, mit starker Staatsorientierung, bei der dem Staat eine maßgebliche Verantwortung für die Bürger zugeschrieben wird.
Historische Stadtentwicklung	▪ früh einsetzende Suburbanisierung der Bevölkerung; ▪ Nachzug von Einzelhandel und Arbeitsplätzen führt zu starkem Verfall der Innenstädte seit Mitte des 20. Jahrhunderts; ▪ später teilweise Rückbesinnung auf die Stadt.	▪ traditionell stärkere Pflege städtischer Strukturen; ▪ trotzdem Suburbanisierung der Bevölkerung und des Einzelhandels.
Stadtplanung	▪ ohne nationales Städtebaurecht; ▪ auf Bundesebene nahezu keine Steuerung, Kompetenz liegt bei den Ländern und Kommunen; ▪ Schaffung gleichwertiger Lebensverhältnisse nicht vorgeschrieben (Prinzip der Konkurrenz); ▪ bei stadtentwicklungsrelevanten Entscheidungen stehen Wirtschaftsförderung und Arbeitsmarkteffekte im Vordergrund.	▪ nationales Städtebaurecht (Baugesetzbuch) regelt einheitliche Vorgehensweise für die formellen Planungsinstrumente; ▪ föderales System, bei dem die kommunale Selbstverwaltung betont wird, Bund und Länder nehmen steuernd Einfluss.
Steuern	▪ Beiträge für BIDs steuerlich absetzbar; ▪ Grundsteuer als alleinige kommunale Einnahmequelle, sehr viel höher als in Deutschland.	▪ Beiträge für BIDs steuerlich absetzbar; ▪ kommunale Einnahmen setzen sich aus verschiedenen Quellen zusammen (Grundsteuer, Gewerbesteuer, Gemeindeanteil Einkommen- und Umsatzsteuer).
Gesetzliche Legitimation	▪ nahezu alle Bundesstaaten haben ein BID-Gesetz.	▪ Notwendigkeit einer gesetzlichen Grundlage für einen verbindlichen BID-Beitrag durch die Länder umstritten; ▪ evt. auch über die kommunale Selbstverwaltung nach Art. 28 GG durchsetzbar; ▪ derzeit befindet sich ein Bundesland im Gesetzgebungsverfahren.

Quelle: eigene Zusammenstellung.

Unterschiedliche Bedingungen erfordern differenzierte Problemlösungsansätze

Warum geht Nordrhein-Westfalen den scheinbar aufwändigeren Weg? Neben den bereits erwähnten übersichtlicheren Strukturbedingungen des Stadtstaates Hamburg, spielt auch die Zielsetzung des Landes und die Wahl der Standorte eine Rolle. In Nordrhein-Westfalen sollen über das Förderprogramm in innerstädtischen Quartieren bei einer begrenzten Anzahl von Kommunen des Landes innerhalb von nur zwei Jahren handlungsfähige Kooperationen mit Eigentümern entstehen, die dann die hundertprozentige Projektfinanzierung übernehmen sollen. Zudem werden auch problematische Standorte in die Initiative einbezogen. Von mehreren Seiten wurde betont, dass auch die Besonderheit der lokalen Mentalitäten für die Wahl der Strategie mitbestimmend sein kann. So müsse man berücksichtigen, dass die hanseatische Mentalität mit ihrem Handelswillen sowie einer Jahrhunderte langen Bindung der Seefahrer und ihrer Angehörigen an die Kirche, der US-amerikanischen Mentalität näher stehe als die Erfahrungen und Traditionen in Nordrhein-Westfalen (Lembcke, 06.02.2004, Plate, 05.05.2004). In dieser Perspektive scheint die unterschiedliche Gewichtung von privatwirtschaftlicher Initiative und Handeln der öffentlichen Hand in den beiden Ansätzen nachvollziehbar.

Festzuhalten bleibt für das nordrhein-westfälischen Modell, dass wichtige Richtlinien durch das Land vorgegeben werden und somit die Bildung handlungsfähiger lokaler Strukturen wesentlich beeinflussen. Das kann sowohl positiv als auch negativ sein. Zudem ist die weitere Existenz bzw. die Weiterentwicklung der neuen Organisationsstruktur nach dem Auslaufen der Förderung nicht unbedingt gesichert. Neben:

Das NRW-Modell weicht stark von seinem Vorbild ab

- der Festlegung des Zeitplanes von „Außen" sowie
- der letztlich von „Außen" bestimmten Standortwahl ist
- die freiwillige Verpflichtung der Eigentümer zu einem finanziellen Beitrag

die wohl größte Abweichung zum nordamerikanischen Vorbild. Das Finanzierungskonzept des Bermuda3Eck reflektiert diese geänderten Rahmenbedingungen durch die höhere Komplexität in der Beitragsberechnung. So fließen Indikatoren wie Flächengröße, Lage im Gebiet und Nutzungsart als Gewichtungsfaktoren in die Berechnung ein. In Hamburg dagegen zahlen alle Beteiligten einen einheitlich ermittelten Beitrag.

Das Hamburger Modell lehnt sich sehr stark an das der US-amerikanischen BIDs an. Der Referentenentwurf zum Gesetz zeichnet sich durch die Schaffung eines ungewöhnlichen Freiraums für die private Initiative aus. Die öffentliche Hand beschränkt sich im Umgang mit dem zukünftigen Hamburger BID auf die Rolle eines Dienstleisters. Mit dem Neuen Wall-Modell beginnt man das Experiment mit einem herausgehobenen Standort, was für die Übertragbarkeit der Erfahrungen auf andere Standorte problematisch sein kann. Ein Erfolg des Modells wird sicher die Motivation anderer Initiativen unterstützen. Für den Neuen Wall und seine Grundstückseigentümer wird der BID bereits heute als „einzige Chance, sich als exklusive Shoppingmeile neben der zukünftig straff geführten Europa Passage zu behaupten" (Immobilien Zeitung, 22.04.2004), angesehen.

Das Hamburger Modell gibt privater Initiative Raum und verlangt diese auch

Beide Modelle befinden sich derzeit noch in der Anlaufphase und können insofern nicht an ihren Wirkungen gemessen werden. Sowohl für das Bermuda3Eck wie auch für den Neuen Wall wird die Chance zur mehrheitlichen Aktivierung der Eigentümer für die Aufwertung ihres Standortes von den

Beurteilung der Ansätze durch Anfangsphase der Initiativen nicht möglich

Akteuren als realistisch und positiv eingeschätzt. Inwieweit dies tatsächlich erfolgt, muss zum derzeitigen Zeitpunkt offen bleiben.

Tab. 26: Vergleich des Nordrhein-Westfälischen mit dem Hamburger Ansatz

	Nordrhein-Westfalen	Hansestadt Hamburg
Beginn	• 1. Januar 2004	• Voraussichtlich ab 1. Januar 2005
Anzahl der Modellstandorte	• 14 Standorte	• Voraussichtlich zwei Standorte
Gesetzliche Grundlage	• Keine eigene BID-Gesetzgebung, aber Förderrichtlinien für Stadterneuerung des Landes als Grundlage und Anstoß	• BID-Gesetzgebung im Erarbeitungsverfahren
Finanzierung	• Je Standort pro Jahr 100.000 EUR Fördermittel vom Land plus 16.666 EUR von der Kommune plus 50.000 EUR durch die Privatwirtschaft	• Hundertprozentig privat finanziert
Zeitliche Begrenzung	• Fördermittel auf zwei Jahre angelegt, ansonsten keine zeitliche Begrenzung der Initiative	• Einrichtung des BIDs für acht Jahre, Verlängerung möglich
Einbindung von Eigentümern	• sind teilweise an der Konzeptentwicklung beteiligt; • freiwillige finanzielle Beteiligung.	• 15 Prozent der Eigentümer für Antragsstellung erforderlich; • 70 Prozent der Eigentümer müssen Einrichtung des BIDs billigen, indem sie keinen Einspruch erheben; • nach Festsetzung finanzielle Beteiligung aller Eigentümer.
Öffentliche Leistungen	• Auflegung eines Förderprogramms durch das Land; • Finanzielle Förderung der Konzeptentwicklung; • Sensibilisierung für die Thematik und Beratung; • Moderation des Findungsprozesses der Initiativen; • Datensammlung über Eigentümer des Standortes; • Aufbau neuer Kommunikationsstrukturen.	• Aufstellung eines Gesetzes zur Einführung von BIDs; • Beratung in der Konzept- und Gründungsphase; • Datensammlung über Eigentümer des Standortes; • Einzug des BID-Beitrages durch das Finanzamt.
Private Leistungen	• Anteilige finanzielle Beteiligung; • Ideenentwicklung für die Konzeption.	• Finanzierung der Maßnahmen; • Konzepterstellung.
Handlungsfelder der Standortgemeinschaft	• Aufwertung des öffentlichen Raumes; • Verbesserung des Branchenmixes; • Standortmarketing; • Projektentwicklung.	• Aufwertung des öffentlichen Raumes; • Verbesserung des Branchenmixes; • Standortmarketing; • Projektentwicklung.
Charakteristik des Modellstandortes	• hauptsächlich ein Freizeitstandort für den Abend, ergänzt durch Einzelhandelsnutzungen; • Problemdefinition: neben stadtgestalterischen Mängeln, auch sozialräumliche und nutzungsstrukturelle Defizite	• exklusivster Einkaufsstandort der Stadt, • Problemdefinition: Stadtgestaltung, Marketing
Bewertung	• Finanzielle Hilfestellung in der Konzeptentwicklung grundsätzlich positiv; • Problem der Anschlussfinanzierung durch private Akteure bleibt ein Risiko; • Initiative geht stark vom öffentlichen Sektor aus, so Aktivierung der Eigentümer ungewiss.	• Gesetzesinitiative des Landes als Impulsgeber für private Initiative; • Gesetz schafft die Möglichkeit für Initiative und beschränkt sie nicht auf bestimmte Standorte; • Modellstandort Neuer Wall seinem Charakter nach sehr exklusiv, Übertragbarkeit auf andere Standorte bleibt abzuwarten.

Quelle: eigene Zusammenstellung.

Betrachtet man die ersten Versuche das Modell des BID in Deutschland zu implementieren so offenbart sich, dass die Globalisierung gesellschaftlicher Entwicklungen in jüngster Zeit offensichtlich zu einer Annäherung der Ausgangsbedingungen und möglichen Handlungsmuster geführt hat. BIDs scheinen heute in Deutschland trotz der gegenüber den USA unterschiedlichen gesellschaftlichen Rahmenbedingungen eine Erfolg versprechende Alternative für die Aufwertung innerstädtischer Zentren zu sein. Eine Anpassung an die jeweilige Landessituation ist selbstverständlich erforderlich.

Fazit:
Trotz unterschiedlicher gesellschaftlicher Rahmenbedingungen scheinen BIDs in Deutschland heute möglich zu sein...

Nordrhein-Westfalen bezieht die differenzierten gesellschaftlichen Rahmenbedingungen zwischen den USA und Deutschland durch eine auf hiesige Verhältnisse angepasste Vorgehensweise ein. Die Förderung der Organisations- und Konzeptionsphase wird als richtig eingestuft, allerdings bleibt abzuwarten, ob allein diese Subventionierung zielführend ist. Die Projektfinanzierung und –umsetzung auf freiwilliger Basis, im Anschluss an den Förderzeitraum, ist mit Risiken verbunden. Eine nachhaltige Implementierung von ISGs scheint in Kombination mit einer BID-basierten Gesetzgebung aussichtsreicher. Erst die Projektumsetzung durch gemeinschaftliches privates Engagement stellt eine Innovation dar.

...durch finanzielle Anreize...

In Hamburg ist, womöglich als einzigem Bundesland, auch aufgrund ähnlicher Mentalitäten eine starke Anlehnung an das nordamerikanischen Vorbild möglich. Inwieweit sich die Verfahrensweise vom Neuen Wall auf andere Standorte übertragen lässt, kann zum gegenwärtigen Zeitpunkt nicht gesagt werden. Eines ist zum Abschluss festzuhalten: die Implementierung des BID-Ansatzes in Deutschland erfolgt derzeit an gehobenen Standorten beziehungsweise wird bei fehlender BID-Gesetzgebung durch öffentliche Fördergelder unterstützt. In beide Varianten werden Standorte gewählt, die sich durch handlungsfähige Organisationsstrukturen und Aussicht auf Problembewältigung auszeichnen.

...oder an gehobenen Standorten.

Die bisher gewonnen Erkenntnisse sollen im nun folgenden Teil IV auf das Bundesland Berlin, in dem ein solcher Ansatz bisher nicht besteht, angewendet werden.

IV. TEIL: DIE MODELLHAFTE BID-IMPLEMENTIERUNG IM BUNDESLAND BERLIN

Teil IV setzt sich konzeptionell mit der BID-Implementierung im Bundesland Berlin auseinander. Der erste Abschnitt analysiert die Situation Berlins und formuliert den Handlungsdruck für die Stadt. Anschließend erfolgt anhand der Positionierung wesentlichen Akteursgruppen gegenüber dem BID-Ansatz eine Einschätzung der Implementierungsaussichten in Berlin.

Für die Abschätzung der BID-Implementierungschancen wird zunächst eine Standortanalyse Berlin vorgenommen...

Der zweite Abschnitt stellt den Kurfürstendamm als einen möglichen Standort für das Modell vor und formuliert Empfehlungen für den Implementierungsprozess. Anhand der Spezifik des Standortes, dem daraus resultierenden Handlungsdruck und den vorhandenen Initiativen erfolgt die Bewertung der Realisierungschancen des Projektes

...und im Anschluss der Modellstandort Kurfürstendamm auf seine BID-Eignung untersucht.

Der Modellstandort Kurfürstendamm wurde nach Gesprächen und Vor-Ort-Begehungen unter Berücksichtigung der komplexen Zentrenstruktur Berlins nach folgenden zuvor formulierten Auswahlkriterien ausgewählt:
- aktive Standortgemeinschaft;
- vorhandener Problemdruck und
- der Möglichkeit zu Eigentümerkontakten.

Es wurden sechs Geschäftszentren aus dem Stadtentwicklungsplan Zentren und Einzelhandel mit unterschiedlicher Zentralitätsstufe mittels qualitativen Interviews näher betrachtet. Zusätzlich konnten durch ein parallel laufendes Praktikum bei der Industrie- und Handelskammer (IHK) Berlin Informationen über die Situation an den Standorten gewonnen werden.

Die Auswahl des Modellstandortes erfolgte anhand von Gesprächen...

Wurde anfänglich davon ausgegangen, dass es sich bei dem zu wählenden Standort um ein Gebiet mit besonders gravierenden Problemen handeln sollte, reifte im Laufe der inhaltlichen Auseinandersetzung mit den unterschiedlichen Rahmenbedingungen in beiden Ländern und den Implementierungsmodellen in anderen Bundesländern die Erkenntnis, dass ein „halbwegs intakter" Standort den Anfang machen sollte. Die Wahl fiel aus diesem Grund auf den Kurfürstendamm.

...und den Erkenntnissen aus der Übertragbarkeitsanalyse in Teil III.

16.

DIE BID-IMPLEMENTIERUNG
AM GESCHÄFTSSTANDORT BERLIN

16.1 Spezifik des Geschäftsstandortes Berlin

Mit cirka 3,4 Millionen Einwohnern ist Berlin die größte Stadt Deutschlands und weist eine polyzentrale Zentrenstruktur mit einer Vielzahl an Geschäftszentrentypen auf (vgl. Abb. 31). Für das Marktgebiet des Berliner Einzelhandels werden 4,4 Millionen Einwohner angegeben zuzüglich der Zahl der Touristen, die im Jahr 2002 auf etwa weitere 4,8 Millionen geschätzt wurde (Cushman&Wakefield 2003, S. 1).

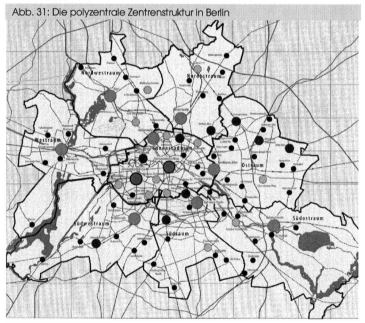

Abb. 31: Die polyzentrale Zentrenstruktur in Berlin

Quelle: SenSUT 1999, S. 14.

Wirtschaftliche Lage Berlins durch konjunkturellen Tiefpunkt gekennzeichnet: hohe Arbeitslosenzahlen, sinkende Einzelhandelsumsätze und...

Die wirtschaftliche Lage Berlins hat im vergangenen Jahr einen konjunkturellen Tiefpunkt erreicht. Die private Konsumnachfrage blieb vor dem Hintergrund einer schlechten Arbeitsmarkt- und Beschäftigungssituation äußerst zurückhaltend. Ausgehend von einer Arbeitslosigkeit von 11,5 Prozent im Jahr 1992 steigerte sich diese Rate kontinuierlich auf 18,1 Prozent im Jahr 2003 und liegt damit deutlich über dem Bundesdurchschnitt mit 10,5 Prozent in

2003 (SenWiArbFrau 2004, S. 34). Die Verkaufsergebnisse im Einzelhandel unterschritten die entsprechenden Vorjahresergebnisse regelmäßig. Das Umsatzvolumen im Einzelhandel nahm nach starken Einbußen von minus 6,5 Prozent im Jahr 2002 im Folgejahr 2003 um ein Prozent ab. Ein ähnlicher Trend zeigte sich im Gastgewerbe. Dort reduzierten sich die Umsätze im Jahr 2003 um zehn Prozent. Im Vergleich zum Vorjahr verlief die Abwärtsbewegung jedoch deutlich langsamer (SenWiArbFrau 2004, S. 5ff).

Gleichzeitig ist die Situation durch eine sinkende Kaufkraft und die schleppende Angleichung derselben zwischen dem Ost- und dem Westteil Berlins geprägt. Das hat seine Gründe in (Bunge / Warweitzki 1998, S. 73).

- steigenden Arbeitslosenzahlen,
- höheren Sozialversicherungsbeiträge (Renten-, Kranken-, Arbeitslosen- und Pflegeversicherung) sowie
- einem generell geringeren Anstieg von Renten und Löhnen.

... eine negative Kaufkraftentwicklung prägen den Standort.

Berlin belegte im innerdeutschen Kaufkraftvergleich der Großstädte Im Jahr 2003 Platz 49. Das Kaufkraftpotenzial pro Einwohner entsprach im gleichen Jahr ungefähr dem Bundesdurchschnitt, wobei immer noch Einkommensunterschiede zwischen dem Ost- und dem Westteil der Stadt bestehen. Der Berliner Einzelhandelsumsatz lag im Jahr 2001 bei cirka 18,25 Milliarden EUR (Cushman&Wakefield 2003, S. 1).

Zusätzlich steckt Berlin in einer extremen Haushaltsnotlage. Seit 1991 erzeugt Berlin jährlich ein sehr hohes Primärdefizit, das zu einem aktuellen Schuldenberg von über 51 Milliarden EUR geführt hat. Die Zinsausgaben Berlins sind doppelt so hoch wie in anderen Bundesländern (Sarrazin 2004a, S. 2). Diese finanzielle Krise Berlins beruht nicht auf fehlenden Einnahmen, sondern auf deren Missverhältnis zu den Ausgaben. Die Einnahmensituation des Landes Berlin ist heute bereits im Verhältnis zum Bundesdurchschnitt begünstigt. So erzielte Berlin gegenüber dem Bundesdurchschnitt pro Einwohner im Jahre 2003 bereits Mehreinnahmen von 25 Prozent. Demgegenüber standen im gleichen Jahr Mehrausgaben im Vergleich mit dem Bundesdurchschnitt von 41 Prozent (Sarrazin 2004b, S. 1). Da ab 2006 stufenweise Sonderzuweisungen des Bundes für die ostdeutschen Bundesländer abgebaut werden, sinkt der Einnahmenvorsprung langfristig auf ungefähr 10 bis 15 Prozent. Diese Perspektive gebietet, dass die Mehrausgaben von gegenwärtig 41 Prozent auf diese 10 bis 15 Prozent reduziert werden müssen (Sarrazin 2004b, S. 2). Dieses Ziel wird seit einiger Zeit durch umfangreiche Sparmaßnahmen angegangen.

Die extreme Haushaltsnotlage in Berlin führt zu radikalem Sparprogramm des öffentlichen Sektors

Neben dem über Jahre defizitären Haushalt ist in ganz Deutschland und auch in der Bundeshauptstadt ein schwaches Wirtschaftswachstum zu registrieren. So verzeichnete Berlin im Jahr 2003 Einnahmen, die um 1,4 Milliarden EUR unter dem Niveau des Jahres 2000 lagen. Sinkende Steuereinnahmen waren die Folge (Sarrazin 2004b, S. 2). Eine Überschreitung der verfassungsrechtlichen Kreditobergrenze im Doppelhaushalt 2004 / 2005 und die derzeitige Berliner Verfassungsklage in Karlsruhe spiegeln die entstandene Situation wider.

Schwaches wirtschaftliches Wachstum führt zusätzlich zu sinkenden Steuereinnahmen

Steuerungsinstrumente für die Flächenentwicklung im Berliner Einzelhandel sind der Stadtentwicklungsplan (STEP) Zentren und Einzelhandel sowie der Flä-

Steuerung der Handelsflächen über öffentliche Instrumente

chennutzungsplan (FNP) als vorbereitende Bauleitplanung der Senatsverwaltung für Stadtentwicklung. Im FNP finden sich die als zentral eingestuften Bereiche des STEP Zentren und Einzelhandel wieder. Der Stadtentwicklungsplan, als informeller, nicht rechtsverbindlicher Plan, gliedert Berlin in Zentrumsbereiche, Hauptzentren, Stadtteilzentren und Nahversorgungszentren und gibt Orientierungswerte über zulässige Verkaufsflächengrößen an den Standorten an. Allerdings beruhen die hier gemachten Angaben auf zu optimistischen Prognosen zur Bevölkerungs- und Kaufkraftentwicklung, so dass heute von einem geringeren Bedarf ausgegangen werden muss (Plate, 05.04.2004). Darüber hinaus hat die Senatsverwaltung für Stadtentwicklung als Entscheidungshilfe und zugleich Kontrollinstrument für die Bezirksverwaltungen Ausführungsvorschriften zu großflächigen Einzelhandelseinrichtungen verabschiedet.

Starkes Flächenwachstum im letzten Jahrzehnt beim Handel...

Auf Basis der STEP-Festlegungen nahm der Bestand an Einzelhandelsflächen in Berlin im letzten Jahrzehnt stark zu. Im Zeitraum von 1991 bis 1997 fand eine Steigerung von 2,6 Millionen Quadratmeter auf 3,3 Millionen Quadratmeter statt (Bunge / Warweitzki 1998, S. 31). 2003 lag der Wert bereits bei etwa 4,2 Millionen Quadratmeter (Cushman&Wakefield 2003, S. 1). Damit ist Berlin hinter Paris und London der drittgrößte Einzelhandelsstandort in Europa (Engel&Völkers 2003, S. 2).

...bei Büroimmobilien und...

Ein ähnlicher Flächenzuwachs zeigt sich im Büroimmobilienbereich. Aufgrund anhaltender Bautätigkeit und sinkender Nachfrage rechnen Marktbeobachter damit, dass in kurzer Zeit mehr als zehn Prozent der Berliner Büroflächen leer stehen (Schönball 2004b, S. I 1). Da derzeit neue Mietverträge vorwiegend dann abgeschlossen werden, wenn ortsansässige Firmen von ihren alten Adressen mit höheren Mieten in Neubauten mit besserer Ausstattung und günstigeren Mieten umziehen, sinkt das Mietniveau am Standort.

...im Tourismusbereich durch Neubauten.

Parallel dazu findet sich ein Überangebot an Flächen im Tourismussektor. Der Bauboom im Hotelbereich wirkt sich heute bereits in Form umfangreicher Rabattangebote aus. Die Übernachtungspreise liegen zwar über dem bundesweiten Niveau, sind aber nicht halb so hoch wie beispielsweise vergleichbare Standards in London. Diese Situation lässt sich auf das hohe Bettenangebot in der Stadt zurückführen. So stieg ihre Anzahl von 30.000 im Jahr 1991 auf derzeit zirka 71.000. In den kommenden drei Jahren wird von Berlin Tourismus-Marketing durch Neubauten (BTM) ein Anstieg auf 80.000 Betten prognostiziert. Auch wenn die Zahl der Übernachtungen im Jahr 2003 um elf Prozent stieg, konnte nur eine durchschnittliche Auslastung von 60 Prozent erreicht werden. Das bedeutet, dass im Schnitt lediglich kostendeckend gearbeitet werden konnte (Schönball 2004c, S. I 1).

Nachfragesteigerung durch Zuwachs von „Außen" notwendig

Ziel muss es demnach in allen Branchen sein, die Nachfrage durch Kunden, Touristen und Unternehmen aus anderen Regionen zu steigern.

Schlechte konjunkturelle Lage belastet Immobilienmarkt und führt zu Institutionalisierung des Eigentums

Außerdem lässt sich derzeit eine spürbare Veränderung auf dem Immobilienmarkt der Stadt konstatieren. Da Investitionen in Immobilien mit großen Risiken behaftet sind, ziehen sich seit einiger Zeit viele Privateigentümer aus dem Geschäft zurück und veräußern ihren Besitz an größere Anleger (offene

Immobilienfonds, Versicherer, Rentenfonds). Man spricht in diesem Zusammenhang auch von der Institutionalisierung des Eigentums. Das betrifft in erster Linie Wohnimmobilien oder vermietete Gewerbeimmobilien (Schönball 2004a, S. I 1). Dass im ersten Quartal des Jahres 2004 fast dreimal so viele Immobilienverkäufe stattfanden wie im Vergleichzeitraum des Vorjahres, führen Analysten auf die problematische wirtschaftliche Lage zurück. Gilt doch der Grundsatz, dass Investitionen antizyklisch erfolgen sollten, da auf einem rezessiven Markt die Preise günstiger sind (Schönball 2004b, S. I 1).

Abb. 32: Mietpreisentwicklung von Einzelhandels-immobilien in Berliner 1a-Lagen in EUR pro Quadratmeter*	Abb. 33: Prozentuale Wertentwicklung von Einzelhandelsimmobilien in Berliner 1a-Lagen (1993=100 Prozent)*

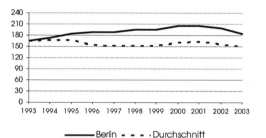

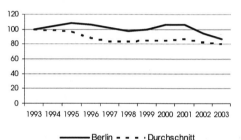

* die durchschnittliche Entwicklung beruht auf einer Kemper´s Befragung von 158 untersuchten Städten in den alten Bundesländern
Quelle: Kempers Cityprofil Berlin 2003, S. 60.

Die beschriebenen Entwicklungen führen zu einer problematischen Situation:

Flächenerweiterungen in allen Branchen bei gleichzeitig sinkender Nachfrage

- Die realisierten und geplanten Flächenausweitungen im Einzelhandel verstärken in Verbindung mit dem niedrigen Kaufkraftpotenzial bereits vorhandene Verdrängungseffekte.
- Selbst die großen Filialisten konnten ihre angestrebten Umsatzziele häufig nicht erreichen bzw. gingen diese in den letzten Jahren kontinuierlich zurück (Engel &Völkers 2003, S. 2). Die Nachfrage bei den Anmietungen konzentriert sich auf 1a-Lagen wie die Tauentzienstraße, den Kurfürstendamm oder die Friedrichstraße. In 1b-Lagen gibt es Vermietungsschwierigkeiten. Die nachgefragten Flächen sind tendenziell kleiner geworden und liegen in der Größenordnung von 50 bis 120 und zwischen 250 und 500 Quadratmeter (Engel&Völkers 2003, S. 2).
- Schwerpunktmäßig in den traditionellen Geschäftsstraßen der Nebenzentren treten bereits vermehrt Leerstände auf (Potz 2004, S. 58).
- Die sinkende Nachfrage nach Handelsflächen führt jedoch nicht nur zu steigenden Leerständen (auch in 1a-Lagen), sondern übt kontinuierlich Druck auf die Einzelhandelsmieten aus. Die Folgen sind sinkende Immobilienwerte und Mietpreise (vgl. Abb. 32 und 33).
- Die Flächenerweiterungen bei Büroimmobilien wirken sich ebenso nachteilig auf die Umsatzentwicklungen des Einzelhandels in den Geschäftszentren aus. So spüren Geschäftszentren den Wegzug von Dienstleistern infolge der geringeren Nachfrage durch die Arbeitnehmer im Gebiet (Timm, 30.04.2004).

Fazit:
übermäßiges Flächenwachstum
im Einzelhandel und sinkende
Kaufkraft ursächlich für Zentren-
probleme; öffentliche Hand nur
bedingt handlungsfähig; privat-
wirtschaftliches Engagement
gefragt

Zusammenfassend lässt sich festhalten, dass die zunehmenden Probleme der innerstädtischen Zentren auf einem starken Flächenwachstum und der sinkenden Kaufkraft beruhen. Die öffentliche Hand kann auf längere Sicht den derzeitigen Service für die Aufenthaltsqualität im öffentlichen Raum nicht verbessern. Sie wird künftig eher Schwierigkeiten haben, den Standard zu halten. Förderprogramme wie sie in Nordrhein-Westfalen aufgelegt wurden (vgl. Kap. 14.2), um die Tätigkeit von Standortinitiativen zu fördern, wird es auf absehbare Zeit in Berlin nicht geben. Eine verstärkte Konzentration auf touristische Zielgruppen als potenzielle Kunden für Geschäftszentren sowie ein verstärktes privatwirtschaftliches Engagement erscheinen wegen:

- einem steigenden Handlungsbedarf aufgrund nachlassender Nachfrage nach Geschäftsflächen, sinkender Umsatzzahlen sowie zunehmenden Leerständen und
- eingeschränkten Handlungsmöglichkeiten der öffentlichen Hand

sinnvoll und notwendig. Inwieweit entscheidende Befürworter der Gründung eines BID in Berlin einen solchen Schritt befürworten und damit eine Implementierung möglich machen, führt der nächste Abschnitt aus.

16.2 Abschätzung zu den Erfolgsaussichten einer BID-Implementierung in Berlin

Einstellung der Akteursgruppen
gegenüber BIDs dient als Indika-
tor für Erfolg

Wie bereits die New Yorker Fallstudien (vgl. Kap. 9 - 12) und die deutschen Implementierungsansätze (vgl. Kap. 14) zeigen, sind die Interessen und die entsprechenden Unterstützung unterschiedlichster Akteursgruppen für die Realisierung von BID-Projekten sehr wichtig. Deshalb wird im Folgenden auf die Haltung wesentlicher Akteursgruppen gegenüber dem BID-Modell eingegangen und anschließend ihr Einfluss auf eine Implementierung des Ansatzes in Berlin bewertet.

Die öffentliche Hand ist
gegenüber dem BID-Ansatz auf-
geschlossen, erwartet aber
Initiative aus der Privatwirtschaft

Die öffentliche Verwaltung steht dem Modell aufgeschlossen gegenüber. Insbesondere auf der Bezirksebene wurde die BID-Idee bei der Stadtentwicklungs- und Wirtschaftsbehörde positiv aufgenommen. Zusätzliche Belastungen durch den erhöhten Betreuungsaufwand waren zumindest in diesem Stadium der Diskussion kein Thema. Stärker wurde die Frage der Aufgabenabgrenzung thematisiert. Eine Übernahme öffentlicher Aufgaben durch den BID wurde zunächst ausgeschlossen (Jahn, 21.04.2004). Ein wichtiges Anliegen ist die ausgewogene Berücksichtigung der legitimen Interessen der Betroffenen am Standort (Höhle, 06.05.2004). Auf der Ebene der Senatsverwaltung ist stärkere Zurückhaltung zu spüren, da Berlin sowieso schon von Überregelungen, Verpflichtungen und Abgaben geprägt sei (Strauch, 14.04.2004). Zusätzliche Regelungen will man den Bürgern nicht ohne weiteres zumuten. Eine stärkere Auseinandersetzung mit dem BID-Ansatz würde von dieser Ebene nur erfolgen, wenn eindeutige Signale aus der privaten Wirtschaft kämen, die das Thema auch politisch tragfähig machen. Bisherige PPP-Projekte werden als erfolgreich eingestuft und insofern durchaus auch zukünftig befürwortet (Strauch, 14.04.2004; Plate, 05.05.2004).

Politisch scheint ein solcher Ansatz derzeit nicht mehrheitsfähig zu sein. Zumindest von Seiten der Regierungskoalition werden die schon hohen steuerlichen Belastungen der Einwohner Berlins und die schlechten wirtschaftlichen Rahmenbedingungen als Argument gegen eine zusätzliche finanzielle Belastung angeführt (Strauch, 14.04.2004). Demgegenüber hat sich die CDU am 4. Mai 2004 erstmalig offiziell auf einer Anhörung im Abgeordnetenhaus von Berlin mit dem Thema „Business Improvement Districts – Ein Ansatz zur Revitalisierung der Berliner Einkaufsstrassen?" befasst und dabei ein klares positives Votum abgegeben. Begründet wurde dies mit dem entsprechenden Know-how der Unternehmer in Hinblick auf risiko- und verantwortungsbewussten Wirtschaften als Qualifizierungsgrundlage für eine solche Vorgehensweise (Zimmer, 04.05.2004). Vom wirtschaftspolitischen Sprecher der FPD-Fraktion wird dem Ansatz nur eine Chance eingeräumt, wenn die BIDs ohne „Zwangsabgabe" eingeführt werden (Rechenberg 2004, S. 85).

Auf politischer Ebene ambivalente Haltung gegenüber dem Modell

Im Bereich der Verbände sind sowohl Promotoren wie auch Skeptiker des Ansatzes vertreten. Der Berliner Einzelhandelsverband (GdE) unterstützt das Modell und betont die Notwendigkeit eines ausreichenden Budgets für eine erfolgreiche Implementierung. Ohne eine verpflichtende Beitragzahlung sei dies nicht zu realisieren (Rechenberg 2004, S. 85). Die IHK Berlin, als Interessensvertretung für die Gewerbetreibenden und Träger öffentlicher Belange in Stadtentwicklungsprozessen, ist als Bedenkenträger einzustufen. Die Pflichtmitgliedschaft aller Gewerbetreibenden und die damit verbundene Beitragzahlung führen zu einem vorsichtigen Umgang mit zusätzlichen verpflichtenden Belastungen. Wie die Implementierungsansätze in anderen Bundesländern zeigen (vgl. Kap. 14), agieren dort die Handelskammern, trotz gleicher Finanzierungsbasis, als entscheidende Promotoren der verfolgten Ansätze. Dass dies in Berlin nicht der Fall ist, liegt nicht zuletzt an der finanziell schwierigen Lage der IHK Berlin, die eine Positionierung zu zusätzlichen finanziellen Belastungen erschwert. Die insgesamt schwierige wirtschaftliche Lage des Standortes, aber auch die eigene Situation führen zu einer zurückhaltenden Position und zu einer Befürwortung des auf freiwilliger Basis beruhenden Nordrhein-Westfälischen Ansatzes (Wiesenhütter, 04.05.2004).

Innerhalb der Verbände Promotoren und Skeptiker vorhanden

Von Seiten der Gewerbetreibenden reicht die Einstellung zum BID-Ansatz von grundsätzlicher Ablehnung bis zur Befürwortung. Als negativ wird die zusätzliche finanzielle Belastung und Verlagerung der (durch öffentliche Ansiedlungspolitik neuen Einkaufzentren) entstandenen Problematik auf die private Seite angesehen. Ebenso wird befürchtet, dass bei wenig Mitspracherecht mit den entstehenden Kosten vor allem die Gewerbetreibenden belastet werden. Andererseits empfinden es viele als richtig die Grundstückseigentümer in die Standortaufwertung einzubeziehen. Die Möglichkeit der verpflichtenden Beitragzahlung sehen viele positiv. Die erforderliche BID-Gesetzgebung wird als sehr hilfreich angesehen, gleichzeitig jedoch als zu zeitaufwändig eingeschätzt (Ristau, 04.05.2004).

Gewerbetreibende mit ambivalenter Haltung zu BIDs

Ebenso vielfältig, von Desinteresse bis zur eindeutigen Befürwortung, ist auch die Einstellung der Eigentümer. Eine offizielle Stellungsnahme von einem in Berlin ansässigen Interessensvertreter fehlt noch. Die Chancen zur Aktivierung

Eigentümer agierten bisher projektbezogen, befürworten aber eine übergreifende Standortentwicklung

dieser Interessengruppe sind stark standortgebunden. Rahmenbedingungen wie:

- die Eigentümerstrukturen (Dominanz von Einzeleigentum oder Institutionen);
- der Handlungsdruck und
- bereits bestehende Netzwerke mit entsprechenden Autoritäten

sind ausschlaggebend für den Aktivierung dieser Gruppe. Grundsätzlich besteht durchaus Interesse an einer Mitwirkung, aber man ist es eher gewohnt sich an Einzelprojekten zu beteiligen. Die Einbindung in ein größeres Netzwerk mit Mehrheitsentscheidung, wie bei einem BID zu erwarten, stellt eine psychologische Hürde dar, die erst überwunden werden muss.

Makler schätzen das Modell durchweg positiv ein

Die in engem Kontakt zu den Eigentümern stehenden Makler schätzen die Notwendigkeit und die Chancen des Modells uneingeschränkt positiv ein. Von ihnen werden die wirtschaftlichen Risiken, sinkende Mieten und nachlassende Nachfrage, zuerst registriert. Aus ihrer Sicht erwachsen die Probleme der Vermarktung der Einzelflächen aus:

- einer mangelhaften Vermarktung der Standorte;
- einem ungenügendem Problembewusstsein vieler Eigentümer und
- einer fehlenden Vernetzung zu einem gemeinsamen Standort

Sie glauben an die Chancen einer Mobilisierung der Eigentümer, besonders dann, wenn ihnen der Ernst der Lage eindringlich bewusst gemacht wird (Boether, 06.04.2004; Kupsch, 30.04.2004; Timm, 30.04.2004).

Fazit: Innerhalb der Akteursgruppen sehr unterschiedliche Beurteilung des BID-Ansatzes

Zusammenfassend lässt sich festhalten, dass innerhalb der entscheidenden Akteursgruppen (abgesehen von den Maklern) derzeit keine uneingeschränkte Befürwortung des BID-Ansatzes auszumachen ist (vgl. Tab. 27). Der Grund dürfte in den derzeit noch offenen Antworten auf folgende Fragen liegen:

- Wer sind die „Gewinner" eines BID?
- Bedeutet ein BID die einseitige Durchsetzung von Eigentümerinteressen?
- Wird die öffentliche Hand nach und nach ihr Leistungsangebot reduzieren und in private Hände verlagern, ohne adäquate Gegenleistungen zu erbringen?

Die desolate wirtschaftliche Situation des Landes hat zur Folge, dass sich der öffentliche Sektor und die Interessensvertretung der privaten Hand derzeit nur ungern mit einem derart brisanten Thema beschäftigen will, obwohl dessen Lösung höchste Priorität haben müsste.

Tab. 27: Einstellung der Berliner Akteursgruppen gegenüber dem BID-Ansatz

	Politik	Öffentliche Hand	Verbände	Gewerbetreibende	Eigentümer	Makler
Einstellung gegenüber BID-Ansatz	--- (Opposition Promotor)	Neutral	Ambivalent (Promotor bis ablehnend)	Ambivalent (Positiv bis ablehnend)	Positiv bis neutral	Promotor

Quelle: eigene Einschätzung und Darstellung

Implementierung des Modells ohne einflussreichen Promotor unwahrscheinlich

Das Thema BID hat auf Grund der anstehenden Probleme in Berlin zunehmendes Interesse gefunden. Die erst vor kurzem angelaufene öffentliche Diskussion wird zu einer breiten Information über das Thema führen und die spezifischen Konditionen am Standort zur Festlegung konkreter Lösungsansät-

ze klären helfen. Sollte sich zukünftig jedoch kein einflussreicher Promotor ü-
berzeugend für das Modell engagieren, ist eine BID-Implementierung im
Bundesland Berlin unwahrscheinlich.

Welchen Weg der BID-Implementierung sollte Berlin im Falle einer Befürwortung gehen? Die beiden in Kapitel 14 dargestellten Lösungswege aus
Nordrhein-Westfalen und Hamburg können von Berlin nicht in gleicher Form
übernommen werden. In Nordrhein-Westfalen beruht die Implementierung
auf der Bereitstellung von Fördermitteln, die Berlin auf absehbare Zeit nicht zur
Verfügung hat. Zudem nimmt die Realisierung des Modells ohne gesetzgebe-
rische Initiative dem Ansatz eine seiner wichtigsten Chancen. In Berlin müsste
in diesem Fall zu Recht gefragt werden, warum dann nicht vorhandene Ansätze wie das Quartiermanagement weiterentwickelt werden, die ebenfalls
Wirtschaftsförderung an Standorten betreiben. Ein BID-basiertes Modell zu
wählen, würde die verstärkte Einbindung von Grundstückseigentümern und
eine überwiegend privatwirtschaftliche Finanzierung, gegebenenfalls mit Unterstützung öffentlicher Fördermitteln, bedeuten.

> **Bei einer mehrheitlichen Befür-
> wortung muss Berlin einen
> eigenen spezifischen Lösungs-
> weg suchen**

Das Hamburger Modell scheint sowohl von den strukturellen Rahmenbedingungen (ebenfalls ein Stadtstaat) und der flexiblen Herangehensweise für
eine BID-Implementierung in Berlin empfehlenswert. Trotzdem gibt es auch
gewichtige Unterschiede, wie:

> **Der Hamburger Weg ist für Berlin
> empfehlenswert, findet hier aber
> andere Rahmenbedingungen
> vor**

- Unterschiedliche Mentalitäten, die in Hamburg durch eine Kaufmann-
  schaft mit starker Eigenverantwortung und in Berlin durch ein
  Beamtentum mit einem ehemals stark subventionierten Haushalt geprägt
  sind. Daraus resultieren differenzierte Erwartungshaltungen der privaten Interessengruppen gegenüber der öffentlichen Hand.
- In Hamburg existieren keine politischen Bezirke und keine eigenständigen
  Bezirksbürgermeister. Die komplizierten Zuständigkeiten zwischen Bezirk
  und Senat wie in Berlin sind dort nicht vorhanden.
- Auch die wirtschaftliche Lage beider Städte ist nicht vergleichbar.

Für Berlin wäre es sinnvoll, bei entsprechenden Mehrheiten, eine eigene BID-
Gesetzgebung anzustreben. Gerade weil man auf ein größeres privatwirtschaftliches Engagement angewiesen ist, sollte vorhandene Initiative durch
die Aussicht auf eine gesicherte Finanzierung motiviert werden. Das gesetzlich
verankerte Quorum der notwendigen Zustimmung, in Hamburg 70 Prozent der
Eigentümer, schützt vor den Alleingängen einer Minderheit.

> **Für Berlin wird eine eigene BID-
> Gesetzgebung vorgeschlagen...**

Parallel zu einem Gesetzgebungsverfahren ist eine umfangreiche Information
notwendig, die im Kern die Aussage vermittelt, dass es sich bei ihr um eine
anbietende, im Sinne einer ermöglichenden Gesetzgebung handelt. Nicht
die Einführung einer zusätzlichen Abgabe an die öffentliche Hand ist die
Zielsetzung eines solchen Gesetzes, sondern vielmehr die Unterstützung
privaten Engagements zur Finanzierung selbst gestellter Aufgaben.

> **...die jedoch durch einen um-
> fangreichen Informationsprozess
> flankiert werden muss**

Da die verpflichtende Abgabe, neben Vorgaben zur Arbeitsplanung und Rechenschaftslegung, die wichtigste Regelung dieses Gesetzes ist, müssen die
entsprechenden Rahmenbedingungen, die diese Regelung begleiten, gut
überdacht werden. Zum Beispiel gibt es gegen die alleinige Entscheidungsbe-

> **Verpflichtende Abgabe wird
> befürwortet**

fugnis der Eigentümer im Gründungsverfahren eines BID nachvollziehbare Bedenken der Gewerbetreibenden. Auch wenn die starke Gewichtung des Eigentümervotums aufgrund ihrer finanziellen Belastung über die Grundsteuer gerechtfertigt ist, wäre ein zusätzliches Quorum durch Gewerbetreibende zu überdenken. Inwieweit alle Eigentümergruppen (also auch öffentliche oder ausschließlich zum Wohnen genutzte Grundstücke) in die Beitragszahlung einbezogen werden und auf welcher Grundlage die Beitragsberechnung beruhen sollte, muss unter den betroffenen Interessengruppen verhandelt werden.

Bei der Implementierung des Ansatzes sind die Mentalitätsunterschiede zu beachten.

Um diesen Diskussionsprozess zu beleben und ihn durch konkrete Erfahrungen in den USA zu bereichern, wird nun mit dem Vorschlag eines Modellprojektes einem Modellprojektvorschlag, ein Diskussionsbeitrag geliefert. Auch wenn die Untersuchungen am US-amerikanischen BID die Gründung an jedem Zentrentyp nahe legen, sind bei der Übertragung des Modells auf den Standort Deutschland die unterschiedlichen gesellschaftlichen Rahmenbedingungen (vgl. Kap. 13) zu berücksichtigen.

Der Kurfürstendamm als Modellstandort

Ausgehend von diesen differenzierten Rahmenbedingungen wird der Kurfürstendamm als Modellstandort gewählt. Vielfältiges Engagement lokaler Akteure und eine finanziell potente Eigentümergruppe lassen eine Implementierung an diesem Standort möglich erscheinen. Von der Gebietscharakteristik lässt sich der Kurfürstendamm am ehesten mit der Fallstudie 34th Street BID aus New York City vergleichen (vgl. Kap. 9). Wählt man einen stärker problematischen Standort, also mit hohen Leerständen, schwierigem sozialen Umfeld und starker Verwahrlosung des öffentlichen Raums, kommen neben allgemeingültigen Schwierigkeiten der Aktivierung von Eigentümern und Gewerbetreibenden auch noch strukturelle Widrigkeiten hinzu. Auch wenn Modellprojekte einen experimentellen Charakter haben und insofern auch das Scheitern einkalkuliert sein muss, sollte zu Motivationszwecken ein Modellstandort gewählt werden, der von seinen Rahmenbedingungen einen Erfolg möglich scheinen lässt (Felsch, 07.05.2004).

Für sehr problematische Standorte scheint das Modell nicht geeignet

Die gute finanzielle Situation der Eigentümer und eine realistische Zielsetzung die über dem Standard der angebotenen öffentlichen Leistungen liegt, scheinen zum derzeitigen Zeitpunkt die notwendigen Ausgangsbedingungen zur Realisierung eines BID zu sein. Ausgehend von sichtbaren Erfolgen wäre eine Übertragung auf etwas schwierigere Standorte möglich. Für ausgesprochene Problemfälle dürfte das Modell in Deutschland gegenwärtig nicht geeignet sein.

Fazit: Berlin muss aufgrund schlechter Rahmenbedingungen noch flexibler und aufgeschlossener agieren als andere Standorte

Die beschriebenen Rahmenbedingungen in Berlin erlauben die Schlussfolgerung, dass aufgrund der schlechten wirtschaftlichen Lage und komplizierten Struktur der beteiligen Interessengruppen umfangreiche Abstimmungsprozesse aller Akteure und eine größerer Flexibilität der öffentlichen Verwaltung notwendig sind. Grundsätzlich wäre eine finanzielle Unterstützung von Seiten der Kommune für die Gründungsphase wünschenswert. Spätestens mit Beginn der Projektumsetzung und dem laufenden Management sollte eine vollständige private Finanzierung einsetzen (vgl. Kap. 14.2 NRW-Modell).

17.

DER MODELLSTANDORT KURFÜRSTENDAMM

17.1 Spezifik des Standorts

Der Kurfürstendamm ist einer der beiden Zentrumsbereiche von Berlin und gilt aufgrund seiner stadtweit größten Konzentration an Einzelhandelsflächen als wichtigster Einkaufsstandort der Stadt. Diese Position lässt sich auch anhand der Passantenfrequenzen belegen (vgl. Abb. 34). Der Begriff Standort Kurfürstendamm beschreibt im Folgenden das von der Senatsverwaltung für Stadtentwicklung als Zentrumsbereich Zoo / City West benannte Geschäftszentrum (vgl. Abb. 36, S.157) und bezieht die Tauentzienstraße und die angrenzenden Seitenstraßen mit ein. Detaillierte Datensätzen über die Gewerbestruktur des Standortes sind nur bis zum Olivaer Platz vorhanden und dienen als Datengrundlage für die künftigen Ausführungen.

Kurfürstendamm ist der wichtigste Einkaufsstandort der Stadt

Der Standort Kurfürstendamm umfasst Teile der Bezirke Charlottenburg-Wilmersdorf sowie im Bereich der Tauentzienstraße von Tempelhof-Schöneberg und ist ein typisches, nutzungsgemischtes innerstädtisches Gründerzeitquartier aus dem 19. Jahrhundert. Prägend sind die Büro-, Einzelhandels-, Gastronomie- und Wohnnutzung, aber auch kulturelle Einrichtungen wie zum Beispiel das Theater am Kurfürstendamm. In der Hauptachse Kurfürstendamm / Tauentzienstraße und einem großen Teil der angrenzenden Seitenstraßen findet sich in der Erdgeschosszone ein lückenloser Einzelhandelsbesatz. In den oberen Geschossen stehen umfangreiche Büroflächen zur Verfügung.

Nutzungsgemischtes Gründerzeitviertel...

Einzugsbereich für diese Nutzungen ist traditionell der gesamte Bereich des ehemaligen West-Berlins. Nach der Wende konnte der Standort zusätzliche Kaufkraft aus den östlichen Bezirken und dem zunehmenden Berlin-Tourismus binden. Das direkt angrenzende Gebiet weist heute noch eine überdurchschnittliche Kaufkraft je Einwohner auf. Im Bezirk Charlottenburg-Wilmersdorf lag die Kaufkraft je Einwohner im Jahr 2002 bei 22.688 EUR gegenüber dem Durchschnitt von 16.919 EUR für Berlin (Elgert 2004, o. S.).

...mit stadtweitem Einzugsgebiet und kaufkräftigem Umfeld.

Der Kurfürstendamm einschließlich Tauentzienstraße erstreckt sich über fast fünf Kilometer (BA Charlottenburg-Wilmersdorf 2003b, S. 1) und weist in dieser Distanz unterschiedliche Charakteristika auf. Im Bereich der Tauentzienstraße dominieren internationale Handelsketten und große Kaufhausstrukturen, darunter das renommierte Kaufhaus des Westens (KaDeWe). Der Kurfürstendamm bietet ab der Joachimsthaler Straße zunehmend exklusivere und kleinteiligere Angebote. Im Abschnitt zwischen Schlüter- und Leibnitzstra-

Geschäftsstandort Kurfürstendamm von Mainstream bis Exklusiv

ße konzentrieren sich internationale Designerläden des hochpreisigen Segments. Beginnend mit dem Adenauer Platz bricht der Einzelhandelsbesatz weg und Leerstände nehmen zu (Prillwitz, 18.02.2004).

Abb. 34: Passantenfrequenzen in Berliner 1a-Lagen, jeweils im Mai (2003 im Juli) am Sonnabend zwischen 11 und 13 Uhr

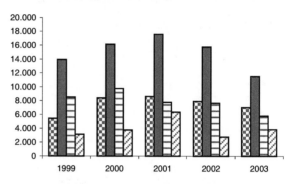

☒ Kurfürstendamm ■ Tauentzienstraße ⊟ Schloßstraße ☒ Friedrichstraße

Quelle: Engel & Völkers Research 2003, o. S.; eigene Darstellung.

Angebote richten sich an stadtweite Besucher und Touristen

Die Gewerbestruktur des Standortes richtet sich in erster Linie an Besucher aus anderen Stadtteilen und von auswärts. Sie wird von den zwei größten Bereichen Mode und Gastronomie inklusive Hotel mit jeweils knapp 20 Prozent dominiert. Die Leerstandsrate liegt bei 12,3 Prozent. Es folgen mit 7,5 Prozent Möbel / Wohnaccessoires auf dem vierten Platz. Angebote des kurzfristigen Bedarfs für die ansässige Wohn- und Arbeitsbevölkerung wie beispielsweise Lebens- und Genussmittel spielen mit vier Prozent eine eher untergeordnete Rolle (Elgert 2004, o. S.).

Tab. 28: Shoppingcenter am Standort Kurfürstendamm

	Europa-Center	Kurfürstendamm-Karrée	Neues-Kranzler-Eck
Gründung	1965	1974	2000
Flächenangebot (Netto) in m²	19.900	12.000	21.200
Anzahl der Geschäfte	72	37	21
Magnetnutzer	Mövenpick, Esprit, Orsay, Görtz	The Story of Berlin und ProMarkt	Karstadt Sport, Strauss Innovation, Mango, H&M
Parkplätze	1.100	1.300	560

Quelle: Kemper´s 2002, o. S.; eigene Zusammen- und Darstellung.

Mix aus traditionellen und modernen Shoppingcentern und Kaufhäusern

Mehrere große Ankernutzungen in Form von Shoppingcentern, wie das Europa-Center, Kurfürstendamm-Karrée und das Neue-Kranzler-Eck, und Kaufhäusern, wie das KaDeWe und Wertheim, prägen den Standort. Diese verfügen über ein großes Angebot an Einzelhandelsflächen und erzeugen aufgrund ihrer Magnetwirkung hohe Kundenfrequenzen, auch für benachbarte Angebote (vgl. Tab. 28).

Insgesamt bieten am Standort 24 Parkhäuser ungefähr 24.000 Parkplätze an (Priess, 25.03.2004). Parkplatzmangel herrscht demnach nicht. Darüber hinaus verfügt der Standort Kurfürstendamm über eine sehr gute ÖPNV-Anbindung. Die S-Bahn liegt mit ihren Haltepunkten Zoologischer Garten und Savignyplatz in fußläufiger Entfernung. Die U-Bahn und mehrere Buslinien queren den Standort. Eine direkte Verbindung führt zu den Flughäfen Tegel und Tempelhof. Der Bahnhof Zoologischer Garten gewährleistet den Anschluss an den Fernverkehr.

Gutes Parkplatzangebot und sehr gute ÖPNV-Anbindung

Anders als an kleineren Standorten, die insbesondere mit einem Abfluss an Kaufkraft kämpfen, ist der Kurfürstendamm durch:

* sein gutes Image,
* die hohen Kundenfrequenzen und
* die bereits vorhandene Nutzungsstruktur

bei internationalen Filialunternehmen beliebt. Der Filialisierungsgrad im Bereich der Tauentzienstraße liegt heute bereits bei 89 Prozent und auf dem Kurfürstendamm bei knapp 69 Prozent (Kemper´s 2003, S. 34 und 42).

Anhaltend starke Filialisierung des Standortes....

Andererseits hatte gerade der Kurfürstendamm nach der Wende mit der Konkurrenz durch die neue Mitte zu kämpfen. Der Standort konnte zwar zunächst noch durch seine Attraktivität viele neue Kunden gewinnen, bald machten sich jedoch der auslaufende Sonderstatus West-Berlins und die Förderung neuer Geschäftszentren in anderen Teilen der der Stadt bemerkbar.

... und die veränderte Konkurrenzsituation nach der Wende trugen zu einem Wandel des Standortes bei

Die weiterhin gute Nachfragesituation spiegelt sich in den vergleichsweise hohen Mietzahlungen in der Hauptgeschäftsachse des Standortes wieder (vgl. Abb. 35), obgleich die Mietpreisentwicklung von 1a-Citylagen in Berlin seit dem Jahr 2001 rückläufig ist (vgl. Abb. 32, S. 149). Bereits in den Seitenstraßen des Kurfürstendamms fällt die Miete gegenwärtig bereits auf einen Wert zwischen 25 und 40 EUR pro Quadratmeter (Elgert 2004, o. S.).

Nachfragesituation direkt auf dem Kurfürstendamm noch gut, Mieten vergleichsweise stabil, aber unter Druck

Ähnlich wie die Gewerbestruktur ändert sich die Eigentümerstruktur am Standort. In letzter Zeit wurde ein Trend der Umwandlung von Einzeleigentum hin zu institutionellen Anlegern festgestellt (Schönball 2004a, S. I 1). Eine eigene Analyse der Eigentümerstruktur des Kurfürstendamms vom Breitscheidplatz bis zum S-Bahnhof Halensee ergab, dass 65 Prozent der Eigentümer in diesem Bereich bereits heute institutionelle Anleger sind. Knapp 20 Prozent sind Einzeleigentümer und bei dem verbleibenden Rest handelt es sich um Erbengemeinschaften sowie Wohnungs- und Teileigentum.

Überwiegend institutionelle Anleger als Eigentümer...

Die starke Dominanz institutioneller Anleger wird überwiegend als hemmend für eine übergreifende Standortaufwertung angesehen. Sie fördert eine geringere Identifikation mit dem Standort und verursacht lange Wege zu entscheidungsbefugten Ansprechpartnern (Brückmann, 29.03.2004; Timm, 30.04.2004). Andererseits wird den institutionellen Anlegern ein starkes Interesse an einer langfristigen Werterhaltung der Grundstücke und damit ein gewisses Aktivierungspotenzial nachgesagt (Kupsch, 30.04.2004). Inwieweit

...was problematisch für die Einbindung in einen BID sein kann

am Standort Kurfürstendamm die eine oder andere Einstellung überwiegt, kann nicht abschließend beurteilt werden.

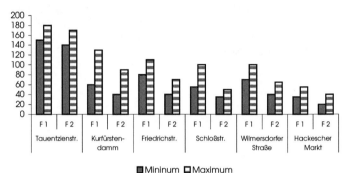

Abb. 35: Nettokaltmieten ausgewählter Handelsstandorte in EUR / m² in 2003*

■ Mininum □ Maximum

* F1 = 50 – 100 m²; F 2 = 100 – 300 m²
Quelle: Engel & Völkers 2003, o. S.; eigene Darstellung.

Kurfürstendamm lebt von der Einbindung in individuell geschäftstätige Seitenstraßen

Die Haupteinkaufsachse Tauentzienstraße und Kurfürstendamm bis Joachimsthaler Straße verzeichnet ein Angebot, dass zunehmend auf einen mittelmäßiges Niveau zurückfällt. Das ist dem individuellen und gehobenen Image des Standortes abträglich. So stimmen die Fachleute darin überein, dass der Kurfürstendamm nur im Zusammenspiel mit den Seitenstraßen stark ist (u. a. Pries, 16.03.2004; Kupsch, 30.04.2004). Wegen der durchschnittlichen Angebote von zum Beispiel H&M, die man auch andernorts an jedem mittelgroßen Standort findet, muss man nicht den Kurfürstendamm besuchen.

Wirtschaftliche Probleme zunehmend in den Seitenstraßen

Der Kurfürstendamm und die Tauentzienstraße leben von ihrem Image und weisen derzeit noch eine ausreichende Nachfrage auf. Dementsprechend bewegt sich der Leerstand mit 7,1 bzw. 4,3 Prozent noch in einer akzeptablen Größenordnung. Am Standort Kurfürstendamm stehen insgesamt 191 von 1.550 Läden leer. Das entspricht einer Leerstandsquote von 12,3 Prozent (Elgert 2004, o. S.). Der Leerstand findet sich verstärkt in den Seitenstraßen, wie beispielsweise in der Nürnberger Straße mit 26 leerstehenden Gewerbeeinheiten, das entspricht einer Rate von knapp 40 Prozent (Elgert 2004, o. S.).

**Fazit:
Standort mit vielen Potenzialen und hohem Handlungsdruck**

Die vorliegenden Fakten untermauern den Handlungsdruck, der den Standort belastet. Folgende Probleme zwingen zu Maßnahmen zur Aufwertung des Kurfürstendamms:
▪ Sinkende Nachfrage nach den Gewerbeflächen bis hin zum Leerstand, vorwiegend in den Seitenstraßen und auf dem Kurfürstendamm beginnend mit dem Adenauer Platz Richtung Halensee;
▪ Rückläufige Kaufkraft in Gesamtberlin;
▪ Leerstände in den Büroflächen begünstigen den Kaufkraftverlust;
▪ Ausgeprägte Filialisierung des Standortes als Gefährdung für dessen Individualität;

Foto 49 und 50:
Öffentlicher Raum der Tauentzienstraße und des Kurfürstendamm

Foto 51:
Gehobenes Einzelhandelsangebot in der Nähe des Olivaer Platzes

Foto 54:
Erlebniswelt Breitscheidplatz

Foto 52 und 53:
Europa Center und Neues Kranzler Eck – alte und neue Großstrukturen am Standort

Foto 55 bis 57:
teilweise Leerstände, zunehmend durchschnittliche Angebotsstrukturen ab Olivaer Platz und eine gestalterisch unansprechende Begrünung zählen zu den Problembereichen des Standortes

- Sauberkeits- und Sicherheitsprobleme durch hohe Kundenfrequenzen und
- Mängel im Marketing führen zum Ausbleiben der benötigten Anzahl an Touristen.

17.2 Akteure, Finanzierung und Ergebnisse

Einschätzung der Management-qualitäten für die Auswahl einer BID-Initiative

Um die aufgezeigten Probleme anzugehen, hat sich am Standort eine ganze Reihe von Initiativen konstituiert. Die wichtigsten von ihnen sollen hier vorgestellt werden. Alle haben letztendlich die gemeinsame Zielsetzung der positiven Standortentwicklung der City West. Unterschiede liegen in der personellen Zusammensetzung und den geplanten bzw. verwirklichten Maßnahmen. Eine Einschätzung, inwieweit die bestehenden Organisationsstrukturen und die Arbeitsweise der Initiativen dem Standort nützen, wird im Folgenden vorgestellt. Zudem dient diese kritische Betrachtung der Auswahl einer Organisation die als mögliche BID-Initiative infrage kommt. Tabelle 29 gibt eine ersten Überblick über die derzeit wichtigsten Initiativen und Abbildung 36 (S. 165) verdeutlicht die Wirkungsbereiche der Initiativen räumlich.

Vielfältige private Initiativen

Am Standort existieren mehrere privatwirtschaftliche Initiativen von Seiten der Gewerbetreibenden:
- die Arbeitsgemeinschaft City e.V.;
- die Kurfürstendamm Gesellschaft e.V.:
- die Interessensgemeinschaft Fasanenstraße / Uhlandpassage e. V. und
- der Pro City West e. V.

AG City ist mitgliedsstärkste und traditionsreichste SAG

Die Arbeitsgemeinschaft City e. V. (AG City) stellt die mit Abstand mitgliederstärkste und traditionsreichste Straßenarbeitsgemeinschaft (SAG) in Berlin dar. Zudem ist sie die SAG mit dem größten Wirkungsraum. Die AG City versteht sich als Interessensvertretung für den Standort City West und bezieht in ihre Tätigkeit den ganzen Bereich zwischen Wittenbergplatz und Halensee sowie der Straße des 17. Juni im Norden und dem Fasanenplatz im Süden ein (vgl. Abb. 36, S. 157).

Verein mit Festangestellten und eigener GmbH für Projektdurch-führung

Bereits seit 1974 als Verein gegründet, ist die AG City bis heute die einzige aller SAGs in Berlin mit Angestellten. Die Managementaufgaben werden von einer City-Managerin und einer Teilzeitkraft wahrgenommen. Unterstützt werden sie dabei durch den Vorstand und einen Beirat sowie thematische Arbeitsgruppen. Zusätzlich gehört zur AG City noch die City Dienst GmbH als hundertprozentige Tochter. Diese führt von der AG City geplante Veranstaltungen durch und soll als profitables Unternehmen wirtschaften. Früher wurden von ihr die am Standort befindlichen Parkhäuser vom Bezirk gemietet und bewirtschaftet, was sich als ertragreiche Finanzierungsquelle der AG City erwies. Bei dem meistbietenden Verkauf der Parkhäuser durch den Bezirk konnte die AG City gegenüber anderen Anbietern nicht mithalten und verlor eine wichtige Einnahmequelle (Pries, 16.03.2004).

Zunehmende Filialisierung lässt Mitgliederzahl schrumpfen

Derzeit hat die AG City cirka 130 Mitglieder. In den letzten anderthalb Jahren verzeichnete sie einen deutlichen Mitgliederschwund (Pries, 16.03.2004). Die Mitgliederstruktur ist sehr differenziert, neben alteingesessenen Händlern konnten verstärkt Dienstleister als Mitglieder gewonnen werden. Vor allem große Ankernutzungen wie die Kaufhäuser und Shoppingcenter, aber auch Hotels und exklusivere Geschäfte zählen dazu. Der hohe Filialisierungsgrad am Standort ist ein Grund für die sinkende Mitgliederzahl. Internationale Handelsketten wie H&M oder Zara beteiligen sich grundsätzlich nicht an lokalen Initiativen. Letztlich hängt die Art der Zusammenarbeit stark von dem jeweiligen Filialleiter ab, überwiegend engagieren sich aber die kleineren Betriebe (Pries 16.03.2004).

Tab. 29: Übersicht der derzeit wichtigsten Initiativen am Kurfürstendamm / Tauentzien

Initiative	Gründungsjahr	Beteiligte	Wirkungsraum
Initiativen der Gewerbetreibenden			
AG City e.V.	1974	Gewerbetreibende und einige Eigentümer	Großraum City West
Kurfürstendamm-Gesellschaft e. V.	2000	Inhabergeführte Geschäfte	beschränkt auf den Kurfürstendamm
IG Fasanenstraße / Uhlandpassage e.V.	1994	Inhabergeführte Geschäfte	Fasanenstraße zwischen Kurfürstendamm und Lietzenburger Straße
Pro City West e. V.	2001	Einflussreiche Gewerbetreibende, ehemalige Bezirksbürgermeister	Kurfürstendamm / Tauentzienstraße
Projektbezogenen Initiativen			
Runder Tisch „City Konferenz"	2003	Politik und private Akteure	Kurfürstendamm / Tauentzienstraße
Internetportal Kurfürstendamm	ca. 2002	Privatinitiative	Aufbau und Pflege einer Kurfürstendamm-Internetseite
Initiative der Eigentümer			
Kurfürstendammrunde	2002	Einflussreiche Eigentümer, Projektentwickler, Immobilienmakler unter Moderation der Politik	Breitscheidplatz
Initiativen der öffentlichen Hand			
Geschäftsstraßen-Management „Vitale Geschäftsstraßen"	2003	Bezirksamt Charlottenburg-Wilmersdorf, Abteilung Wirtschaftsförderung	im ganzen Bezirk, konkrete Beteiligung einzelner Straßenzüge
Koordinationsstelle für den öffentlichen Raum	2002	Bezirksamt Charlottenburg-Wilmersdorf, Abteilung Stadtentwicklung	Schwerpunkt Kurfürstendamm /Tauentzienstraße und Wilmersdorfer Straße

Quelle: eigene Erhebung und Darstellung

Die Mitgliedsbeiträge der AG City richten sich nach der Größe des Unternehmens. So zahlen kleine Betriebe 250 EUR, mittlere Betriebe 500 EUR und große Betriebe 1000 EUR Jahresbeitrag. Die Zuordnung erfolgt selbstbestimmt. Der Gesamtbetrag umfasst ca. 50.000 EUR pro Jahr, die hauptsächlich von den kleinen und mittleren Betrieben erbracht werden. Zusätzliche Einnahmen erhält die AG City aus der Durchführung von Veranstaltungen wie dem Weihnachtsmarkt oder dem Fest auf dem Kurfürstendamm „Global City". Das Gesamtbudget eines Jahres liegt letztlich bei ungefähr 100.000 EUR (Pries, 16.03.2004). Aus dem Budget fließen ungefähr 60 Prozent für Personalkosten, Miete und Büromaterial in die Verwaltung. Die restlichen 40 Prozent stehen für Veranstaltungen und die Vermarktung zur Verfügung (Pries, 16.03.2004).

Budget hauptsächlich von kleinen und mittleren Betrieben

Zielsetzung: Entwicklung des Kurfürstendamms als Marke, Umsetzung mittels verschiedener Themenschwerpunkte

Zielsetzung der Initiative ist die Etablierung des Kurfürstendamms als Marke und als weltweit bekannter Einkaufsstandort. Die AG City benennt vier Tätigkeitsschwerpunkte (Pries, 16.03.2004):

- Ordnung, Sicherheit und Sauberkeit;
- Stadtgestaltung;
- Aktionen und Events sowie
- tagesaktuelle Themen (zum Beispiel Pressemitteilungen).

Mangelnde Zeit- und Personalressourcen führen zu Mängeln in der Mitgliederakquisition und im Marketing

Als problematisch wird von Seiten der AG City der Mangel an eigenen Kapazitäten für mehr Marketingaktivitäten und Mitgliederwerbung erkannt. Gleichzeitig beklagt man die mangelhafte Einsicht der Gewerbetreibenden, dass durch den zunehmenden Rückzug der öffentlichen Hand verstärkt Eigenengagement am Standort notwendig ist (Pries, 16.03.2004). Die personellen Engpässe sind auch der Grund dafür, dass es keinen schriftlichen Jahresplan gibt und wenig Zeit für Analysen im Sinne einer Erfolgskontrolle bleibt. Deshalb sollen künftig folgende Schritte angegangen werden (Pries, 16.03.2004):

- Verstärkte Mitgliederwerbung;
- Verbesserung der Zusammenarbeit mit der öffentlichen Verwaltung;
- Transparentere und intensivere Öffentlichkeitsarbeit.

Umsatzstarke Projekte dienen zur Co-Finanzierung für Imageprojekte

Durch das vergleichsweise hohe Jahresbudget und das professionelle Management kann die AG City auf eine Vielzahl realisierter Projekte verweisen. In diesem Jahr findet zum Beispiel zum 16. Mal das Fest „Global City" am Kurfürstendamm statt. Ebenso zählt seit 2001 die Weihnachtsbeleuchtung zu einem der wichtigsten Prestigeobjekte. Zum Teil aus den Gewinnen der „Global City" finanziert, wurde in der Adventszeit der Kurfürstendamm bis Halensee und die Tauentzienstraße mit umfangreichen Beleuchtungselementen versehen. Für die komplementäre Finanzierung war dieses Projekt auf zusätzliche Spenden angewiesen. Von den rund 700 Gewerbetreibenden am Kurfürstendamm beteiligten sich im letzten Jahr 110 und übernahmen die Beleuchtung eines Baumes für 385 Euro Netto (Pries, 16.03.2004). Zeitraubende Akquisitionsgespräche für die Spende und eine dadurch gefährdete Umsetzung der Maßnahme brachten dem Projekt zum Teil schlechte Publicity. Im Ergebnis dessen zog der Bezirk die Realisierung dieses Projektes für das Jahr 2004 unter Zustimmung des Vorstandes der AG City an sich und hat nun über ein Investorenbieterverfahren die Finanzierung des ungefähr 300.000 EUR teuren Projektes gesichert.

In den letzten Jahren wurden publicityträchtige Projekte realisiert

Die AG City hat sich in den letzten Jahren um neue Projekte bemüht. So wurde beispielsweise im letzten Jahr erstmalig der so genannte Grenander-Award für das beste Gewerbe in den Kategorien Shop, Gastronomie und Hotel verliehen. Außerdem wurde im März 2004 die Boulevard-Partnerschaft mit der Champs-Elysées ins Leben gerufen. Damit, und mit einer anderen bereits bestehenden Boulevard-Partnerschaft mit Peking, versucht man den Standort international zu vermarkten.

Abb. 36: Wirkungsbereiche der Initiativen im Zentrumsbereich Kurfürstendamm

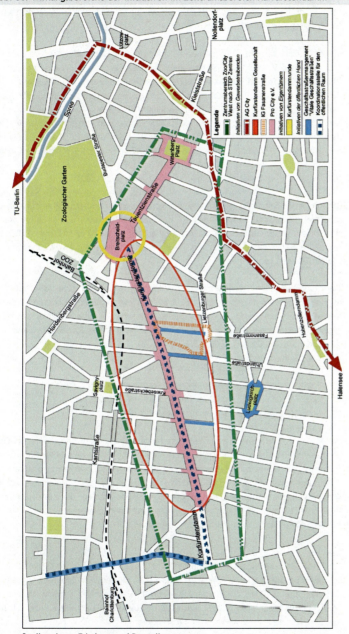

Quelle: eigene Erhebung und Darstellung.

Die unterschiedliche Nutzungsstruktur zwischen Tauentzienstraße, dem Kurfürstendamm und den Seitenstraßen führt zu Interessenskonflikten. Daraus resultiert eine große Unzufriedenheit vieler Akteure über das zwar massenwirksame (2003 mit 2,5

Unterschiedliche Nutzungsstruktur sorgt für Konflikte

Millionen Besucher), aber auch von der gehobeneren Angebotsstruktur als Zumu-
tung empfundene Fest am Kurfürstendamm (u. a. Andrich 03.05.2004; Stelljes
06.05.2004; Schmidt, 06.05.2004).

Kurfürstendamm-Gesellschaft in Opposition zur AG City gegründet....

In Opposition zur AG City gründete sich im Jahr 2000 die Kurfürstendamm-
Gesellschaft e.V. und versteht sich als Interessensvertretung der unternehmergeführten Geschäfte am Kurfürstendamm und seinen Seitenstraßen unter Ausschluss
der Tauentzienstraße (vgl. Abb. 36). Die Initiatoren fühlten sich durch die Arbeit
der AG City nicht genügend in ihrem Anliegen vertreten. Man hatte das Gefühl,
dass vor allem die Interessen der großen Ankernutzungen aufgegriffen wurden. Zudem konnte man sich mit den Projekten der AG City wie beispielsweise dem Fest
auf dem Kurfürstendamm, nicht identifizieren. Zu niveaulos erschien die Qualität
solcher Veranstaltungen, um sich fördernd auf den Umsatz der anliegenden Geschäfte am Kurfürstendamm auszuwirken (Schmidt, 06.05.2004).

...und besteht ausschließlich aus unternehmergeführten Geschäften

Die Kurfürstendamm-Gesellschaft ist ein Verein von 60 unternehmergeführten Geschäften, die sowohl direkte Anlieger am Kurfürstendamm und seiner Seitenstraßen
sind. Der Vorstand besteht aus sieben Mitgliedern, die den Verein ehrenamtlich leiten. Eine Beitragserhebung erfolgt nicht. Die Finanzierung von Maßnahmen ist
projektbezogen vorgesehen.

Hauptziel ist die Qualifizierung der AG City

Zielsetzung der Kurfürstendamm-Gesellschaft ist es in erster Linie, die Arbeit der
AG City zu qualifizieren (Schmidt, 06.05.2004). Das soll zum einen durch eine kritische Auseinandersetzung mit den Projekten der AG City und durch die Anregung
neuer Projekte erreicht werden. Folgende Anliegen sind der Initiative wichtig (Kurfürstendamm-Gesellschaft 2000a, S.1):
- mehr Sicherheit;
- viel Kultur und wenig „Klamauk";
- jährlich stattfindende originelle, intelligente Aktionen;
- mehr Gemeinschaft und Einkaufen als kultureller Akt sowie
- ein professionelles Marketing zur Image-Aufwertung.

Vielzahl an Projektideen, aber fehlende Finanzen und geringes Engagement

Mangel an Vorschlägen für neue Projekte herrscht bei dieser Initiative nicht. Ohne
an dieser Stelle eine vollständige Liste aufzeigen zu wollen, seien hier für das Jahr
2000 ein Leitsystem zum Kurfürstendamm, thematische Boulevards zu Handwerk,
Mode oder Kunst sowie die Kürung des besten Verkäufers des Standortes durch die
Kunden genannt werden (Schmidt 2000b, S. 2f). Das Problem der Kurfürstendamm
Gesellschaft liegt, neben dem geringen Engagement der Mitglieder, in einem Umsetzungsdefizit aufgrund fehlender finanzieller Mittel.

Kaum sichtbare Erfolge

Seit der Gründung konnte nur ein eigenes Event, „Law§Order", realisiert werden.
Für diese im Jahr 2001 durchgeführte Gemäldeausstellung konnte Gregor Gysi als
Schirmherr gewonnen werden und sorgte für die notwendige Aufmerksamkeit
(Schmidt, 06.05.2004). Ein Wiederholungserfolg konnte nicht erreicht werden. Im
Wesentlichen beschränkt sich die Tätigkeit der Gesellschaft heute auf die kritische
Auseinandersetzung mit Aktivitäten am Standort.

In den Seitenstraßen bestehen selbstständige Interessensge-meinschaften

Stellvertretend für die Initiativen in den Seitenstraßen des Kurfürstendamms wird
an dieser Stelle ein Einblick in die Situation der Interessensgemeinschaft (IG) Fasanenstraße / Uhlandpassage e.V. gegeben. Weitere Initiativen finden sich in der

Uhlandstraße und sowie in Richtung Halensee in der Westfälischen Straße. Der Wirkungsbereich der 1994 gegründeten IG Fasanenstraße liegt im Abschnitt zwischen Kurfürstendamm und Lietzenburger Straße einschließlich der Uhlandpassage (vgl. Abb. 36).

Die Fasanenstraße, einstmals Synonym für den gehobenen Einkauf bei Labels wie Cartier, Louis Vuitton und Chanel, hat zunehmend mit Leerständen und empfindlichen Umsatzeinbußen der verbleibenden Geschäften zu kämpfen. Aufgrund der zurückgehenden Nachfrage zogen in letzter Zeit die oben genannten Filialen auf den Kurfürstendamm, in die Nähe des Olivaer Platzes, um. Die Exklusivität des Standortes ist durch hohe Leerstände und weitere drohende Geschäftsaufgaben gefährdet.

Zunehmende Leerstände in den Seitenstraßen durch Geschäftsverlagerungen an den Kurfürstendamm

Chanel ist umgezogen.
Ab Montag, den 28. Juli 2003,
finden Sie uns unter folgender Adresse:
188-189 Kurfürstendamm, 10707 Berlin.

Zielsetzung ist die Vermarktung eines gehobenen Einkaufsstandortes in angenehmer Atmosphäre. Dementsprechend hat die IG Projekte wie ein exklusives Fasanenstraßenfest oder die zusätzliche Beleuchtung der Bebauung bei Nacht realisiert. Bei dem Straßenfest bestand Döner- und Bierverbot und die exklusiv geladenen Gäste flanierten über einen roten Teppich bei Sekt und Champagner (Stelljes, 06.05.2004).

Die IG Fasanenstraße versucht ein gehobenen Image zu vermarkten,...

Trotzdem konnte die IG Fasanenstraße die sich kontinuierlich verschlechternde Situation nicht aufhalten und scheint dem Niedergang in ihrer derzeitigen Verfassung nichts entgegen setzen zu können. Lediglich drei Mitglieder werden als aktiv eingestuft und Mitgliedsbeiträge werden nicht erhoben. Beklagt wird außerdem die mangelhafte Sensibilität der AG City gegenüber den Seitenstraßen. So fungierte die Fasanenstraße beim letzten Fest am Kurfürstendamm beispielsweise als Stellfläche für die Toilettenhäuschen oder es waren trotz finanzieller Beteiligung an der Weihnachtsbeleuchtung keine zusätzlichen Glühbirnen in der Straße angebracht (Stelljes, 06.05.2004).

...hat jedoch Schwierigkeiten mit fehlendem Engagement und mangelhafter Zusammenarbeit mit anderen Initiativen am Standort.

Eine weitere Initiative ist der Verein Pro City West. Dieser Verein ermöglicht privaten Investoren für die Gestaltung des öffentlichen Raums zu spenden und damit die Aufwertung des Standortes zu finanzieren. Gründungsanlass war 2001 ein strafrechtliches Verfahren gegen die damalige Stadtbaurätin des Bezirks wegen der zeitlichen Überschneidung einer Spende mit einer gleichzeitig zugestellten Baugenehmigung (Ristau, 04.05.2004). Diese Situation nahmen einige Akteure zum Anlass einen gemeinnützigen Verein für den Kurfürstendamm zu gründen, der zudem den Sponsoren Spendenquittungen ausstellt.

Pro City West ist ein gemeinnütziger Verein, der für Spendentätigkeiten am Standort gegründet wurde

Der Vorstand des Vereins besteht aus zwei ehemaligen Bezirksbürgermeistern sowie einflussreichen Kaufleuten des Standortes. Insgesamt zählt der Verein 15 Mitglieder und erhebt keine Mitgliedsbeiträge. Die Aktivitäten werden projektbezogen realisiert. Der Verein hat, aufgrund von personellen Überschneidungen mit dem Vorstand der AG City und daraus resultierenden Synergieeffekten, keine laufenden Kosten (Ristau, 04.05.2004). Seit der Finanzierung des Umbaus des Joachimsthaler Platzes gab es keinen vergleichbaren Fall am Standort. Der Verein befindet sich jedoch gerade in Verhandlungen über neue Projekte mit dem Bezirk.

Vorstand besteht aus öffentlichen wie privaten Akteuren

Zwei private Einzelprojektinitiativen vorhanden

Neben diesen privaten Kooperationen, die auf Vereinsbasis organisiert sind, existieren noch zwei erwähnenswerte private, projektbezogene Initiativen. Sie verfolgen ebenfalls die übergreifende Standortaufwertung des Kurfürstendamms:

- das Internetportal www.kurfuerstendamm.de und
- der Runde Tisch „City Konferenz".

Internetportal für den Kurfürstendamm beruht auf Einzelinitiative

Das Internetportal für den Kurfürstendamm wurde auf Initiative von Herrn KUPSCH als Geschäftsführer der Globe City Studio GmbH erstellt und wird nun über den Teilbereich Globe Media betrieben. Die Homepage bietet Informationen zu am Standort befindlichen Firmen, Läden und Dienstleistern sowie geplante Veranstaltungen. Informationen über die geschichtliche Entwicklung des Standortes oder bevorstehende Neueröffnungen im Gebiet werden über einen Newsletter an Abonnenten per Internet verschickt. Die Finanzierung der Seite erfolgt ohne öffentliche Förderung durch Anzeigen der jeweiligen Geschäfte (Kupsch, 30.04.2004).

Beleuchtungskonzept für den Kurfürstendamm soll zukünftig den Stadtraum des Kurfürstendamms aufwerten

Der Runde Tisch „City Konferenz" geht auf die Initiative des Bundestagsabgeordneten Herrn Siegfried HELIAS zurück und wurde im November 2003 gegründet. Ziel ist die „Förderung eines lebens- und liebenswerten Stadtraums" (BA Charlottenburg-Wilmersdorf 2003a, S. 1). Im Wesentlichen beschränkt sich diese Initiative auf eine Maßnahme: die Illumination des Stadtraums am Kurfürstendamm. Für die praktische Umsetzung ist die Ausschreibung eines internationalen Studentenwettbewerbs geplant. Zur Finanzierung wird eine gemeinnützige Stiftung gegründet, die die Spenden einsammelt und den beteiligten Firmen eine Präsentationsplattform zur Verfügung stellt (Andrich, 03.05.2004). Zu den Gründungsmitglieder gehören neben dem Initiator, einem großen Ankernutzer des Standortes und einem Architekturbüro die IHK Berlin und der Baustadtrat des Bezirks (BA Charlottenburg-Wilmersdorf 2003a, S. 1).

Ein stärker PPP-basiertes Modell ist die von Eigentümern dominierte Kurfürstendammrunde:

Eigentümerinitiative in Form der Kurfürstendammrunde vorhanden

Ursprünglich wurde sie vom ehemaligen Stadtentwicklungssenator Volker HASSEMER im Jahr 2002 ins Leben gerufen und verfolgte in erster Linie eine Einigung über die Finanzierung des Umbaus am Breitscheidplatz, insbesondere die Schließung der Straßenunterführung. Ausgehend von einer Zusage über die Übernahme der Hälfte der Umbaukosten durch die öffentliche Hand sollte über die private Initiative die Restkosten akquiriert werden (Kupsch, 30.04.2004).

PPP-Finanzierung der Schließung der Straßenunterführung am Breitscheidplatz als bisher nicht realisierte Aufgabe

Beteiligt waren ausschließlich große institutionelle Anleger bzw. einige Einzeleigentümer mit Grundstücken in der Nähe zum Breitscheidplatz. An den Treffen nahmen außerdem der Bezirk, die IHK und gelegentlich der amtierende Stadtentwicklungssenator teil (Andrich, 03.05.2004). Diese informelle Kooperation lokaler Führungskräfte (vgl. Kap. 4.2) wurde von Herrn HASSEMER moderiert und versuchte einen Interessensausgleich zwischen Schlüsselfiguren des Standorts zu erzielen. Seit Ende 2003 ist die Runde vorläufig ausgesetzt. Gründe hierfür sind:

- die Abhängigkeit der finanziellen Zusagen von privaten Investoren von der Realisierung geplanter Bauvorhaben am Breitscheidplatz (Timm, 30.04.2004) und
- die für die zweite Hälfte des Jahres 2004 geplante Platzumgestaltung (Andrich, 03.05.2004).

Für den Standort relevante öffentliche Initiativen des Bezirks Charlottenburg- Wilmersdorf sind:

- das „Management für vitale Geschäftsstraßen" durch die Wirtschaftsförderung und
- die Einrichtung einer Koordinationsstelle für den öffentlichen Raum durch die Stadtentwicklungsabteilung.

Öffentliche Initiativen

Das „Management für Vitale Geschäftsstraßen" begann im Sommer 2003 und ist ein einjähriges Projekt, dass durch den EU-Fond Regionale Entwicklung mit rund 111 000 EUR bezuschusst wird (Der Tagesspiegel, 28.11.2003). Der Bezirk stellt die notwendigen 52 Prozent Komplementärmittel in Form von Räumen und Personal zur Verfügung. Das Projekt richtete sich an bestehende SAGs und qualifizierte deren Management. Ziel war und ist die Schulung und der gegenseitige Austausch (Höhle, 06.05.2004). Beteiligt sind Gewerbetreibende des Ludwigskirch- und Fehrbelliner Platzes, der Westfälischen und Wilmersdorfer Straße sowie der Bleibtreu-, Fasanen-, Uhland-, Reichs- und Suarezstraße.

Bezirkliche Wirtschaftsförderung unterstützt Geschäftsstraßen über die Qualifizierung des Managements

Den Auftakt bildete die Entwicklung eines Marketingpakets inklusive Geschenkbändern, Postkarten und anderen Werbegeschenken mit dem Logo „Einkaufen in Charlottenburg-Wilmersdorf" durch die Universität der Künste. Neben diesem praktischen Projekt wurden Workshops und Vorträge zu geschäftsrelevanten Themen wie Profilbildung, Marketingauftritte, Sponsoring und vernetztes Arbeiten durchgeführt. Am Ende des Projekts soll eine Checkliste für erfolgreiches Geschäftsstraßenmanagement stehen, die zu einem nachhaltig verbesserten Management verhilft (Höhle, 06.05.2004). Bereits jetzt ist erkennbar, dass der Wissenstand und die Vernetzung der Händler verbessert werden. Eine abschließende Beurteilung der Projektergebnisse ist allerdings noch nicht möglich.

In Kooperation mit Hochschule Marketingmaßnahme umgesetzt

Die Koordinationsstelle für den öffentlichen Raum ist als Stabsstelle beim Baustadtrat des Bezirks Charlottenburg-Wilmersdorf angesiedelt. Seit Ende 2002 übernimmt die Koordinationsstelle Teilaufgaben der Bauaufsicht durch eine Art Ordnungsaufsicht über Sachbeschädigungen, Müll und andere Verschmutzungen, Schäden auf Gehwegen oder nächtliche Ruhestörungen (Direkt 2003, S. 21). Durch Begehungen des Gebietes werden Auffälligkeiten im öffentlichen Raum, wie unzulässige Plakatierungen, zurückgebliebene Baustellenschilder oder Müllablagerungen, registriert und an die zuständigen Behörden gemeldet. Einfache Delikte werden schnellstmöglichst eigenständig behoben (Jahn, 21.04.2004).

Stadtentwicklungsbehörde betreibt Koordinationsstelle für den öffentlichen Raum des Kurfürstendamms...

Diese Aufgaben werden von einer City-Koordinatorin und zwei Mitarbeitern für den Außendienst wahrgenommen. Ziel ist die bessere Vernetzung von Betroffenen mit Fachämtern, Polizei und der Berliner Stadtreinigung bei Genehmigungsverfahren oder der Müllbeseitigung. Zudem werden besagte erste Maßnahmen schnell und unbürokratisch umgesetzt. Wirkungsschwerpunkte sind der Kurfürstendamm und die Wilmersdorfer Straße. Die Teilnahme an Sitzungen der SAG erfolgt, wenn es um Maßnahmen im öffentlichen Raum geht (Jahn, 21.04.2004).

...und versteht sich dabei als Vernetzungsstelle zwischen privat und öffentlich sowie als „schnelle Eingreifgruppe" für erste Maßnahmen.

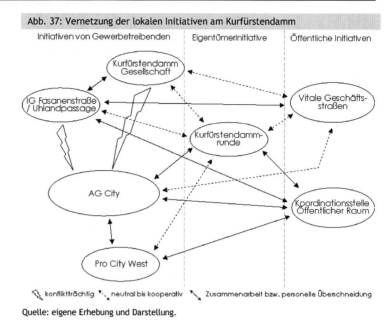

Abb. 37: Vernetzung der lokalen Initiativen am Kurfürstendamm

Quelle: eigene Erhebung und Darstellung.

Fazit: gemeinsame Zielsetzung, aber auch personelle und räumliche Überschneidungen kennzeichnen die Initiativen,...

Die vorgestellten Initiativen verfolgen im Interesse der örtlichen Wirtschaft und der Nutzer des Stadtraums die Standortaufwertung des Kurfürstendamms. Sie unterscheiden sich in folgenden Kriterien:

- in der Abgrenzung des Wirkungsraums, bei gleichzeitig erheblichen Überschneidungen (vgl. Abb. 36);
- in der Zusammensetzung der Beteiligten, bei teilweise erheblichen Überschneidungen (vgl. Tab. 30);
- in den einbezogene Interessensgruppen und
- in der Art der angegangenen Projekte.

...bei gleichzeitig identischen Problembereichen.

Bei der Mehrzahl der Initiativen lassen sich identische Problembereiche beobachten:

- oftmals auf wenige Akteure beschränktes Engagement;
- fehlendes schriftliches Arbeitsprogramm;
- Differenz zwischen Anspruch und Realität und
- Umsetzungsdefizit aufgrund begrenzter finanzieller sowie personeller Ressourcen.

Tab. 30: Überschneidungen und Abgrenzungen zwischen den lokalen Initiativen

	Personell vertreten in Vorstand / Beirat oder als Beteiligte bei:	Alleinstellungsmerkmal
AG City	Pro City West; Kurfürstendammrunde; „City Konferenz"; Internetportal Kurfürstendamm;	Professionelles Management
Kurfürstendamm-Gesellschaft	-	ausschließlich unternehmergeführte Unternehmen als Mitglieder
IG Fasanenstraße	Kurfürstendamm-Gesellschaft; „Vitale Geschäftstraßen"	ausschließlich unternehmergeführte Unternehmen als Mitglieder
Pro City West	AG City	Status der Gemeinnützigkeit
„City Konferenz"	-	-
Internetportal Kurfürstendamm	Kurfürstendammrunde	Virtuelle Vernetzung des Standortes
Kurfürstendammrunde	AG City; Koordinationsstelle für den öffentlichen Raum; Internetportal Kurfürstendamm	Mehrheitlich Eigentümer als Beteiligte
Wirtschaftsbehörde: „Vitale Geschäftsstraßen"	-	Systematische Qualifizierung der Initiativen für Managementaufgaben
Stadtentwicklungsbehörde: Koordinationsstelle für den öffentlichen Raum	Kurfürstendammrunde	Zuständigkeit für den öffentlichen Raum

Quelle: eigene Erhebung und Darstellung.

Die Vielfalt der bestehenden Initiativen am Standort Kurfürstendamm scheint sich angesichts der Splittung personeller Energien und der damit verbundenen Schwächung von Initiative hemmend auf die Standortentwicklung auszuwirken. Die differenzierten räumlichen Bezüge und die nebeneinander agierenden Initiativen führen bei den potenziellen Partnern zu Frustrationen und Unverständnis. Sie können die Wichtigkeit der Einzelinitiative nicht mehr abschätzen und befürchten zunehmend, dass demnächst eine andere Initiative ebenso Geld für ein neues Projekt haben will (Timm, 30.04.2004). Überdies traut man keiner der zahlreichen Initiativen die Fähigkeit zum übergreifenden Agieren im Sinne der Gewerbetreibenden und Eigentümer am Standort zu (Kupsch, 30.04.2004; Timm, 30.04.2004; Andrich, 03.05.2004). Tabelle 31 schätzt die Initiativen bezüglich ihrer möglichen Rolle als BID-Initiator und Prozesspromotor anhand von wesentlichen Indikatoren, wie:

- dem Grad der Einbindung der Eigentümer;
- vorhandenen handlungsfähigen Strukturen und
- dem Motivationspotenzial gegenüber weiteren Akteuren

ein.

Vielfalt der Initiativen teilweise hemmend für Standortentwicklung

Für das Geschäftszentrum Kurfürstendamm wäre ein BID zur Standortentwicklung sinnvoll. Unter Einbeziehung der zahlreichen Potenziale bestehender Initiativen könnten mittels dieses Modells sowohl nach „Innen", zwischen den Akteuren, als auch nach „Außen", für die Außenwirkung des Standortes, Chancen bieten.

Warum wäre ein BID am Standort Kurfürstendamm hilfreich?

Tab. 31: Einschätzung der Eignung der lokalen Initiativen zum BID-Initiator

	Positive Außenwirkung für den Standort*	Grad der Eigentümer-einbindung	handlungsfähige (organisierte) Strukturen	Motivationspotenzial gegenüber weiteren Akteuren	Eignung zum BID-Initiator
AG City	xxx	x	xxx	xx	xx
Kurfürstendamm Gesellschaft	x	-	x	x	x
IG Fasanenstraße	xx	-	x	x	x
Pro City West	-	x	xx	xx	xx
„City Konferenz"	-	x	xx	xx	xx
Internetportal Kurfürstendamm	xxx	-	x	x	x
Kurfürstendamm-runde	xx	xxx	xx	xxx	xxx
Wirtschaftsbehörde: „Vitale Geschäftsstraßen"	xx	-	x	xx	x
Stadtentwicklungsbehörde: Koordinationsstelle für den öffentlichen Raum	xx	x	xx	xx	x

x niedrig   xx mittel   xxx hoch   * Bewertung anhand bisher abgeschlossener Projekte

Quelle: eigene Bewertung und Darstellung

Vorteile nach „Innen" könnten sein:
- Bündelung von Energien;
- Reduzierung von Konkurrenzdenken;
- Professionalisierung des Management und
- Mobilisierung größerer finanzieller Ressourcen.

Nach „Außen" könnten mit einem BID folgende Wirkungen erzielt werden:
- Geschlossenheit im Auftreten und dadurch effektivere Vermarktung der „Marke Kurfürstendamm" und
- Aufwertung durch zunehmende Umsetzungserfolge der Initiative.

An weiteren Vorteilen wären für die unterschiedlichen Interessengruppen zu erwarten:
- **Gewerbetreibende:** höhere Kundenfrequenzen und steigende Umsätze;
- **Eigentümer:** Werterhaltung (-steigerung?) der Immobilien und stabile (steigende?) Mieteinnahmen;
- **Bewohner:** Steigerung der Attraktivität im öffentlichen Raum und Sicherung von Arbeitsplätzen (Schaffung?);
- **Öffentlicher Sektor:** reduzierte finanzielle Belastung der Haushaltskasse und Kompensation der eingeschränkten kommunalen Handlungsfähigkeit durch private Initiative.

17.3 Empfehlungen für einen BID am Standort Kurfürstendamm

Die folgenden Empfehlungen beziehen sich auf den Prozess einer BID-Implementierung am Standort Kurfürstendamm. Inwieweit sie zum derzeitigen Zeitpunkt realistisch sind, soll in diesem Zusammenhang nicht diskutiert werden. Vielmehr besteht die Absicht, die möglichen und wünschenswerten Ergebnisse einer BID-Initiative aufzuzeigen. Erst im Anschluss erfolgt die Abschätzung der Chancen einer Realisierung dieses Projektes.

Empfehlungen für eine BID-Implementierung am Standort Kurfürstendamm...

Empfohlen werden in diesem Zusammenhang vor allem organisatorische, verfahrensbezogene Elemente. Inhaltliche Aspekte sind eher ergänzend und beispielhaft eingefügt. Diese Vorgehensweise begründet sich auf unterschiedlichen Faktoren:

...beziehen sich vorrangig auf organisatorische Verfahrenschritte.

- gerade die richtigen Verfahrensschritte sind für den Erfolg einer BID-Implementierung entscheidend;
- in der sich entwickelnden , spezifischen Organisationsform werden wesentliche Vorteile von BIDs gegenüber anderen Ansätzen gesehen;
- für die breite Zustimmung zu einem Maßnahmenkonzept sind im Vorfeld umfangreiche Erhebungen zur Problemsicht und Schwerpunktsetzung der Betroffenen notwendig. Diese Informationen liegen für den Kurfürstendamm nicht vor. Ein auf dem derzeitigen Kenntnisstand beruhendes Maßnahmenkonzept wäre mit sehr großer Wahrscheinlichkeit nicht durchsetzungsfähig.
- Zudem liegt das Problem des Standortes nicht unbedingt in fehlenden Projektideen, sondern vielmehr im Bereich der Organisation und Umsetzung (u. a. Brückmann 09.02.2004, Timm 30.04.2004, Andrich 03.05.2004)

Die Empfehlungen beziehen sich schwerpunktmäßig auf die Aktivitäten der privaten Hand. Sie werden abschließend durch den Beitrag des öffentlichen Sektors ergänzt.

Empfehlungen für den privaten Sektor

Eingrenzung des optimalen Geltungsbereichs!

Für die deutschen Implementierungsmodelle wurden klar abgrenzbare und gut überschaubare Bereiche gewählt. Auch in New York City wird als ein wesentlicher Erfolgsfaktor die „richtige" Gebietsgröße benannt (Biedermann, 20.11.2003). Die Kombination aus wünschenswerten und organisatorisch beherrschbaren Strukturen muss genau abgeschätzt werden. Auf drei Elemente sollte dabei insbesondere Rücksicht genommen werden:

- räumliche und nutzungsstrukturelle Zusammengehörigkeit,
- Bereitwilligkeit der entsprechenden Akteure zu einer Zusammenarbeit und
- das ausgewogene Verhältnis zwischen zukünftigen Budget und Größe des Wirkungsbereichs.

Beispielsweise wäre die Größe des gegenwärtigen Geltungsbereichs der AG City im Verhältnis zu dem geringen Budget und den beschränkten personellen Ressourcen unausgewogen und wenig Erfolg versprechend.

Es empfiehlt sich eine räumliche Beschränkung auf einen kleineren, charakterlich einheitlicheren Bereich. Auch unter dem Aspekt der Aktivierung der Eigentümer sollten für einen BID kleinere Raumeinheiten gewählt werden. Stadträumlich und nutzungsstrukturell lassen sich am Standort zwei Bereiche definieren (vgl. Abb. 38):

- der Bereich Breitscheidplatz / Tauentzienstraße als komplett filialisierten Standort mit großen internationalen Handelsketten und das KaDeWe sowie die Gedächtniskirche als Anziehungspunkte und

- der Bereich Kurfürstendamm als gehobeneren Fashionbereich mit kleinteiligeren hochsegmentigen Strukturen.

Für den Bereich der Tauentzienstraße wird, aufgrund der unvermindert starken Nachfrage und des hohen Filialisierungsgrades, die Bildung eines BID schwer zu realisieren sein. Derzeit dürften die Seitenstraßen für die Gründung eines BID besser geeignet sein. Dort besteht Handlungsbedarf, die Aktivierung der Betroffenen erscheint leichter und die Eigentümer sind in der Lage sich finanziell zu engagieren.

Abb. 38: Vorschlag zu zukünftigen BID-Geltungsbereichen am Kurfürstendamm anhand der Nutzungsspezifik des Standortes

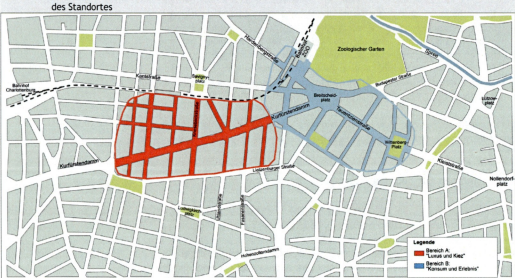

Quelle: eigene Darstellung.

Umfassende Einbindung der Eigentümer!

Eine stärkere Einbindung der Eigentümer in eine gemeinsame Standortaufwertung ist richtig und sinnvoll. Sie bildet eines der wesentlichen Merkmale des BID-Modells. Derzeit kann am Kurfürstendamm nur von einer marginalen und sehr selektiven Einbindung der Eigentümer gesprochen werden. Die bereits bestehende Kurfürstendammrunde bietet eine gute Ausgangsbasis, da in ihr sowohl institutionelle Anleger wie auch Privateigentümer vertreten sind. Allerdings ist mit einer spontanen Aktivierung der Teilnehmer nicht zu rechnen. Vielmehr müsste ein Interessensverband, ein Politiker oder ein einflussreicher Eigentümer als Initiator in Erscheinung treten.

Gleichzeitig wäre die Orientierung von einem Einzelprojekt auf eine umfassendere Sichtweise zu bestehenden Problemen und Handlungsmöglichkeiten notwendig.

Identifizierung der entscheidenden Schlüsselfiguren!

Die Anfangsinitiative für einen BID sollte alle Interessensgruppen in die Diskussion und Entscheidung einbeziehen. Damit dieser Prozess nicht von Streit und gegenseitigen Vorurteilen geprägt ist, müssen die richtigen Schlüsselfiguren aus den jeweiligen Interessensgruppen erkannt und angesprochen werden. Sie müssen:

- in der Lage sein sachlich und kompromissfähig über bestehende Probleme und Lösungsansätze zu diskutieren und
- einen ausreichenden Rückhalt bei den Interessensgruppen besitzen, um die ausgearbeiteten Ideen überzeugend zu verbreiten.

Können solche Personen a priori nicht gefunden werden, sind separate Treffen der Gruppen (Gewerbetreibende, Eigentümer) notwendig, um sich über gemeinsame Ziele zu verständigen und Vertrauenspersonen zu ermitteln. In dieser Phase ist es wichtig auf entsprechende Kompatibilitäten zwischen den einzelnen Interessensgruppen zu achten. Für die Moderation eines solchen Prozesses ist eine neutrale, möglichst von außen kommende Autorität erforderlich, da gerade an einem Standort wie dem Kurfürstendamm mit selbstbewussten Persönlichkeiten zu rechnen ist.

Nach einer unter Umständen getrennten Diskussionsrunde von Eigentümern und Gewerbetreibenden ist die Zusammenführung beider Interessensgruppen unerlässlich. Ausgehend von der Tatsache, dass der Beitrag zwar von den Eigentümern eingezogen, aber in den meisten Fällen in absehbarer Zeit über die Mieten an die Gewerbetreibenden weitergegeben wird, sollte auf eine Verständigung zwischen beiden Gruppen großer Wert gelegt werden. In diesem Prozess kommt der AG City eine wichtige Rolle zu. Als Interessens-vertretung der Gewerbetreibenden sollte sie deren Anliegen in die Diskussion einbringen.

Vorteile des Modells umfassend propagieren!

Es ist wichtig zu vermitteln, dass die Vorteile des BID nicht nur in der Werterhaltung der Immobilien, sondern ebenso in der Optimierung der Wirtschaftstätigkeit liegen und insofern sowohl Eigentümer als auch Gewerbetreibende von der Initiative profitieren. Zudem müssen die Vorteile für weitere Interessengruppen, wie Bewohner oder die öffentliche Verwaltung, propagiert werden.
Für den Kreis der Gewerbetreibenden muss das Mitspracherecht im BID verhandelt und der Nutzen für die gewerbliche Tätigkeit aufgezeigt werden. Ein wichtiges Argument für die finanzielle Beteiligung der Gewerbetreibenden an einem derartigen Modell ist die Tatsache, dass in dem so erfolgreichen Konkurrenzkonzept des Shoppingcenters die verpflichtende Beitragszahlung in eine Werbegemeinschaft bereits mit dem Mietvertrag vereinbart wird. Will man gegenüber diesen Betriebsformen langfristig konkurrenzfähig bleiben, ist die Bereitschaft zu einem finanziellen Engagement unerlässlich.

Es ist nicht gesagt, dass die zu erbringenden Beiträge in vollem Umfang an die Gewerbetreibenden weitergegeben werden. Vielmehr wird ein Teil des Geldes dauerhaft von Eigentümern erbracht. Insofern sind stichhaltige Informationen über Wertentwicklungen der Grundstücke und Mietzahlungen sowie Prognosen für die zukünftige Entwicklung am Standort als Überzeugungsargumente notwendig.

Schaffung einer geeigneten Organisationsstruktur!

Die Steuerung eines am Standort Kurfürstendamm realisierten BID sollte eine bereits bestehende Organisation übernehmen. Ein wesentlicher Kritikpunkt der meisten Interviewpartner war die Unsicherheit in Folge permanenter Neubildung von Strukturen und Entwicklung neuer Projekte. Auch wenn einige Neugründungen zu neuen Handlungsmöglichkeiten führen, ist die große Vielfalt an Organisationen das Ergebnis von Unzufriedenheit mit bestehenden Initiativen und individuelle Profilierungsinteressen. Der vorgeschlagene BID wird als übergreifende Organisation verstanden, die alle Interessensgruppen einbindet.

Für besonders geeignet, die Gründungsinitiative zu realisieren, erscheint die Kurfürstendammrunde. Die Gründe liegen in:
- der mehrheitlichen Zusammensetzung aus Eigentümern;
- in der vergleichsweise "unverbrauchten" Zusammensetzung der Beteiligten;
- der Mischung aus „neuen" und „alten" Akteuren und
- dem vermutlich hohen Motivationspotenzial gegenüber anderen Akteuren (vgl. auch Tab. 31, S. 172).
In der derzeitigen Arbeits- und Organisationsstruktur der Initiative sind auch Defizite zu erkennen, die jedoch korrigiert werden können. Absehbare Konflikte mit anderen Organisationen sollten von Anfang an offensiv angegangen werden.

Die AG City, als ebenfalls einflussreiche und wichtige Organisation, wird nur als zweitrangig für die Eignung als BID-Initiator beurteilt, wegen:
- geringer Einbindung von Eigentümern und
- der teilweise schwierigen Beziehung zu anderen Initiativen.

Ermittlung der mehrheitlichen Sichtweise auf die Probleme!

Exklusive Interessen von Personen oder Gruppen auch zu wünschenswerten Maßnahmen dürfen die Meinungsbildung nicht dominieren. Aus diesem Grund ist es wichtig die mehrheitliche Problemsicht der Betroffenen im Gebiet zu ermitteln. In den USA wird dafür vielfach eine Umfrage durchgeführt. Auch durch persönliche Gespräche lassen sich Einblicke in die Sichtweise der Gewerbetreibenden und Eigentümern gewinnen. Abgefragt werden die Probleme am Standort und die für erforderlich gehaltenen Maßnahmen sowie eine persönliche Gewichtung der Prioritäten. Das Votum der Befragten ist Grundlage für den Entscheidungsprozess über Maßnahmen und Projekte. Eine ähnliche Verfahrenweise bietet sich am Kurfürstendamm an. Sie liefert gewichtige Argumente für die späteren Verhandlungen mit Vertragspartnern.

Klare Profile, realistische Ziele!

Eine eindeutige Profilbildung für den zukünftigen BID ist Grundvoraussetzung für zukünftige Erfolge. So könnte man für die Tauentzienstraße und den Kurfürstendamm zwei sich ergänzende Profile etablieren. Während sich ersterer als Einkaufs- und Erlebnisbereich für die ganze Familie anbietet, eignet sich der Kurfürstendamm zwischen Joachimsthaler Straße und Olivaer Platz als exklusiver, individueller Einkaufstandort, ergänzt durch individuelle Angebote aus den Seitenstraßen. Auch bezüglich kultureller Angebote ließen sich Differenzierungen herausarbeiten und die Individualität der Standorte betonen. Eine solche Betonung inhaltlicher Unterschiede sollte jedoch nicht zur gegenseitigen Abschottung und Konkurrenz führen. Trotzdem wird die „Belebung des Geschäfts" als Qualifizierung des Aufwertungsprozesses angesehen.

Erstellung eines schriftlichen Arbeits- und Finanzierungsprogramms!

Keine der untersuchten Initiativen arbeitet mit einer schriftlichen Arbeits- und Zeitplanung. Diese Situation führt zu dem schwer widerlegbaren Vorwurf, dass:
- vor allem Aktionismus die Arbeit der Initiativen bestimme;
- dadurch langfristige Ziele nicht erreicht werden und
- wenig vorzeigbare Ergebnisse erzielt werden.

Zusätzlich erschwert wird damit der Abstimmungsprozess der Initiativen untereinander. Oftmals erfährt man eher durch Zufall von geplanten Events in unmittelbarer Nachbarschaft, obwohl sich die Abstimmung und Kopplung von Angeboten für beide Seiten bezahlt macht (Andrich, 03.05.2004). Die Verabschiedung eines Arbeitsprogramms und einer dazugehörigen finanziellen Kalkulation sind Grundvoraussetzung für einen erfolgreichen BID. Die Minimierung von Reibungsverlusten und eine zuverlässige Abschätzung des Risikos für die Beitragszahler wären positive Effekte einer solchen Vorgehensweise.

Bildung eines gut ausgebauten Netzwerkes der Akteure!

Ein BID ist ein gut aufgebautes Kommunikationsnetz zwischen unterschiedlichen Interessensträgern aus dem öffentlichen und dem privaten Sektor. Nur wenn von Beginn an die eigene Rolle auch als Teil dieses Netzes begriffen wird, bestehen gute Erfolgsaussichten. Angewiesen auf Mehrheitsbeschlüsse und die Genehmigung unterschiedlicher Behörden und Institutionen, sollten die Kontakte der Gründungsinitiative und später des Managements zu Politik, öffentlicher Verwaltung und anderen Organisationen im Gebiet systematisch aufgebaut und gepflegt werden.

Die bestehenden Initiativen könnten in dieses Netzwerk unterschiedlichen Knowhows und Erfahrungen einbringen:
- **AG City:** gute Kontakte zu den großen Ankernutzungen am Standort sowie Know-how in der Projektentwicklung und -umsetzung;

- **Kurfürstendamm-Gesellschaft sowie IG Fasanenstraße / Uhlandpassage:** gute Kontakte zu den inhabergeführten Geschäften am Standort;
- **Pro City West:** Erfahrungen mit der steuerlichen Anrechnung privatwirtschaftlichen Engagements für Projekte im öffentlichen Raum, gute Vernetzung mit der öffentlichen Hand;
- **Kurfürstendammrunde:** hohes Motivationspotenzial gegenüber anderen Eigentümern am Standort und gute Vernetzung mit öffentlichen und politischen Entscheidungsträgern;
- **Wirtschafts- und Stadtentwicklungsbehörde:** Vernetzung zu öffentlichen und politischen Entscheidungsträgern sowie Hilfestellung bei der Abgrenzung von Zuständigkeiten;
- **Projektbezogene Initiativen:** Know-how in der Entwicklung und Umsetzung von Projekten.

Ehrenamtliches Engagement einbringen!

Die Konstituierungsphase eines BID ist ein zeit- und kraftaufwändiger Prozess, der in den USA durch ein umfangreiches ehrenamtliches Engagement realisiert wird. Von öffentlicher Seite findet eine personelle Unterstützung und teilweise finanzielle Förderung statt (vgl. Kap. 5.3). Ohne entsprechendes Engagement der privaten Seite wird die öffentliche Hand jedoch nicht tätig. Obwohl in den USA diese Art der Eigeninitiative traditionell stärker verankert ist (vgl. Kap. 13), besteht auch dort die Gründungsphase aus einem mindestens zweijährigen Prozess. Auch in Hamburg entstand die günstige Ausgangsposition, das heißt Eigentümer- und Gewerbevereinigung mit hohen Mitgliederzahlen, erst über mehrere Jahre. Vor diesem Hintergrund muss am Kurfürstendamm ein ähnlich umfangreiches ehrenamtliches Engagement und ein „langer Atem" eingefordert werden. Nur wenn diese Einsicht von Anfang an vermittelt wird, lassen sich Enttäuschungen und Frustrationen verhindern.

Anfangen statt abwarten!

Für viele Akteure scheint der BID-Ansatz schon allein deshalb ausgeschlossen, weil die Gesetzgebung sehr zeitaufwändig ist und somit keine schnelle Lösung der derzeitigen Probleme verspricht. Da aber der Aufbau selbstbestimmter Organisationsstrukturen am Standort wie auch die Entwicklung öffentlicher Förderprogramme einen hohen Zeitaufwand erfordern, sollten über eine eigene Initiative positive Signale gesetzt werden. Hat sich am Standort eine erfolgreiche Eigentümerorganisation etabliert, werden sich die entsprechenden Interessensvertretungen verstärkt für das Thema engagieren und in der Politik die notwendige Aufmerksamkeit einfordern (vgl. Prozessverlauf in Hamburg).

Empfehlungen für den öffentlichen Sektor

Gesetzesinitiative starten!

Eine besondere BID-Gesetzgebung, welche bei entsprechenden Mehrheiten eine verpflichtende Beitragszahlung für alle Eigentümer und / oder Gewerbetreibende absichert, ist sinnvoll und empfehlenswert für Berlin. Insbesondere die damit verbundene Planungssicherheit, die deutliche Festlegung der Verantwortlichkeiten und die hohen Umsetzungschancen der Maßnahmen weisen diesem Schritt eine große Motivationskraft zu. Da sich Berlin derzeit auf Deregulierungsansätze für die lokale Wirtschaft konzentriert, müssten gleichzeitig entsprechende Kommunikationsstrukturen und Verhandlungsprozesse entwickelt werden, die insbesondere den Aspekt der höheren Selbstbestimmung durch einen BID kommunizieren.

Förderung für Gründungsphase prüfen!

Parallel zum zeitaufwändigen Prozess einer besonderen BID-Gesetzgebung, ist nach anderen Möglichkeiten zur Unterstützung der Standortinitiativen zu suchen. Bereits heute greift Berlin in vielfältigen Projekten des Geschäftsstraßenmanagements auf EU-Fördermittel zurück. Insofern wäre zu prüfen, ob die zur Verfügung stehenden Mittel der Europäischen Union ebenso die Gründungsphase und Konzeptentwicklung eines BID unterstützen könnten. Der öffentliche Sektor sollte sich in dieser Fragestellung als Dienstleister verstehen, der sein Know-how der Fördermittelbeantragung den Standortgemeinschaften zur Verfügung stellt.

Deutliche Rückdeckung durch Politik notwendig!

Eine Gesetzesinitiative, aber auch der Paradigmenwechsel im Verhältnis zwischen öffentlichem und privatem Sektor braucht einen starken Rückhalt auf der politischen Ebene. Einerseits soll der privaten Hand eine stärkere Verantwortung übertragen, andererseits das Vertrauen in die öffentlichen Leistungen vermittelt werden. Diese Neuordnung der öffentlich-privaten Beziehung lässt sich nicht ohne politische Befürwortung umsetzen.

Abgrenzung öffentlicher und privater Aufgabenteilung wichtig!

Zudem wäre die Festlegung privater Aufgaben in Abgrenzung zu öffentlichen Leistungen wichtig. Klar ist, dass der Standard öffentlicher Leistungen durch Privatinitiative nicht zurückgefahren werden darf. Es geht also in erster Linie um zusätzliche Leistungen. Ob diese sich jedoch nur auf andere Aufgabenbereiche beziehen oder ebenfalls in öffentlichen Leistungsbereichen mit einem Mehraufgebot durchführbar wären, ist durchaus umstritten. Die Meinungen variieren hier von der Begrenzung auf zusätzliche Aufgaben, wie Event- und Marketingprojekte, bis zur privaten Übernahme öffentlicher Leistungen bei entsprechenden Gegenleistungen. Da der Maßnahmenplan eines BID dem Genehmigungsverfahren durch die öffentliche Hand unterliegt, können entsprechende Detailfragen diesbezüglich immer noch situationsgebunden geklärt werden. Wichtig ist jedoch, dass sich eine Win-Win-

Situation für alle Beteiligten ergibt. Für die Motivation der Privatinitiative scheint eine Begrenzung auf Events oder Marketingprojekte von vornherein nicht sinnvoll.

Bereitschaft zur Kooperation!

Die stärkere Übernahme von Verantwortung für die übergreifende Standortentwicklung durch private Initiativen erfordert ein Umdenken in der öffentlichen Verwaltung: den Weg von der Diktion zur Kooperation. Für den Standort Kurfürstendamm scheint das bereits teilweise Realität zu werden. Die Koordinationsstelle für den öffentlichen Raum im Amt für Stadtentwicklung und die Wirtschaftsförderung des Bezirks suchen den kurzen Weg zu Privatunternehmen. In anderen Bereichen der Verwaltung geht die Tendenz eher in die entgegengesetzte Richtung: Die Finanzierung und Durchführung von Maßnahmen wie die Weihnachtsbeleuchtung am Kurfürstendamm sollten eigentlich private Akteure leisten. Die Rolle der öffentlichen Seite ist eher in der Unterstützung privater Verantwortungsübernahme zu sehen.

Griffige Etikettierung verwenden!

Die Bezeichnung Business Improvement District eignet sich nur bedingt für einen Implementierungsprozess hierzulande. Die Verwendung unüblicher englischer Begriffe erschwert das Verständnis und die Identifikation mit dem Instrument. Wie die Bezeichnung in Nordrhein-Westfalen, Immobilien- und Standortgemeinschaften (ISG), oder auch der propagierte Begriff der Bundesvereinigung für City- und Stadtmarketing Deutschland, Bündnisse für Investitionen und Dienstleistungen (BIDs), zeigen, gibt es erste Lösungsvorschläge. Berlin könnte sich anschließen oder einen eigenen Begriff etablieren. Denkbar wäre ein Begriff der eher in die eigene Begrifftypologie passt. So ist, in Anlehnung an das Quartiersmanagement, der Begriff „Geschäftszentrenmanagement" für den Ansatz vorstellbar.

17.4 Realisierungschancen eines BID-basierten Modells

BID-Implementierung von Handlungsdruck und Kooperationsbereitschaft abhängig: am Kurfürstendamm und der Tauentzienstraße noch nicht hoch genug, Leerstände vor allem in den Seitenstraßen

Ob es am Standort Kurfürstendamm mittelfristig zur Bildung eines BID kommen wird, hängt neben den öffentlichen Rahmenbedingungen, vor allem von zwei Faktoren ab: dem Handlungsdruck am Standort und der Kooperationsbereitschaft der lokalen Akteure. Am Kurfürstendamm vom Breitscheidplatz bis zur Leibnitzstraße sowie in der Tauentzienstraße sind heute noch keine nennenswerten Leerstände zu verzeichnen. Bei sinkender, aber noch ausreichender Nachfrage konnten die Handelsflächen bisher immer neu vermietet werden, wenn auch im Bereich des Kurfürstendamms unter zunehmend schlechteren Konditionen (Timm, 30.04.2004). Trotzdem wurde von der Mehrheit der Gesprächspartner der Handlungsdruck für die Eigentümer als relativ gering eingeschätzt (u. a. Boether, 06.04.2004; Kupsch, 30.04.2004; Schmidt, 06.05.2004). Zu lange wurde am Standort sehr gut verdient und dem entsprechend macht man sich über die Zukunft keine ernsthaften Sorgen. Die Einnahmenverluste bei der Vermietung lassen sich eher in den Seitenstraßen beobachten. Wenn sich dort die Mieten halbieren, wird das die Gesprächsbereitschaft der Eigentümer befördern. Ein derartiges Szenario, die sinkende Nachfrage nach Gewerbeflächen, eine hohe Leerstandsrate und der drohende Absturz der Mietpreise, lassen sich bereits heute in der Fasanenstraße beobachten. Das Maklerunternehmen, dass bereits seit Jahren die Einzelvermietung der Flächen in der ganzen Straße vermittelt, plant nun eine übergreifende, durch die Eigentümer finanzierte, Vermarktungskampagne und glaubt an eine erfolgreiche Mobilisierung der Eigentümer (Boether, 06.04.2004).

Die Bereitschaft der Betroffenen zu einer neuen Kooperation ist durchaus vorhanden, wobei zwischen den Interessengruppen auch erhebliche Vorbehalte bestehen. Die bereits angesprochene räumliche Begrenzung des BID entscheidet über die Zusammensetzung der Akteure. Von ihrem Engagement und ihrer Kooperationsbereitschaft hängt sehr viel ab. Das bereits bewiesene starke Engagement am Standort, die außerordentliche Bedeutung des Geschäftszentrums und die relativ günstigen Rahmenbedingungen sind gute Vorraussetzungen für einen BID. Ob die Energie und die Erfahrungen der Initiatoren letztlich für die Umsetzung des ersten BID in Berlin ausreichen, kann (wie in den USA) nur der Prozess selbst zeigen.

Trotz Vorbehalten zwischen und in den Interessensgruppen ist die Bereitschaft zur Kooperation vorhanden; Ergebnis stark prozessabhängig

Schlussfolgernd bleibt festzuhalten, dass der derzeitige Handlungsdruck unter den Eigentümern insbesondere in der Tauentzienstraße und in großen Teilen des Kurfürstendamms noch nicht stark genug ist, um zu aufwändigen Verfahren wie BIDs zu motivieren. In den Seitenstraßen hingegen und auf dem Kurfürstendamm im Abschnitt zwischen Adenauer Platz und Halensee zeigen sich zum Teil erhebliche Umsatzeinbußen und Leerstände. Da sich nach einheitlicher Meinung der Befragten die wirtschaftliche Stärke und die Identität des Kurfürstendamms auf die Existenz seiner Seitenstraßen stützt, deutet das langsame Wegbrechen des Netzes auf zukünftige Probleme des Standortes hin. In diesen Bereichen ist die Chance der Mobilisierung der Eigentümer am höchsten einzuschätzen. aber auch in anderen Abschnitten wäre mit den entsprechenden Promotoren und guten Argumenten zu BID-Vorteilen eine Aktivierung denkbar.

Fazit:
Der Druck zur BID-Gründung muss aus den Seitenstraßen kommen, da in der Hauptachse die Probleme noch nicht stark genug sind

18.

ZWISCHENBILANZ

18.1 Implementierung des BID-Ansatzes in Berlin

Negative wirtschaftliche Entwicklung führt zu Umsatzrückgängen und Leerständen in allen Branchen

Die wirtschaftliche Lage Berlins ist seit Jahren durch eine schlechte Arbeitsmarkt- und Beschäftigungssituation gekennzeichnet, die eine sinkende Kaufkraft nach sich zieht. Demzufolge sind die Umsätze im Einzelhandel stark zurückgegangen. Im gleichen Zeitraum wuchs das Flächenangebot sowohl im Einzelhandel, wie auch im Büro- und Tourismusbereich erheblich. Sinkende Mietpreise und steigende Leerstände sind das Ergebnis dieser Entwicklung.

Öffentliche Gelder fließen nur noch in Problemstandort bzw. „Aushängeschilder"

Dem öffentliche Sektor sind in Berlin aufgrund der prekären Haushaltslage die Hände gebunden. Investiert wird nur noch in die „Aushängeschilder" der Stadt und bei offensichtlichen Notlagen (Plate, 05.05.2004). Von einer Verbesserung der öffentlichen Leistungen kann in den nächsten Jahren keine Rede sein.

Erhöhtes Privatengagement als wichtig erkannt, allerdings keine einheitliche Befürwortung für BID-Ansatz vorhanden

Die steigenden Probleme der Geschäftsstandorte, bei gleichzeitig leerer öffentlicher Kasse, erzeugen einen hohen Handlungsdruck und die Notwendigkeit zu verstärktem privatem Engagement. Zum derzeitigen Zeitpunkt lässt sich bei den betroffenen Interessengruppen dennoch keine uneingeschränkte Befürwortung für die Gründung eines BID erkennen. In der gegenwärtigen Deregulierungsphase möchte niemand als Befürworter zusätzlich verpflichtender finanzieller Leistungen verstanden werden. Auch wenn der Charakter eines BID-Beitrags von dem einer Steuer grundverschieden ist, besteht die Befürchtung diesen Unterschied nicht vermitteln zu können. Die Erkenntnis, dass zukünftig eine stärkere Einbindung von Grundstückeigentümern in die Standortaufwertung erfolgen muss, ist jedoch bei allen Gruppen vorhanden.

Öffentliche Diskussion zu BIDs in Berlin hat begonnen, Gesetzgebung ist empfehlenswert

Die kürzlich begonnene, öffentliche Diskussion zum Thema BID wird über dessen Schicksal in Berlin entscheiden. Über den Ausgang der Debatte kann momentan nur spekuliert werden. Als sinnvoll wird eine entsprechende BID-Gesetzgebung erachtet, die, aufgrund von aktuellen Deregulierungsansätzen des Berliner Senats für die lokale Wirtschaft, gleichzeitig mit entsprechenden Kommunikationsstrukturen und Verhandlungsprozesse zu begleiten ist. Außerdem wird vorgeschlagen bereits vorhandene Fördermöglichkeiten der Europäischen Union auf ihre Anwendung für die Gründungsphase von BIDs zu prüfen. Ideal wäre ein parallel verlaufender Prozess: zum einen eine Gesetzesinitiative für BIDs, zum anderen eine geförderte Konzeptentwicklungs- und Kooperationsphase für die Standortinitiativen, welche dann zum Zeitpunkt der Verabschiedung des BID-Gesetzes den Antrag auf Einrichtung eines BID stellen könnten. Neben einer entsprechenden Unterstützung der Initiativen sowie Kooperationsbereitschaft durch die öffentliche Hand wird eine eigene Namensgebung für den Ansatz, „Geschäftszentrenmanagement", empfohlen. Die vorliegende Arbeit liefert mit dem Vorschlag einer Implementierung des Modells am Standort Kurfürstendamm einen Beitrag zur Diskussion.

18.2 Modellstandort Kurfürstendamm als BID

Der Kurfürstendamm eignet sich für die Einrichtung eines BID. Diese Einschätzung stützt sich auf folgende Rahmenbedingungen am Standort:

- hohe Bedeutung als Geschäftszentrum und damit auch zukünftig unangefochtene Zentrumsfunktion;
- steigender Handlungsdruck (zumindest in den Seitenstraßen);
- vielfältige, handlungsfähige Organisationen;
- aktive und finanziell potente Eigentümer.

Kurfürstendamm für BID geeignet

Die formulierten Empfehlungen dienen als Leitfaden für die zukünftige Gründung eines BID und richten sich an den privaten und öffentlichen Sektor. Ausgehend von der Auseinandersetzung mit den nutzungsstrukturellen Problemen und den Interaktionen der Interessengruppen und Einzelpersonen wurden schwerpunktmäßig verfahrensbezogene Elemente für diesen Prozess entwickelt, wie beispielsweise:

- die Identifizierung entscheidender Schlüsselfiguren für einen erfolgreichen Prozessverlauf;
- eine umfassende Information und Kommunikation über den BID-Ansatz und
- die Bildung eines gut ausgebauten Akteursnetzwerkes.

Empfehlungen für den Gründungsprozess richten sich an den öffentlichen und privaten Sektor

Die Untersuchung im Geschäftszentrum Kurfürstendamm zeigt, dass günstige Voraussetzungen wie ausreichender Handlungsdruck und handlungsfähige Organisationsstrukturen für die Implementierung eines BID erfüllt sein müssen. Ersteres ist vor allem in den zentralen Lagen des Standortes offensichtlich noch nicht der Fall. Auch wegen der generell besseren Erfolgsaussichten bezüglich einer mehrheitlichen Mobilisierung und Aktivierung der Eigentümer wird die Auswahl eines kleineren „dezentralen" Bereichs vorgeschlagen.

Gutes Standortpotenzial bei differenziertem Handlungsdruck

Die bereits bestehende Eigentümerinitiative „Kurfürstendammrunde" wird für die Rolle des BID-Initiators vorgeschlagen. Sie sollte unbedingt das Know-how der anderen Organisationen nutzen. Die Realisierungschance eines BIDs am Standort Kurfürstendamm ist, wie in den USA auch, von Prozessverlauf und der Aktivierung der betroffenen Personengruppen abhängig.

Kurfürstendammrunde als BID-Initiator vorgeschlagen

V. TEIL: REVITALISIERUNG DURCH BIDs? – ERKENNTNISSE UND PERSPEKTIVEN

Teil V zieht ein Fazit der Untersuchungen zum BID-Modell und interpretiert die Thesen über dessen Implementierung zur Revitalisierung deutscher Geschäftszentren. Schwerpunktmäßig werden die empirischen Ergebnisse aus den New Yorker Fallstudien (Kap. 9 bis 12), der Analyse der BID-Implementierung in Deutschland (Kap. 13 bis 15) und aus den konzeptionellen Überlegungen zur Gründung eines BID am Kurfürstendamm in Berlin (Kap. 16 bis 18) diskutiert. Zum Abschluss werden Empfehlungen zum praktischen Umgang mit dem Modell gegeben und der weitere Bedarf wissenschaftlicher Untersuchungen zu diesem Thema formuliert.

19.

Fazit zum BID-Modell und zur Leitfrage

19.1 Bewertung des BID-Ansatzes

Der BID-Ansatz ist nicht ganz unumstritten. Gespräche mit Experten aus dem Bundesgebiet und mit lokalen Initiatoren ergaben ein differenziertes Meinungsbild Tab. 32 stellt Vor- und Nachteile des Modells gegenüber. Viele Vorteile sind deckungsgleich mit den Vorzügen der bereits vorgestellten deutschen PPP-Initiativen, andere wiederum sind modellspezifisch.

BID-Ansatz nicht unumstritten

Den spezifischen Vorteilen, die im Bereich der Verfahrens- und Organisationsstruktur liegen, stehen Bedenken gegenüber, die sich mehrheitlich auf die Ergebnisse fokussieren. Das lässt sich darauf zurückführen, dass BIDs in erster Linie die Umsetzung notwendiger Maßnahmen aufgrund inhaltlicher, struktureller und organisatorischer Vorteile ermöglichen.

Vorteile beziehen sich auf die Verfahrens- und Organisationsstruktur, Bedenken auf den Bereich der Wirkungen

Kritiker werfen dem BID-Konzept ein zu einseitiges Handeln zu Gunsten der Eigentümerinteressen vor und meinen, dass die Ergebnisse auf Kosten Schwächerer beziehungsweise durch eine Verdrängung von Problemen in benachbarte Gebiete erzielt werden. Diese Effekte lassen sich bei der Realisierung von Aufwertungsstrategien nicht ausschließen. Bislang fehlen allerdings empirische Untersuchungen, die diese Vorwürfe objektivieren würden.

Negative Effekte werden vor allem in Form von Verdrängungseffekten vermutet

Befürworter werten vor allem die Förderung privater Eigeninitiative und das damit verbundene selbstbestimmte Handeln der Akteure positiv. Insbesondere die mit dem Modell verbundenen Chancen der Realisierung eigener Projekte werden als motivierend angesehen. Zudem trägt das Modell der Haushaltssituation der Gemeinden Rechnung. Die eigenen Untersuchungen bestätigten diese Aspekte.

Vorteile entstehen sowohl auf privater wie auf öffentliche Seite

Tab. 32: Vor- und Nachteile von BIDs

Vorteile	Nachteile bzw. Bedenken
Modellspezifische Vorteile: ■ fördern Eigeninitiative; ■ Abgaben kommen direkt den Beitragszahlern zugute; ■ zeitlich begrenzt und somit nur durch Erfolg existenzberechtigt; ■ flexibel handhabbar, da regelmäßig Kontrolle der Maßnahmen und Ziele erfolgt; ■ sichere Finanzierungsgrundlage für angestrebte Maßnahmen und damit Planungssicherheit für einen begrenzten Zeitraum; ■ Problem der „Trittbrettfahrer" ist ausgeschaltet; ■ positive Bilanz bei der Realisierung von Projektideen und Konzepten; ■ klare rechtliche Grundlage schafft Planungssicherheit. Allgemeingültige Vorteile von PPP-Modellen: ■ Schaffung und Erhalt von Arbeitsplätzen durch die Sicherung alter und Akquisition neuer Unternehmen; ■ Erhöhung von Kundenfrequenzen; ■ Aufwertung des öffentlichen Raums durch Gestaltung, Reinigung und Sicherheit ■ vereint Einzelakteure zu „einer Stimme" und verhilft somit zu mehr Durchsetzungskraft gegenüber Politik und Verwaltung; ■ Erhalt und Steigerung der Eigentumswerte; ■ Steigerung der Konkurrenzfähigkeit des Standortes; ■ Einsparung von Kosten durch gemeinsame Marketingstrategien etc.; ■ Verbesserung der Netzwerkstruktur zwischen öffentlichen und privaten Akteuren.	Modellspezifische Nachteile / Bedenken: ■ Gründungsprozess sehr zeit- und kraftaufwendig; ■ die erhobene Abgabe ist eine Art zusätzliche Steuer, deren Bemessungsgrundlage teilweise als nicht gerecht empfunden wird; ■ Sicherheits- und soziale Probleme werden mit dem Modell nicht gelöst, sondern in andere oder angrenzende Gebiete verdrängt; ■ BIDs ziehen Geschäftsleute aus Gebieten ab, die sich keinen BID leisten können, und tragen somit zum Verfall anderer Zentren bei; ■ die starke Position der Eigentümer führt zu einer einseitigen Interessensvertretung am Standort; ■ die Beiträge werden von den Eigentümern an die Mieter weitergegeben: kleine Unternehmen können sich die Mieterhöhungen nicht leisten und sind gezwungen das Gebiet zu verlassen; ■ Abgrenzung des Wirkungsbereiches könnte zur Ausgrenzung interessierter Nachbarn führen; ■ die für die Lösung der „Trittbrettfahrer-Problematik" notwendige Gesetzgebung stößt auf deutliche Widerstände in Deutschland; ■ gute Organisationsstruktur sichert noch keine Qualität im Management. Allgemeingültige Nachteile / Bedenken gegenüber PPP-Modellen: ■ übernehmen Funktionen, die eigentlich die öffentliche Seite erfüllen müsste; ■ das private Engagement führt sukzessive zu einer Verringerung der öffentlichen Leistungen in dem Gebiet; ■ gute Organisationsstrukturen sichern noch kein Qualitätsmanagement

Quelle: Eigene Zusammenstellung

Organisatorische Vorteile einfach nachzuweisen, Erfolge und Nachteile sind nur durch umfangreiche Untersuchungen belegbar

Die modellspezifischen, organisatorischen Vorteile von BIDs sind leicht belegbar und in ihrer Einfachheit bestechend. Ermöglicht werden die positive Bilanz, die gesicherte Finanzierung und das professionelle Management zum einen durch die Defizite der öffentlichen Leistungserbringung, im Wesentlichen jedoch durch eine Kombination aus Kooperation und einer stringenten Organisationsstruktur. Die allgemeingültigen Vorteile finden sich hingegen nur in Bereichen, in denen zusätzliches Personal zum Einsatz kommt, wie beispielsweise bei der Aufrechterhaltung von Sauberkeit und Sicherheit. Das gilt ebenso für Bedenken bezüglich negativer Wirkungen von BIDs. Die hohe Erfolgsquote der Projekte wird positiv gewertet, für eine objektive Evaluation der Ergebnisse sind jedoch umfangreichere Untersuchungen notwendig (vgl. Kap. 21.2).

Der hohe Verwaltungsaufwand während der BID-Gründung ist eine große Hürde für die Etablierung dieses Modells, da in dieser Phase der Wille zu privatem Engagement und der Glaube an einen Erfolg sehr stark ausgeprägt sein müssen. Neben die Befürchtung, dass dieses private Engagement nicht aktiviert werden kann, treten Bedenken grundsätzlicher Natur, die das Verhältnis zwischen öffentlicher Hand und privaten Akteuren betreffen. Einerseits wird ein Kontrollverlust der öffentlichen Hand gegenüber privater Initiative befürchtet, andererseits wird aber auch vor einer eigenen BID-Gesetzgebung auf Landesebene zurückgeschreckt, die das öffentlich-private Verhältnis fixieren würde. Abgesehen von diesen allgemeinen Bedenken spricht letztlich aber die Mehrzahl der Argumente für ein positives Votum gegenüber dem Modell.

Gegenüber dem Implementierungsaufwand bestehen nachvollziehbare Bedenken, trotzdem positives Gesamtvotum

19.2 Fazit zur Leitfrage

Wie ist nun die Frage nach der Revitalisierung deutscher Geschäftzentren durch Anwendung des nordamerikanischen Modells zu beurteilen? Zu Beginn der Arbeit wurden Ziele formuliert, die mit einer Revitalisierung von Geschäftszentren erreicht werden sollen (vgl. Kap. 2.1). Eine wirtschaftliche Stärkung des Standortes, die Arbeitsplätze sichert und schafft, zählt zu den wichtigsten angestrebten Wirkungen einer Standortaufwertung. Mit ihr lassen sich positive Effekte, wie beispielsweise der Erhalt von relativer Nähe zwischen Arbeit, Versorgung und Wohnen oder auch die Stärkung traditioneller Nutzungszusammenhänge als Identifikation mit dem Stadtraum, erzielen. BIDs sind in der Lage dies zu leisten.

BIDs tragen zur wirtschaftlichen Standortaufwertung bei, ...

Die Steigerung des Bekanntheitsgrades des Gebietes und damit die Attraktivierung für neue Kunden und neue Gewerbetreibende erreicht ein BID durch umfangreiche Marketingmaßnahmen. So lassen sich langfristig die Leerstände in den Gewerbeflächen reduzieren. Insbesondere die standortangepassten Werbemaßnahmen für die Verbesserung der Angebotsstrukturen tragen zu einer erfolgreichen Verwirklichung dieser Zielsetzung bei. Die Verbesserung der Aufenthaltsqualität im öffentlichen Raum wird in unterschiedlichem Umfang und mit differenzierten Projekten angegangen. In der Summe lässt sich jedoch eine allgemeine Verbesserung der Aufenthaltsqualität des öffentlichen Raumes festhalten.

...attraktivieren den Standort für neue Nutzer und steigern die Aufenthaltsqualität im öffentlichen Raum.

Insgesamt wird das erforderliche Leistungsprofil, das mit einer Revitalisierung von Geschäftszentren verknüpft ist, von BIDs erfüllt. Auch wenn eine Steigerung der Umsätze durch erhöhte Kundenfrequenzen und die damit einhergehende Belebung des öffentlichen Raumes anhand der Fallstudien aus New York City nicht quantitativ belegt ist, wurde diese Wirkungen von den Interviewpartnern bestätigt.

Leistungsprofil an Revitalisierung von Geschäftszentren durch BIDs erfüllt

BIDs sind in erster Linie wirtschaftliche Instrumente zur Standortaufwertung. Bei Erfolg erhöhen sie gleichzeitig die Attraktivität des öffentlichen Raums und somit die Qualität des Lebensraum der Bewohner. Folgt man der Ansicht, dass Arbeit und Einkauf ebenso zur Lebensqualität gehören wie die Schaffung von Ausbildungsplätzen für Jugendliche oder Spielplätze für Kinder, tragen sie zu einem verbesserten sozialen Umfeld bei.

Standortaufwertung bezieht Verbesserung des sozialen Umfeldes ein

Implementierungsdiskussion durch Handlungsdruck und Berührungsängste gekennzeichnet

Neben den offensichtlichen Erfolgen des BID-Modells ist der Aspekt der Implementierung nach Deutschland von besonderer Bedeutung. Die empirischen Erkenntnisse aus den USA zur Grundidee sowie der Arbeits- und Wirkungsweise des Konzeptes verdeutlichen, dass BIDs organisatorische Vorteile bieten, die weit reichende Auswirkungen auf die Umsetzung der geplanten Maßnahmen haben (vgl. Kap. 19.1). Die durchgeführten Untersuchungen in Deutschland zeigen, dass es Defizite in den bisherigen Modellen und Verfahrensabläufen zur Stadtentwicklung gibt und parallel dazu der Handlungsdruck an den Standorten steigt. Gleichzeitig ergab die Analyse zur Implementierung deutliche Berührungsängste mit einem so stark auf privates Engagement setzenden Konzept der Standortaufwertung und mit der Einführung neuer gesetzlicher Regelungen.

Fazit: Anwendung des BID-Modells sinnvoll und realisierbar, bei entsprechendem Informations- und Verhandlungsprozess

Abschließend wird die Revitalisierung von Geschäftszentren in Deutschland mittels Anwendung des BID-Modells als sinnvoll und realisierbar eingeschätzt. Allerdings ist dafür ein umfangreicher Informations- und Verhandlungsprozess notwendig, der die Partner vernetzt und über Chancen und Risiken informiert und diskutiert. Zudem sind standortgerechte Lösungen erforderlich. Nicht für jeden Standort sind BIDs die richtige Lösung. Vielmehr sollten sie als sinnvolle Ergänzung zu bestehenden Modellen gesehen werden. Der Weg zu mehr Eigenverantwortung wird als unabdingbarer, aber auch als langwieriger Prozess eingestuft. BIDs bieten dafür eine gute Diskussionsgrundlage.

Spezielle Rahmenbedingungen für Implementierung notwendig

Aus den Untersuchungen zu einer BID-Implementierung in Deutschland lassen sich folgende Anforderungen an die Rahmenbedingungen festhalten:
- ausreichender Handlungsdruck;
- durchsetzungsfähiger Initiator;
- Bereitschaft des privaten Sektor zur Übernahme von Verantwortung und zur Kooperation;
- Bereitschaft der öffentlichen Hand zur Mitwirkung und zur Übertragung von Verantwortung an Privatpersonen;
- funktionierende Organisationsstrukturen und
- Vertrauen der handelnden Akteure zueinander ohne „eingefahrene" Strukturen.

Erfolgsfaktoren für Gründungsinitiative

Die empirischen Untersuchungen der Fallstudien aus New York City ergaben zusätzlich detaillierte Erfolgsfaktoren für die Gründungsinitiative:
- gute Vorbereitung des Gründungsprozesses;
- Schaffung eines Problembewusstseins bei den Betroffenen;
- Formulierung realistischer Ziele;
- Einbindung aller Interessengruppen am Standort;
- klare Schwerpunktsetzung in der Konzeption (Profilbildung);
- Erstellung eines schriftlichen Arbeits- und Finanzierungsprogramm;
- Information durch motivierende Promotoren unterstützen und
- Aufbau eines vertrauensvollen Netzwerkes zu Entscheidungsträgern (Politik, Verwaltung etc.).

20.

DISKUSSION DER THESEN

Im Folgenden werden die Aussagen der Thesen vor dem Hintergrund der empirischen Ergebnisse reflektiert. Dabei bestätigten sich die anfangs getroffenen Aussagen zur einen Hälfte vollständig und zur zweiten Hälfte teilweise. Nur eine These bestätigte sich nicht. Zutreffende Thesen liegen vor allem in den Bereichen der Übertragbarkeit und den Akteurskonstellationen. Teilweise zutreffende Aussagen fallen in die Bereiche Maßnahmen und Ergebnisse sowie Chancen und Risiken.

20.1 Übertragbarkeit des BID-Modells nach Deutschland

Die verpflichtende Beitragszahlung für alle Eigentümer in einem nordamerikanischen BID schafft eine solide finanzielle Basis für die Initiative. Sie dient zum einen als wichtiger Motivationsfaktor für die Gründungsphase eines BID und sichert zum anderen für einen begrenzten Zeitraum die Finanzierung und damit die Umsetzung der geplanten Maßnahmen. Ermöglicht wird dieses Vorgehen durch eine eigene BID-Gesetzgebung in nahezu allen Bundesstaaten. Sie regelt neben dem Gründungsverfahren und der zukünftigen Rechenschaftslegung vor allem die Erhebung der Abgaben durch die öffentliche Hand.

These I:
„Die gesetzlichen Besonderheiten zur Finanzierung von BIDs machen eine einfache Übertragung auf Deutschland unmöglich."

→ **voll bestätigt**

Auch wenn sich wegen der Langwierigkeit von Gesetzgebungsverfahren derzeit die Experten über die Notwendigkeit einer eigenen BID-Gesetzgebung in Deutschland streiten (vgl. Kap. 14.1), so verdeutlichten die Untersuchungen in drei Bundesländern, dass eine entsprechende BID-Landesgesetzgebung die Übertragung des Modells vereinfachen würde. Die Gründe dafür liegen, ebenso wie in den USA, in:
- der Aussicht auf eine finanziell abgesicherte Basis und
- den hohen Realisierungschancen des Maßnahmenkonzeptes.

Versucht man das BID-Modell ohne gesetzlich fixierte finanzielle Beteiligung aller Eigentümer auf Deutschland zu übertragen, so sind Abstriche in der inhaltlichen Gestaltung des Modells die notwendige Folge (vgl. Kap. 14.2). Die autonome Implementierung durch Kommunen inklusive verpflichtender Abgabe, aber ohne die entsprechende Gesetzgebung, wie es das Rechtsgutachten des BCSD vorschlägt, wird derzeit nirgends praktiziert. Es scheint, dass die Übertragung des Modells auf Deutschland nur mit entsprechender Rahmengesetzgebung sinnvoll ist und dies für die Zukunft eine kraft- und zeitaufwendige Aufgabe darstellt.

These II:
„Auch die gesellschaftlichen Rahmenbedingungen verhindern eine eins-zu-eins Übertragung."

→ voll bestätigt

Deutschland und die USA prägen sehr unterschiedliche gesellschaftliche Rahmenbedingungen. Ursprung dieser Differenzen ist das grundlegend verschiedene Staatsverständnis in beiden Ländern. Während in Deutschland eine weit reichende hoheitliche und soziale Funktion des Staates mit ausgeprägter Anspruchshaltung und einem verzweigten Netz von Subventionierungen das gesellschaftliche Bild kennzeichnen, setzt man in den USA stark auf individuelle Verantwortung. Ehrenamtliches Engagement ist weit verbreitet.

Das führt zu traditionell unterschiedlichen Herangehensweisen an soziale Fürsorge und Steuerungsprozessen. Hierzulande handelt der Staat nach dem Grundsatz der Schaffung gleichwertiger Lebensverhältnisse. Die soziale Fürsorge ist primär staatliche Aufgabe und den Handlungsmöglichkeiten privater Akteure setzt die öffentliche Hand zum Wohle der Allgemeinheit klare Grenzen. In den USA trifft die öffentliche Hand vergleichsweise wenige Regularien für private Eigeninitiative und privatwirtschaftliche Konkurrenz. Dort haben private Akteure viel stärkeren Einfluss auf Steuerungsprozesse der Stadtentwicklung und die Kommunen sind mit geringeren finanziellen Mitteln ausgestattet. Aufgrund der Anspruchshaltung und stärkerer Vorbehalte gegenüber der Übertragung von Verantwortung in private Hände, ist vor einer Implementierung des BID-Modells in Deutschland eine Neudefinition des öffentlich-privaten Verhältnisses erforderlich.

Bereits seit Jahren ist in Deutschland ein Wandel des stadtplanerischen Steuerungsinstrumentariums zu verzeichnen. Dieser resultiert zum einen aus der Erkenntnis, dass sich die komplexen Probleme von Städten selten allein durch kommunale Planungen lösen lassen. Zum anderen zwingt die durch die immer angespanntere kommunale Haushaltslage eingeschränkte Handlungsfähigkeit der Kommune zu neuen kooperativen Lösungen. Die Realisierbarkeit von Lösungen muss gemeinschaftlich, unter Einbeziehung aller Akteure und Betroffener diskutiert und ausgehandelt werden. Aus dieser Situation heraus entwickelten sich bereits vielfältige PPP-Modelle (vgl. Kap. 4).

These III:
„Ein an die Verhältnisse in Deutschland angepasstes BID-Modell trägt den aktuellen Entwicklungen in den Stadtzentren Rechnung und stellt eine Bereicherung im Rahmen der Revitalisierungsansätze dar."

→ voll bestätigt

Kennzeichen dieser PPP-Ansätze ist die unterschiedlich geregelte Übernahme von Verantwortung durch private und öffentliche Akteure. Häufig übernimmt der öffentliche Sektor die Initiative sowie die Finanzierung der Koordination und des Managements. Nicht selten werden auch die Kosten der Umsetzung erheblich bezuschusst.

In Zeiten schrumpfender öffentlicher Haushalte sind diese Modelle nur an einer begrenzten Anzahl von Standorten realisierbar. Vor diesem Hintergrund können BIDs als eine Bereicherung der derzeit praktizierten Revitalisierungsansätze angesehen werden. Geht man davon aus, dass zukünftig die verbleibenden Mittel der öffentlichen Hand verstärkt in absolute Problemgebiete fließen werden, stellt die Idee der BIDs für andere Standorte einen durchaus empfehlenswerten Lösungsansatz dar. Überlegt werden muss, wie das Verhältnis zwischen gewinnorientierter Ausrichtung von privatem Engagement, der Verpflichtung der öffentlichen Hand auf das Gemeinwohl sowie eine annähernd ausgewogene Kosten-Nutzen-Verteilung aussehen kann.

20.2 Erforderliche Akteurskonstellationen für einen BID

Die empirischen Untersuchungen der Fallstudien in New York City verdeutlichen die hohe Eigeninitiative lokaler Interessensgruppen im BID-Gründungsprozess. Das BID-Modell fördert selbstständiges Handeln und Übernahme von Verantwortung durch:

- Forderung nach einem umfassenden Planungs- und Informationsprozess im Vorfeld der Antragsstellung;
- hundertprozentige Übernahme des unternehmerischen Risikos durch Eigentümer und Gewerbetreibende und
- Angebot zu (neuen) öffentlichen Serviceleistungen, wie Einzug und Weiterleitung des Beitrages der Eigentümer; Bereitstellung der Kontaktadressen zu den Eigentümern sowie Beratungsleistungen.

Für den Standort Deutschland wäre diese Vorgehensweise neu und verlangt von den Interessengruppen öffentliche Hand und private Eigentümer eine Neudefinition ihrer Erwartungen und ihrer individuellen Leistungsbereitschaft. Für die Gruppe der Eigentümer bestehen erhebliche Bedenken. Sowohl Vertreter der öffentlichen Hand als auch Vertreter von Eigentümergruppen bezweifeln die Bereitschaft der Eigentümer zu einer gemeinsamen BID-Initiative. Allerdings gibt es auch andere Meinungen. In Interviews erklärten sich Eigentümer durchaus zur Eigeninitiative bereit. Für die Bildung eines BID ist eine solche Haltung eine Grundvoraussetzung. An die Bereitschaft Einzelner gilt es anzuknüpfen und sich von dort aus zu bemühen, die Mehrheit der Eigentümer von der Notwendigkeit und auch den Chancen einer BID-Initiative zu überzeugen.

Der öffentlichen Hand wird nachgesagt, sie sei unwillig vormals staatliche Aufgaben an private Akteure zu übergeben oder sie auch nur in kooperativer Zusammenarbeit zu erfüllen. Diese weit verbreitete Ansicht stützt sich sicher auf umfangreiche Erfahrungen, konnte anhand der eigenen Untersuchungen so jedoch nicht bestätigt werden.

Bei allen genannten Bedenken ist die zentrale Erkenntnis aus den Fallstudien in New York City: Ein erfolgreicher BID ist auf die fruchtbare Zusammenarbeit aller Interessensgruppen angewiesen.

Deutsche PPP-Instrumente zeichnen sich mehrheitlich durch eine führende Rolle und hohe finanzielle Beteiligung des öffentlichen Sektors aus. BIDs würden den, durchaus schon vorhandenen, Ansatz zur Übernahme von Verantwortung und Kosten durch private und privatwirtschaftliche Akteure weiterentwickeln. Das nordamerikanische Modell der BIDs überträgt die Verantwortung für die Projektentwicklung und das Budget für die Standortaufwertung auf den privaten Sektor und weist der öffentlichen Hand den Genehmigungsprozess, die Kontrollaufsicht und, das ist von zentraler Bedeutung, die Aufgabe der Beratung bei der BID-Gründung zu. Wie Erfahrungen aus New York City zeigen, konnte mittels direkter Ansprechpartner in der öffentlichen Verwaltung eine wichtige Beratung bei Detailfragen im Gründungsprozess erfolgen.

These I:
„Der Erfolg von BIDs hängt stark vom Engagement der Akteure vor Ort ab. Das selbstständige Handeln der Akteure und die Übernahme von Verantwortung für eine übergreifende Lösung der aktuellen Probleme werden durch BIDs forciert."

→ voll bestätigt

These II:
„BIDs stellen eine für Deutschland neue Form des Public Private Partnership dar. Die Unterstützung der öffentlichen Hand durch unbürokratische und sachkundige Hilfe ist für ein erfolgreiches Wirken von BIDs unabdingbar."

→ voll bestätigt

Dies scheint auch in Deutschland ein Weg zu sein, die positiven Einflussmöglichkeiten der öffentlichen Hand auf einen BID zu nutzen und sie gleichzeitig von der Finanzierung solcher lokalen Ansätze zu entlasten. Nicht die Entwicklung, wohl aber die Beratung zum bestmöglichen Weg könnte die zukünftige öffentliche Aufgabe sein. Eine unbürokratische und sachkundige Hilfe ist gerade in der Gründungsphase von enormer Bedeutung.

These III:
„Grundsätzlich handeln Einzelhändler einzeln. Für ein übergreifendes Engagement muss in den meisten Fällen ein dringender Handlungsbedarf, sprich starke Umsatzeinbußen, vorliegen."

→ voll bestätigt

Die Untersuchungen in Berlin und speziell zum Modellstandort Kurfürstendamm bestätigen die Einschätzung, dass die Einzelhändler ausschließlich individuell handeln, in dieser Absolutheit nicht. Gerade bei den Gewerbetreibenden bestehen bereits heute ein hoher Organisationsgrad und die Bereitschaft zu Veränderungen. Das dürfte mit dem bereits starken Handlungsdruck in vielen Geschäftszentren in Verbindung stehen, wie die Zunahme der Initiativen parallel zum Strukturwandel im Einzelhandel beweist.

Die sich verschärfende Situation vieler Geschäftszentren macht gemeinsames Handeln notwendig. Sie führt jedoch nicht automatisch zu einer Beteiligung aller Betroffenen an entsprechenden Initiativen. Vielmehr scheint die reine Existenz einer Organisation zu genügen, um eine große Anzahl „Trittbrettfahrer" zu beruhigen (vgl. Kurfürstendamm). Gleichzeitig führen erhebliche Umsetzungsdefizite der Initiativen zum Vertrauensverlust und zur Resignation.

These IV:
„Die Grundbesitzer spielen in den USA eine tragende Rolle in der Strategie der BIDs. Bei Ihnen ist ein langfristiges Interesse am Standort vorhanden. Für die Übernahme von Verantwortung in Revitalisierungsprozessen fehlt den Grundstückseigentümern in Deutschland jedoch die Tradition."

→ voll bestätigt

Dass Grundstückseigentümer im Zuge der Standortwicklung auch in Deutschland zukünftig umfassender einbezogen werden müssen, ist zumindest in Fachkreisen unstrittig. Ob das in dem breiten Maße wie in den USA gelingt, wird von vielen angezweifelt. Zu wenige Erfahrungen bestehen derzeit mit einer übergreifenden Mobilisierung dieser Interessengruppe. So bewegen sich heute die Einschätzungen der Interviewpartner über den Erfolg einer Implementierung der BIDs zwischen den Prognosen eines totalen Misserfolges bis zu einer problemlosen Umsetzung des Modells. Von manchen wird im Zusammenhang mit der Revitalisierung der Geschäftszentren auch die vorrangige Orientierung auf die Eigentümer abgelehnt. Zu eng scheint die Beziehung dieser Interessengruppe zum individuellem Profitdenken zu sein.

Letztlich, und das bestätigt die These, liegt der langfristige Anstieg der Bodenwerte und der Mietpreise und damit die Standortaufwertung im direkten Interesse institutioneller und individueller Eigentümer. Diese Effekte werden den BIDs nachgesagt. Die in den Untersuchungen zum Standort Berlin festgestellte zunehmende Institutionalisierung des Eigentums (zum Beispiel durch Immobilien- oder Rentenfonds) zeichnet einen Strukturwandel nach, der in anderen Bereichen längst stattgefunden hat. Um Wertverluste des Eigentums zu vermeiden, wird es bei entsprechendem Handlungsdruck und umfangreichen Informationsprozessen durchaus zur Aktivierung gerade der institutionellen Eigentümer kommen. Ihnen darf die entsprechende Weitsicht auf die Entwicklung des Grundstückmarktes und die Professionalität bei der Durchsetzung ihrer Interessen unterstellt werden.

Es ist notwendig, dass zunächst die Eigentümer untereinander ein gewisses Maß an Übereinstimmung über die zukünftige Zusammenarbeit erzielen, bevor die Auseinandersetzung mit den Gewerbetreibenden beginnt (Heerde,

23.02.2004). Erste Aussprachen mit Eigentümern über eine gemeinsame Standortaufwertung durchgeführt vom Deutschen Seminar für Städtebau und Wirtschaft ergaben, dass auch innerhalb der Gruppe der institutionellen Eigentümer die Kooperationsbereitschaft einiger Mitglieder als gering einzustufen ist (urbanPR / GSR / DSSW 2004, S. 20). Festzuhalten bleibt, dass der Erfolg der Eigentümeraktivierung stark standortabhängig ist.

Die aus den Fallstudien in New York City abgeleiteten Erfolgsfaktoren bekräftigen die enge Korrelation zwischen dem Engagement der Beteiligten und der erfolgreichen Tätigkeit eines BID: Je größer das Engagement je größer die Aussicht auf Revitalisierungserfolge. Allerdings ist der Umkehrschluss, garantierter Erfolg bei ausreichend Initiative, nicht zulässig. Die typischen Eigenschaften in der Organisation und Finanzierung des Modells schaffen einen motivierenden Rahmen, allein erfolgsentscheidend sind sie nicht. Dafür sind äußere Einflussfaktoren, wie beispielsweise die Einzelhandelsflächengenehmigung der öffentlichen Hand in Berlin oder gesamtwirtschaftliche Entwicklungen mit ihrem Einfluss auf die Kaufkraft, zu wenig beeinflussbar. Wie bei allen Investitionen gehen die BID-Akteure unter Abschätzung des Risikos, aber ohne Erfolgsgarantie in Vorleistung.

These V:
„Die Revitalisierungserfolge von BIDs korrelieren eindeutig mit dem Engagement der Beteiligten. Ein großes Engagement bringt gute Erfolge."

→ teilweise bestätigt

20.3. Die Rolle konzeptioneller Grundlagen

Beispielhaft verdeutlicht die Analyse der Organisationsstrukturen am Standort Kurfürstendamm die Probleme, die aus nicht vorhandenen konzeptionellen Grundlagen und unzureichender Dokumentation der Verfahrensschritte entstehen. Fehlen Maßnahmen-, Zeit- und Finanzierungskonzepte ist die Gefahr eines unabgestimmten blinden Aktionismus der Mitglieder der Initiative groß. Fehlt der Nachweis über das Erbringen der abgestimmten und durchführbaren Verfahrensschritte, kann man sich schwer gegen den Vorwurf der Erfolglosigkeit wehren.

These I:
„Dass die Grundvoraussetzung für die Gründung eines BID die Aufstellung eines District Plan ist, stärkt die strukturierte Zusammenarbeit der Mitglieder."

→ voll bestätigt

Das US-amerikanische BID-Modell schreibt die Erarbeitung eines abgestimmten, schriftlichen Arbeitsprogramms und einer gemeinsamen Zielsetzung als notwendigen Bestandteil der BID-Gründung vor. Wie die New Yorker Fallstudien zeigen, wird dieses Vorgehen durch jährliche Berichte über die durchgeführten Maßnahmen und deren Finanzierung sowie einen Ausblick in das nächste Wirtschaftsjahr ergänzt. Eine schriftliche Konzeption und Finanzierungskalkulation werden aufgrund der empirischen Ergebnisse als eindeutige Erfolgsfaktoren US-amerikanischer BIDs eingestuft.

Der hohe Wert eines schriftlichen Konzeptes wird durch die Vorgehensweise in den untersuchten Bundesländern Nordrhein-Westfalen und Hamburg auf unterschiedliche Weise manifestiert. Nordrhein-Westfalen stellt für diese Phase Fördermittel zur Verfügung und schafft somit Anreize zu schriftlichen Vereinbarungen. Hamburg hält die Verpflichtung zu einem verbindlichen Arbeitsprogramm gesetzlich fest und verbessert so die Vorraussetzung zu einer strukturierten Zusammenarbeit aller Beteiligten.

These II:
„Der im District Plan eindeutig festgelegte Ziel-, Zeit- und Finanzierungsrahmen ist Grundlage der Risiko- bzw. Gewinnkalkulation der Beteiligten. Die klare Perspektive baut Vorbehalte gegen ein gemeinschaftliches Engagement ab und stärkt die Motivation."

→ teilweise bestätigt

Die Analyse der Arbeits- und Finanzierungsprogramme (District Plan) der New Yorker Fallstudien ergab, dass darin weniger detaillierte Festlegungen zur Vorgehensweise getroffen wurden als zunächst angenommen. Die für den Gründungsantrag des BID formulierte Konzeption benennt die allgemeine Zielsetzung und die Maßnahmenbereiche mit beispielhaften Einzelprojekten. Zusätzlich erfolgt eine finanzielle Gewichtung der Bereiche durch die Zuordnung einer konkreten zur Verfügung stehenden Summe. Eine zeitliche Dimension gewinnt die Konzeption durch die a priori festgelegte Laufzeit des BIDs. Erst später, nach einjähriger Laufzeit, erfolgt über die Annual Reports eine detaillierte Aussage über Projekte und geplante Einzelmaßnahmen für das kommende Jahr.

Unter den Bedingungen dieser offenen Konzeption brauchen die Teilnehmer an dem Abstimmungsprozess zum Gründungsantrag eine klare Umsetzungsperspektive und großes Vertrauen in das vorteilhafte Wirken eines BID. Wiederum sind also die entsprechenden Netzwerke innerhalb der Interessengruppen wichtig. Zusätzlich wichtig ist die Zusicherung zukünftiger Rahmenbedingungen, wie:
- die Rechenschaft über Gewichtung und Verteilung der Kosten von BID-Projekten,
- die zeitliche Begrenzung und
- die transparente, kooperative Arbeitsweise.

These III:
„Nur mit einem District Plan als Grundlage scheint eine Übertragung des BID-Modells nach Deutschland möglich."

→ teilweise bestätigt

Ziel der Analyse der Fallstudien in New York war es, diejenigen Bedingungen herauszufiltern, die als Erfolgsfaktoren für die BID-Gründung und –Institutionalisierung gelten können. Nachdem ihre Übertragbarkeit in ein deutsches BID-Modell diskutiert wurde, kristallisierten sich in Anpassung an hiesige Verhältnisse zwei Grundvoraussetzungen für eine Implementierung des BID-Modells in Deutschland heraus:
- die Notwendigkeit einer Gesetzgebung für eine Übertragung des originalen BID-Ansatzes und
- den Wert einer schriftlichen Vereinbarung zwischen öffentlichem und privatem Sektor als verbindliche Festlegung der Verantwortlichkeiten und der Inhalte für beide Seiten.

Eine schriftliche Konzeption, ähnlich dem District Plan, ist als wichtiger Faktor für die Übertragung des BID-Modells somit durchaus bestätigt. Allerdings ist der Erfolg von BIDs, misst man diesen an der Umsetzung der Konzeption, nur gegeben, wenn die Finanzierung der Maßnahmen gesichert ist. Diese lässt sich ohne eine verbindliche Regelung nicht absichern. Eine spezielle BID-Gesetzgebung wird deshalb im Ergebnis der empirischen Untersuchungen als essentiell eingestuft. Mit ihr lassen sich verbindliche Regeln für die konzeptionelle Grundlage der Antragstellung und die Erhebung der Beiträge aufstellen. Privatrechtliche Vereinbarungen, z.B. ein Kooperationsvertrag, würden hingegen nur jene Akteure zur Zahlung verpflichten, die freiwillig dieses Vertragsverhältnis eingehen.

20.4. Finanzierung des Prozesses und der Umsetzung

Die Auseinandersetzung mit der Tradition staatlichen Handelns in Deutschland hat gezeigt, dass sich im deutschen Wertesystem bereits vor langer Zeit hierarchische Strukturen herausbildeten, die letztlich zu einem starken Fürsorgeverhältnis des Staates gegenüber dem Volk führten. Private Initiative wurde nicht gebraucht, nicht gefördert, teilweise mit einer übermäßigen staatlichen Regulierung sogar behindert. Daraus resultiert die abwartende Haltung vieler Eigentümer und Gewerbetreibenden gegenüber einer BID-Initiative. Es fehlt ihnen am Glauben, dass es gelingen kann, eine solche Initiative ohne finanzielle Unterstützung durch die öffentliche Hand zu etablieren. Diese Zurückhaltung ist abhängig von dem Erfahrungen mit staatlicher Subventionierung und Reglementierung die, das zeigt der Vergleich der Bundesländer Nordrhein-Westfalen und Hamburg durchaus unterschiedlich sein können.

These I:
„Die aus der Vergangenheit resultierende abwartende Haltung vieler Grundbesitzer und Einzelhändler in Deutschland hat ihre Ursache in einer jahrzehntelangen Förderpraxis durch den Staat und die Kommunen."

→ voll bestätigt

Zwischen dem für einen BID eingezogenen Beitrag und einer Steuerzahlung bestehen gravierende Unterschiede:
- erstens besteht die Möglichkeit der direkten Abstimmung über die Erhebung des BID-Beitrages;
- zweitens wird die Verwendung der Gelder im Vorfeld auf bestimmte Maßnahmenbereiche innerhalb eines begrenzten Gebietes festgelegt und
- drittens stimmt man einer zeitlich begrenzten Abgabe zu.

Die vorliegenden Kriterien eignen sich, wie mehrere Gesprächspartner bestätigten, als Argumentationshilfe für eine höhere Selbstbeteiligung der Betroffenen an der Standortaufwertung. Diese Argumente dürften zusammen mit dem entsprechenden Handlungsdruck ein hohes Potenzial für die Motivierung und Aktivierung der Mitglieder haben.

These II:
„Der Einsatz privater finanzieller Mittel in Kombination mit einem höchstmöglichen Einfluss auf deren Verwendung führt zu einer stärkeren Selbstbeteiligung und höherer Effektivität."

→ teilweise bestätigt

Dem BID-Modell wird eine hohe Effektivität in der Revitalisierung des Geschäftszentrums zugestanden. Eine klare Gebiets- und Akteursabgrenzung und eine weitgehend einheitliche Zielsetzung der zu finanzierenden Maßnahmen, lassen die Annahme eines effektiveren Mitteleinsatzes zu. Allerdings gilt dies nur unter einer Bedingung: Wichtig ist, dass das Verhältnis zwischen den Managementkosten und dem für aktive Maßnahmen verbleibenden Budget ausgewogen ist. Übersteigt der Verwaltungsaufwand die vorzeigbaren Erfolge kann von Effektivität keine Rede mehr sein.

Das Problem der oftmals geringen Bereitschaft von Gewerbetreibenden und Eigentümern zu einer finanziellen Beteiligung verdeutlicht exemplarisch der Untersuchungsraum Berlin mit seinen Straßenarbeitsgemeinschaften. Besonders den Filialisten und institutionellen Anlegern wird ein niedriges Engagement für einzelne Standorte nachgesagt. Im Umkehrschluss bedeutet eine finanzielle Beteiligung an Aufwertungsmaßnahmen eine entsprechend höhere Wertschätzung des Anliegens und setzt bereits im Vorfeld ein Mindestmaß an Identifikation mit dem Standort voraus. Jeder Betroffene bildet sich eine Meinung darüber, inwieweit sich eine Investition in den Standort für einen längeren Zeitraum lohnt. Fällt das Ergebnis einer solchen Abwägung positiv aus, so ist bereits ein wichtiger Schritt in Richtung Identifikation getan.

These III:
„Eine finanzielle Beteiligung erhöht die Wertschätzung gegenüber den durchgeführten Maßnahmen und verstärkt letztlich die Identifikation mit dem Standort."

→ voll bestätigt

These IV:
„Die Übereinkunft zur Zahlung von Beiträgen ist ein wichtiges Signal in der Zusammenarbeit. Eine finanzielle Verpflichtung schafft Verbindlichkeit in der Zusammenarbeit und erzeugt somit Motivation bei den Beteiligten."

→ **voll bestätigt**

Die geringe Resonanz von Gewerbetreibenden sich an Vorhaben finanziell zu beteiligen, veranlasst viele Initiativen, keine Mitgliedsbeiträge zu erheben. Diese Vorgehensweise ist verständlich, macht eine Zusammenarbeit doch zumindest deutlich, dass gleiche Interessen vorhanden sind. Um am Standort tatsächlich etwas verändern zu können, genügt sie allerdings nicht.

Vor diesem Hintergrund ist eine mehrheitliche Zustimmung zur finanziellen Beteiligung ein positives Signal. Sie führt zu einer Verbindlichkeit, die für einen definierten Zeitraum eine Planungs- und Finanzierungssicherheit ermöglicht. Diese Sicherheit bildet den dringend benötigten Rahmen, um die Revitalisierung des Standortes systematisch und strukturiert anzugehen. Sie gibt den Akteuren die notwendige Motivation für den Gründungsprozess. In gewisser Weise handelt es sich bei der Zustimmung zur Beitragszahlung um einen Vertrauensvorschuss, den der BID über die Jahre einlösen muss.

20.5. Maßnahmen und Ergebnisse

These I:
„Zwischen den unterschiedlichen Personengruppen in einem BID-Bereich bestehen konfliktträchtige Interessensunterschiede, die sich in der Wahl der Maßnahmen niederschlagen."

→ **teilweise bestätigt**

Das Verhältnis zwischen Mieter und Vermieter, also Gewerbetreibendem und Eigentümer, ist durch unterschiedliche Interessen geprägt. Für Gewerbetreibende handeln Eigentümer oftmals zu stark profitorientiert und vermieten zu höchstmöglichen Preisen ohne Rücksicht auf die eigentliche Nutzung. Viele Gewerbetreibende empfinden naturgemäß die mit der nachlassenden Nachfrage verbundene Senkung des Angebotsniveaus als geschäftsschädigend. Welche Maßnahmen für eine Standortrevitalisierung effektiv sind, kann demnach aus verschiedenen Blickwinkeln betrachtet werden. Zusätzlich bringen Bewohner und der öffentliche Sektor eigene Ziele ein, die sich teilweise von denen der Privatwirtschaft unterscheiden.

Die durchgeführten Untersuchungen zeigen, dass alle BID-Maßnahmen grundsätzlich geschäftsfördernd wirken. Ob sie für den jeweiligen Standort geeignet sind, muss individuell entschieden werden. Die von einigen befürchtete einseitige Vorteilsnahme der Eigentümer durch Umwandlung von Gewerberäumen in Wohnungen (Adler, 14.11.2003), konnte durch eigene Erhebungen nicht bestätigt werden.

Die Auseinandersetzung mit unterschiedlichen Steering Committees verdeutlichte:
- die Wichtigkeit stark standortbezogener Diskussionen und die Bedeutung einer guten Prozessmoderation.
- den hohen Wert der Formulierung gemeinsamer Interessen, bevor über die Belange einzelner Gruppen verhandelt wird.

Die Interessen der Bewohner werden ebenfalls in die Diskussion einbezogen. Bei ihnen konnte jedoch kein großes Konfliktpotenzial ausgemacht werden. Einzige Ausnahme war die Befürchtung, dass es bei einem übermäßigen Kneipenangebot zu nächtlichen Ruhestörungen kommen könnte. Vielmehr werden die Aufwertung des öffentlichen Raums und die Sicherung von Arbeitsplätzen im Gebiet als Verbesserung der Lebensqualität verbucht. Die öffentliche Hand sichert sich über das Genehmigungsverfahren und den Sitz im Board of Directors ihren Einfluss.

Trotz unterschiedlicher Interessen besteht eine starke gegenseitige Abhängigkeit im BID. Die Diskussion der Anfangsinitiative zum District Plan setzt auf einen kooperativen Prozess der Beratung und Entscheidung. Allerdings erfolgt die endgültige Abstimmung durch die Eigentümer. Besonders hier befürchten die unternehmergeführten Geschäfte ihre Verdrängung durch besser zahlende Filialisten. Gerade deshalb ist eine übergreifende Einigung wichtig. Unternehmergeführte Geschäfte müssen ihre Sichtweisen einbringen können. Man sollte eine verträgliche Mischung aus großen Ankernutzungen als Frequenzbringer und kleinteiligen Strukturen für den individuellen Charakter anstreben.

Der Vergleich der gesellschaftlichen Rahmenbedingungen, die bei BID-Gründungen in den USA und Deutschland zur berücksichtigen sind, verdeutlicht die erheblichen Unterschiede in den kulturellen Traditionen. Privates Engagement in den USA ist leichter aber auch notwendiger. Die Leistungen der amerikanischen Kommunen sind aufgrund geringer steuerlicher Einnahmen im Vergleich zu denen deutscher Kommunen sehr gering. In der Folge sind Sauberkeit und Sicherheit im öffentlichen Raum ein gravierenderes Problem in den USA als hierzulande. Aus diesem Grund war davon auszugehen, dass Projekte zur Verbesserung der Sauberkeit und Sicherheit für fast alle amerikanischen BIDs zu den ersten Aktivitäten gehören. Diese Schwerpunktsetzung bietet sich durch

- übergreifende Interessensgleichheit,
- gute Erfolgsausichten und
- schnell sichtbare Ergebnisse

gerade in der Startphase an. Mit den ersten Erfolgen in einem vergleichsweise einfachen Aufgabenfeld, wachsen der Mut und die Bereitschaft, sich komplexeren Aufgaben zu widmen.

Diese Annahme wird durch das Ergebnis einer Befragung von über 400 BIDs in allen US-Bundesstaaten scheinbar bestätigt. Das Ergebnis der Befragung verdeutlicht, dass für die Mehrheit der BIDs gegenwärtig komplexere Maßnahmen im Bereich Marketing, Stadtgestaltung und –entwicklung im Vordergrund stehen. Allerdings trifft sie keine Aussage darüber, mit welchen Maßnahmenbereichen begonnen wurde, so dass die Steigerung der Komplexität der Projekte daraus nicht abgeleitet werden kann.

Auch die eigenen empirischen Untersuchungen bestätigen eine zeitliche Abfolge von einfachen zu komplexeren Aufgaben nicht eindeutig. Der Lower East Side BID begann seine Tätigkeit bereits mit Marketingmaßnahmen, die eine vorherige Einigung der BID-Akteure über die Strategie voraussetzten. Der 34th Street BID stellte von Anfang an gleiche Summen für den Bereich Sicherheit und Sauberkeit und den Bereich Stadtgestaltung in seinen Budgetplan ein. Lässt sich weitgehender Konsens der Akteure in der Frage der Notwendigkeit von Maßnahmen zur Verbesserung von Sicherheit und Sauberkeit vermuten, so scheint eine Einigung über zum Beispiel die Finanzierung von Stadtmöblierungen, über deren Design, Anzahl und genauen Standorte weitaus schwieriger. Gravierende Veränderungen in der Schwerpunktsetzung der

These II:
„Die Komplexität der angegangenen Maßnahmen steigt mit der Zunahme der einschlägigen Erfahrungen der BID-Initiative und den aus der Arbeit resultierenden Erfolgen."

→ **teilweise bestätigt**

Maßnahmen wurden demzufolge zumindest anhand der Budgetverteilung nicht festgestellt.

Der 34th Street BID besteht jetzt seit über 10 Jahren. In Gesprächen mit seinen Akteuren wurde deutlich, dass sie ihren derzeitigen Einfluss auf und ihre Mitwirkung an Stadtentwicklungsprozessen als umfangreich einschätzen. Es darf angenommen werden, dass solche aktive Einflussnahme im Laufe der Tätigkeitsjahre wächst.

These III:
„Der Zusammenhang zwischen quantitativen Veränderungen im Gebiet, wie beispielsweise Mietpreise oder Auslastung der Hotels, und den vom BID durchgeführten Maßnahmen ist schwierig nachzuweisen."

→ teilweise bestätigt

Eigene Recherchen über Evaluationsergebnisse der New Yorker BIDs ergaben, dass keine systematische Erfolgskontrolle in den BIDs durchgeführt wird. In Gesprächen wurde deutlich, dass die Verlängerung der Laufzeiten aller BIDs für die Verantwortlichen genug Beweis für ihre Erfolge ist. Die Eigentümer würden wohl kaum weiterhin in diese Strategie investieren, wenn sie nicht die erhofften Wirkungen hätte. Wahrnehmbare Wirkungen sind ihrer Meinung nach sinkende Kriminalitätsraten, ein sauberer und gepflegterer öffentlicher Raum.

Schwieriger wird der Nachweis eines kausalen Zusammenhangs zwischen der BID-Tätigkeit und zwischen Mietsteigerungen, steigender Nachfrage nach Gewerbeflächen oder der Auslastung von Hotelzimmern. Hier sind, und das verdeutlichte auch die Problemanalyse des Geschäftsstandortes Berlin, anderweitige Einflüsse auf den Standort in die Analyse einzubeziehen.

Trotzdem sollten an das Instrument des BID keine höheren Anforderungen gestellt werden als an andere PPP-Instrumente hierzulande. Gegen negative globale Einflüsse ist kein lokaler Ansatz geschützt. Sie belasten selbstverständlich auch die BIDs. Wünschenswert wäre eine vergleichende Evaluation von BID- und „Nicht-BID"-Gebieten. So lange dies jedoch von wissenschaftlicher oder öffentlicher Seite nicht durchgeführt wird, muss ein erneutes Quorum der Beitragszahler als Erfolgsindikator genügen.

20.6. Chancen und Risiken einer BID-Implementierung

These I:
„Bei ausreichender lokaler Initiative können mittels gesetzlicher Absicherung alle partizipierenden Eigentümer an der Finanzierung ihnen zu gute kommender Maßnahmen beteiligt werden."

→ teilweise bestätigt

Die finanzielle Beteiligung aller Eigentümer schafft eine gesicherte finanzielle Basis für ein professionelles Management und die Realisierung von Aufwertungsmaßnahmen. Zusätzlich erzeugt sie ein Gefühl der gerechten Beteiligung der Akteure. Deshalb wird die gesetzlich fixierte Beitragspflicht aller Eigentümer am BID-Standort als eine der größten Chancen dieses Ansatzes bewertet. Gleichzeitig sind die Realisierungschancen einer BID-Gründung anhand dieses Kriteriums gut abzuwägen: Ausgewählt werden sollten Standorte, an denen das finanzielle Potenzial für die zuverlässige Finanzierung der Projekte vorhanden ist.

Grundvoraussetzung für die umfassende Einbeziehung der Eigentümer ist ein zeitaufwendiger Zielfindungs- und Informationsprozess durch eine lokale Initiative. Die empirischen Untersuchungen belegen, dass dafür:
- die entsprechende Motivation,
- die richtigen Schlüsselfiguren und
- eine gute Vernetzung mit Entscheidungsträgern

notwendig sind. Bei keinem anderen PPP-Konzept hierzulande scheint der Erfolg des Ansatzes so stark von privater Initiative abhängig zu sein. Die Ursachen dafür werden in der großen Verantwortung der privaten Akteure und dem damit verbundenen Risiko des Scheiterns gesehen.

In den USA sind BIDs wirtschaftlich selbstständige Privatunternehmen, die teilweise öffentliche Aufgaben übernehmen. Ihre Vorgehensweise ist durch eine Konzentration auf wesentliche Ziele und eine effektive Realisierung geprägt. Zudem arbeiten sie wegen einer vergleichsweise engen Verbindung zwischen Management und zahlenden Eigentümern unter einem hohen Leistungs- und Effektivitätsdruck. Die befristete Zustimmung der Beitragszahler zum Budget und die anhaltende Abhängigkeit der eigenen beruflichen Existenz von einem positiven Votum steigern den Erfolgsdruck und sind mit den Leistungsanforderungen innerhalb der öffentlichen Verwaltung nicht zu vergleichen.

These II:
„BIDs sind in der Lage, schneller auf sich ändernde Rahmenbedingungen zu reagieren, als die öffentliche Verwaltung."

→ **teilweise bestätigt**

Die starke lokale Verankerung der BIDs bietet die Chance die spezifischen Kenntnisse über den Standort für die Konzeptentwicklung zu nutzen und dadurch eine standortgerechte Lösung zu erarbeiten. Der District Plan fixiert Maßnahmen, die jährlich durch das Management konkretisiert und falls notwendig modifiziert werden. Änderungen im Maßnahmekatalog eines BID sind nur mit Zustimmung des Board of Directors möglich, können aber relativ zeitnah beschlossen und umgesetzt werden. Aufgrund der engen Verbindung zu den ansässigen Unternehmen und Eigentümern sowie der Fokussierung auf einen begrenzten Raum, verfügt das Management über größeres Wissen und Flexibilität. Für die Vernetzung der Maßnahmen in standortübergreifende Dimensionen ist jedoch die umfassendere Sicht der öffentlichen Hand notwendig.

Zusammenfassend lässt sich feststellen, dass die höhere Flexibilität des BID auf:
- einer kleineren Verwaltungseinheit;
- einer schwerpunktorientierten Zielsetzung;
- einer größeren Standortverbundenheit und
- einem höheren Erfolgsdruck

beruht. Der öffentliche Sektor kann aufgrund seiner Organisationsstrukturen und seiner interdisziplinären Wirkungsweise nicht diesen Effektivitätsgrad erreichen. Vielmehr ist eine entsprechende Aufgabenteilung wünschenswert.

BIDs sind wirtschaftliche Instrumente der Standortentwicklung. Die mit ihnen verfolgten Strategien zur Revitalisierung führen zwangsläufig zu Umverteilungseffekten. Je nach Profil und geplanten Maßnahmen können sie dabei die Rolle eines Mitspielers (Lower East Side BID) oder eines Katalysators (34th Street BID) übernehmen. Verdrängungseffekte gegenüber anderen Nutzungen, wie beispielsweise dem produzierenden Gewerbe (Adler, 14.11.2003) oder den Obdachlosen, können nicht ausgeschlossen werden. Der angestrebte Aufwertungseffekt für die Standorte verträgt sich nicht mit Obdachlosen im Straßenbild. Da eine lokale Initiative gegen die eigentlichen Ursachen der Obdachlosigkeit wenig ausrichten kann, ist eine Verdrängung des Problems nahe liegend. Die Beteiligung an Hilfsprogrammen durch einen BID, wie es beim 34th Street BID anfangs der Fall war, gehört eher zu den seltenen Fällen sozialen Engagements.

These III:
„Die Aufwertungen innerhalb des BID führen zu Verdrängungsbzw. Entzugseffekten in bzw. aus benachbarten Quartieren."

→ **teilweise bestätigt**

Das alleinige Stimmrecht der Eigentümer in einem BID legt den Schluss nahe, dass es sich bei dem BID-Modell um eine einseitige Interessensvertretung dieser Personengruppe handelt. Gewerbetreibende, Bewohner oder auch andere Institutionen aus dem Gebiet werden zwar am Gründungsprozess und an der Konzeptentwicklung beteiligt, können aber nicht direkt gegen die Einrichtung eines BID stimmen. Die öffentliche Hand behält sich innerhalb des Genehmigungsverfahrens ein Widerspruchsrecht vor.

Die in einem BID vorherrschende Machtkonstellation gibt den Eigentümern grundsätzlich einen großen Handlungsspielraum (vgl. Tab. 33). Umsetzen aber können sie diesen Einfluss nur im Zusammenhang mit den Interessen der öffentlichen Hand und Politik.

Der große Einfluss der Eigentümerinteressen auf die Geschicke des BID kann nicht per se negativ beurteilt werden. Das Konzept eines BID zielt auf die Optimierung der wirtschaftlichen Nutzungen im District ab. Im Fall einer erfolgreichen Realisierung der Aufwertungsmaßnahmen bedeutet das auch eine Umsatzsteigerung für das ansässige Gewerbe und somit ein Gewinn für die Mieter. Dass diese nicht in die Beitragszahlung und in den Entscheidungsprozess einbezogen werden, beruht nicht zuletzt auf praktischen Gründen, die durch die Art der Beitragszahlung gegeben sind.

Tab. 33: Interessensverteilungs- und Entscheidungsbefugnis in BIDs aus New York City

	Rolle der Akteure	Interessen der Akteure	Durchsetzungskraft / Einflussnahme
Einzelhändler	im Board of Directors stimmberechtigt vertreten	mehr Laufkundschaft und höhere Nachfrage	mittel
Eigentümer	bilden per Gesetz die Mehrheit im Board of Directors	Sicherung und Steigerung des Bodenwertes und der Mietpreise	hoch
BID-Management	Angestellte des BID, Organisation und Umsetzung der BID-Aktivitäten; Akquisition zusätzlicher Finanzierungsmittel	Realisierung der Interessen der Beitragszahler;	mittel bis hoch
Department of Small Business Services	Staatliches Organ zur Unterstützung und Kontrolle	Wahrnehmung der öffentlichen Interessen	hoch
Bewohner	im Board of Directors stimmberechtigt vertreten	keine Störungen durch neues Gewerbe; Angebotsvielfalt im Gebiet	mittel
Private und öffentliche Einrichtungen	Können ohne Stimmrecht im Board of Directors vertreten sein	Individuell verschieden	gering-mittel
Politik	im Board of Directors stimmberechtigt vertreten	Wirtschaftliche Aufwertung des Standortes; persönliche Verbundenheit; Publicity	hoch

Quelle: Eigene Bewertung und Darstellung

Ohne einen BID setzen Eigentümer ihre Interessen individuell und teilweise unkoordiniert durch. Das kann in manchen Fällen, zum Beispiel durch Vermietung an Billigdiscounter mangels finanziell ähnlich potenten Mietinteressenten, eher geschäftsschädigend für den Standort sein. Darunter leiden aber nicht nur direkt die Einzelhändler in unmittelbarer Nachbarschaft, sondern auch indirekt die Eigentümer von Gewerberäumen, wenn eine solche Ansiedlung zu Wegzügen alteingesessener Gewerbemieter führt. Dass Eigentümer und viele Gewerbetreibende am ehesten durch finanzielle Argumente zu überzeugen sind, ist nahe liegend. Es kommt also auf die richtige Vermittlung und einen guten Kontakt zwischen beiden Interessensgruppen an. Das ist besonders dann erforderlich, wenn sich ein Bundesland für die Splittung der Beitragszahlung entscheidet.

Die durchgeführten Untersuchungen bieten keine Hinweise für den Abbau öffentlicher Leistungen aufgrund der Existenz eines BID. Vielmehr wird in allen District Plans und durch die Interviewpartner betont, dass zusätzliche Leistungen auch im öffentlichen Interesse erbracht werden. Allerdings finden sich Literaturhinweise, die belegen, dass sich einige BIDs den Fortbestand der öffentlichen Leistungen schriftlich bestätigen lassen. Garantiert werden kann jedoch nur die Leistungsbreite, die im ganzen Stadtraum angeboten wird. Muss aufgrund sinkender Einnahmen der Standard gesenkt werden, erfolgt dies flächendeckend für den gesamten Stadtraum.

These V:
„BIDs begünstigen den Abbau öffentlicher Leistungen durch Substitution."

→ nicht bestätigt

Wie der Vergleich der Rahmenbedingungen in beiden Ländern zeigte, ist das Niveau der Leistungserbringung durch den öffentlichen Sektor durchaus verschieden. Die Tatsache, dass hierzulande im punkto Sauberkeit und Sicherheit noch keine „amerikanischen Verhältnisse" herrschen, darf jedoch nicht darüber hinwegtäuschen, dass es erhebliche Unzufriedenheiten mit dem von der öffentlichen Hand angebotenen Standard gibt. Zudem existieren Handlungsfelder, die nicht in den Bereich öffentlicher Leistungen fallen. Gespräche in Hamburg zu den erwarteten Auswirkungen von BIDs auf den Umfang öffentlicher Leistungen ergaben sogar, dass man nicht von einer Einsparung, sondern von einer Erhöhung ausgeht: Die strukturierte Interessensvertretung des Standortes begünstige eine erhöhte Aufmerksamkeit von Seiten des öffentlichen Sektors und qualifiziere die Initiative bei einem professionellem Management zur Beantragung von Fördermitteln.

21.
AUSBLICK UND
WEITERER FORSCHUNGSBEDARF

21.1 Ausblick

In der Fachdiskussion überwiegend positiv bewertet, ist die Umsetzung noch stark umstritten

In der aktuellen Fachdiskussion über die BIDs in Deutschland wird heute eher über die Frage nach den Implementierungsmöglichkeiten als über das Leistungsvermögen des Modells gestritten. Das Konzept ist, das verdeutlichen die durchgeführten Recherchen, nicht leicht durchsetzbar. Neben vielfältigen Handlungserfordernissen an private Akteure (vgl. Kap. 17.3) muss auch der öffentliche Sektor bestimmte Handlungsparameter erfüllen.

BIDs sind eine Lösung bei fehlenden Handlungsalternativen

Um dem Modell in Deutschland zum Durchbruch zu verhelfen, ist eine gesetzliche Regelung notwendig. Diese wird zwar von Betroffenen als unerlässliche Voraussetzung und starke Motivation anerkannt, aber auch als zu langwierig eingestuft. Andere sehen in einer verpflichtenden Abgabe überwiegend ein wenig hilfreiches Instrument und verlangen nach anderer, schnellerer Hilfe. Die Einführung eines neuen Landesprogramms zur Förderung von BIDs scheint eine solche schnellere Hilfe zu sein. Sie ist jedoch nicht überall möglich und sie reduziert die finanziellen Belastungen der öffentlichen Hand nicht. Das alles zeigt: Es muss in Deutschland über Alternativen nachgedacht werden. BIDs sind eine Alternative zu bestehenden Instrumenten.

Wünschenswert wäre die Förderung der Konzeptionsphase bei parallel laufendem Gesetzgebungsverfahren

Wie wäre ein Implementierungsprozess unter Berücksichtung der hiesigen Besonderheiten denkbar? Wünschenswert wäre eine finanzielle Unterstützung durch die öffentliche Hand in der Konzeptentwicklung- und Gründungsphase des BID. Vor dem Hintergrund leerer öffentlicher Kassen sollte eine Konzentration auf die erste Phase des BID-Implementierungsprozesses von öffentlicher Seite aus erfolgen. Diese Abwandlung des Originalansatzes aus den USA ergibt sich vor allem aus den ausgeführten differenzierten kulturellen Traditionen in beiden Ländern (vgl. Kap. 13). Für die öffentliche Subventionierung ist zu prüfen, inwieweit bereits heute EU-Fördermittel zielgerichtet für diese Phase beantragt werden können. Allerdings ist diese Phase gleichzeitig mit einem Gesetzgebungsprozess auf Landesebene zu verbinden, um die Handlungsfähigkeit durch ein BID-Finanzierungsmodell abzusichern.

Für die Gesetzgebung ist eine unkomplizierte Herangehensweise erstrebenswert

Der in Deutschland stark verbreitete Ausgleichsanspruch und die Forderung nach sozialer Gerechtigkeit, können bei zu pedantischer Auslegung die Chancen des Modells zunichte machen. Eine Überfrachtung der gesetzlichen Regelungen mit Formalien und bürokratischen Hindernissen bremst die Motivation und reduziert die Handlungsfähigkeit. Für eine innovative Stadtentwicklung ist das kontraproduktiv. Es wird daher für wichtig erachtet, dass die

Gesetzgebung Freiräume für private Initiative schafft, gleichzeitig jedoch auch ein verpflichtendes Element beinhaltet. Mit dieser Verpflichtung aller Eigentümer zu finanzieller Beteiligung wird die private Initiative für ihr Engagement „belohnt".

BIDs spiegeln in ihrer Wirkungsweise traditionell behördliche Vorgehensweisen, wie beispielsweise in Sanierungsgebieten, wieder. Die Übertragung von Verantwortung auf den privaten Sektor wird öffentlich kontrolliert. BIDs bieten die Chance zur Neudefinition des öffentlich-privaten Verhältnisses, das den Möglichkeiten und Erfordernissen beider Seiten in der Standortaufwertung Rechnung trägt.

BIDs bieten die Chance das privat-öffentliche Verhältnis den aktuellen Handlungserfordernissen anzupassen

21.2 Weiterer Forschungsbedarf

Die vorliegende Arbeit stellt die Frage nach der Eignung des nordamerikanischen BID-Modells für die Revitalisierung von Geschäftszentren in Deutschland. Zu diesem Zweck wurde ihre Organisations- und Arbeitsweise sowie Ergebnisse ihres Wirkens anhand von drei Fallstudien in New York City untersucht. Um die Möglichkeiten der Implementierung einschätzen zu können, wurden sowohl bereits laufende Implementierungsprojekte in Deutschland analysiert und eine modellhafte Implementierung eines BID an einem Berliner Standort geprüft.

Während der näheren Auseinandersetzung mit der Thematik ergaben sich neue Fragestellungen, die:
- zum BID-Modell in den USA und
- zur Übertragbarkeitsproblematik nach Deutschland

weiterführende Untersuchen verlangen. An dieser Stelle wird ihnen im Sinne eines zukünftigen Forschungsfeldes Raum gegeben:

Fragestellungen bezüglich des US-amerikanischen BID-Modells:

Um die Rolle von BIDs in der Stadtentwicklung in den USA besser einordnen zu können, wäre eine Analyse weiterer US-amerikanischer Wirtschaftsförderungsprojekte hilfreich. Denkbar wäre eine Analyse der entsprechenden Modelle mit ihrer Zielsetzung, den geplanten Maßnahmen und der zugrunde liegenden Finanzierung. Die Ergebnisse dieser Untersuchung sollten mit der Wirtschaftsförderung in Deutschland verglichen werden. Dadurch wäre die Frage nach dem Stellenwert der BIDs in den USA und der Lücke in der Wirtschaftsförderung in Deutschland umfassender zu beantworten.

**Frage:
Welchen Stellenwert haben BIDs im System der Wirtschaftsförderungsansätze in den USA und inwieweit füllen sie eine Lücke in Deutschland?**

Die Schwierigkeit der Quantifizierbarkeit von Ergebnissen der Tätigkeit von BIDs wird in der Arbeit mehrfach angesprochen. Um die Frage nach positiven Wirkungen von BIDs konkreter zu beantworten, sind mehr vergleichende Untersuchungen zwischen „BID-Gebieten" und „Nicht-BID-Gebieten" notwendig. Vorausgesetzt es finden sich von den Rahmenbedingungen her „ähnliche" Vergleichbezirke, sollte mittels einer Langzeitstudie die durch den BID erreichten Verbesserungen ermittelt werden. So ließe sich die Frage be-

**Frage:
Welche Wirkungen von BIDs lassen sich quantitativ nachweisen? Inwiefern verstärken BIDs einen bestehenden positiven Trend oder leiten diesen ein?**

antworten, ob BIDs eher einen bereits bestehenden Trend verstärken oder die Aufwertung wirklich einleiten.

Frage:
Führen BIDs zur Senkung öffentlicher Leistungen in den USA?

Um die Frage nach der Reduzierung öffentlicher Leistungen nach der Gründung von BIDs beantworten zu können, müssten umfassendere Untersuchungen möglichst im Vergleich mit „Nicht-BID-Gebieten" durchgeführt werden. Gefragt werden müsste, inwiefern über einen längeren Zeitraum die öffentlichen Leistungen zurückgefahren wurden und inwieweit dies überproportional zu anderen Gebieten in der Stadt geschah.

Fragestellungen bezüglich der BID-Implementierung in Deutschland:

Frage:
Inwieweit wären bereits bestehende Instrumente in Deutschland in der Lage die Chancen von BIDs aufzugreifen?

Zu Beginn wurde die These aufgestellt, dass es sich bei dem BID-Modell um eine neue Art von PPP handelt. Das bestätigte sich aufgrund der Ausformung des öffentlich-privaten Verhältnisses. Mit dem Konzept können Chancen eröffnet werden, die bisherige PPP-Ansätze hierzulande nicht boten. Aber heißt das, dass in Deutschland ein BID-Modell wirklich benötigt wird? Für eine Antwort wäre eine detaillierte Analyse der vorhandenen Instrumente erforderlich und eine Untersuchung inwieweit diese die Chancen von BIDs aufgreifen könnten.

BIDs entstehen, das zeigte die Analyse in den USA, in allen Zentrentypen. Trotzdem scheint die Übertragung auf deutsche Geschäftszentren nur begrenzt möglich. Insbesondere an problematischen Standorten stellt die Kombination aus schwieriger Finanzsituation, unmittelbarem Handlungsdruck und deutscher Mentalität mit der Hoffnung auf staatliche Hilfe eine ungünstige Ausgangslage dar. Es wird vorgeschlagen, dass an solchen Standorten Konzepte mit umfangreicherer öffentlicher Unterstützung, wie beispielsweise in Berlin das Quartiersmanagement, zum Tragen kommen. Inwieweit man mit einer solchen Forderung das Modell überfrachtet, müsste gesondert untersucht werden.

Frage
Welche Fördermöglichkeiten bestehen bereits heute für die Gründungsphase von BIDs?

Zudem wäre es sinnvoll zu prüfen, welche Möglichkeiten bereits bestehen, die Findungsphase einer BID-Initiative und die anschließende Entwicklung der BID-Konzeption zu fördern. Eine Auseinandersetzung mit der Ausrichtung von EU- aber auch Bund-Länder-Förderprogrammen sollte dabei die Zielsetzung und Wirkungsbereiche von BIDs mit den Vorgaben und Erfordernissen der öffentlichen Subventionierung abgleichen und Empfehlungen für Antragsstellungen lokaler Initiativen formulieren.

Frage:
Wie könnte sich zukünftig das öffentlich-private Verhältnis bei der Revitalisierung von Geschäftszentren gestalten und welche Auswirkungen sind zu bedenken?

Die Arbeit verdeutlicht die Notwendigkeit zur Neudefinition des öffentlich-privaten Verhältnisses. Die stärkere Übernahme von Verantwortung und finanzielle Beteiligung privater Akteure bei der Revitalisierung von Geschäftszentren geht mit der Forderung nach entsprechenden Gegenleistungen des öffentlichen Sektors einher. Zu klären ist, wie die zukünftige Aufgabenverteilung aussieht, wer die entstehenden Risiken und Folgekosten absichert und wie innovative Verfahren zu organisieren sind.

LITERATUR UND QUELLEN

Bücher und wissenschaftliche Arbeiten

BAATZ, R. / SCHENCKE, U. / KICKINGER, J. (2001): Handlungsmodelle zur Einbindung von Immobilien-eigentümern in die Geschäftsstraßenentwicklung. DSSW-Materialien, Berlin.

BLOEM, M. / BOCK, S. (2001): Business Improvement Districts (BIDs). Untersuchung von Business Impro-vement Districts (BIDs) in Bezug auf Möglichkeiten und Grenzen einer Übertragbarkeit auf innerstädtische Geschäftsquartiere in Nordrhein-Westfalen. Düsseldorf.

BRIFFAULT, R. (1999): A government for our time? Business Improvement Districts and Urban Govern-ance. The Columbia Law Review, New York.

BUNGE, H. / WARWEITZKI, H. (1998): Entwicklung von Flächenangebot und Flächenbedarf aus Sicht des Jahres 1998. Berlin.

DCP (Department of City Planning) (2002): U.S. Census Bureau, 2000. New York City. www.nyc.gov/html/census/popdiv.html, Zugriff am 07.02.2004.

DCP (Department of City Planning) (2002): 2002 Annual Report in Social Indicators. New York City. www.nyc.gov/html/dcp/html/pub/socind02. html, Zugriff am 07.02.2004.

DREIER, V. (1997): Empirische Politikforschung. München / Wien.

DSBS (Department of Small Business Services) (2003): Starting a Business Improvement District, a step-by-step guide. New York City.

EISOLD, T. (1996): Die Steuerung der Siedlungsentwicklung und die Revitalisierung von Stadtteilzen-tren in den USA. Entwicklungen und Strukturen in den metropolitan areas der USA. Instrumente und Strategien zum growth management und zur Erneuerung der Stadtzen-tren. Diplomarbeit an der Fakultät Architektur, Stadt- und Regionalplanung, Schriften der Bauhaus-Universität Weimar, Nr. 107.

Engel&Völkers (2003): Gewerbeimmobilien-Fokus 2003. Berlin. www.engelvoelkers.com/assets/-download/mb/EuV_Berlin_Immofocus_2003.pdf, Zugriff am 05.05.2004.

FLOHÈ, A. / HEINZE, M. / TRAPP, C. (2001): Public-Private-Partnership als Instrument zur Standortprofilie-rung. Werkstattbericht 29 des Sekretariats für Zukunftsforschung, Gelsenkirchen.

FUCHS, D. (1999): Die demokratische Gemeinschaft in den USA und in Deutschland. Diskussionspa-pier FS III 99-204 vom Wissenschaftszentrum Berlin, Berlin.

GERHARDS, J. (Hrsg.) (2000): Die Vermessung kultureller Unterschiede. USA und Deutschland im Ver-gleich. Wiesbaden.

GROTZ, R. / WALDHAUSEN-APFELBAUM, J. (2000): Jüngere Veränderungen des Einzelhandels in Stadt-teilzentren – das Beispiel Bonn. In: HEINRITZ, G. / SCHRÖDER, F. (Hrsg.): Stadtteilzentren, Ladenzeilen, Ausfallstraßen. Berichte aus den vernachlässigten Geschäftslagen der Städ-te. München, S. 99 – 128.

HATZFELD, U. (1996): Die Probleme des Handels sind die Probleme der Städte. In: MINISTERIUM FÜR STADTENTWICKLUNG, KULTUR UND SPORT DES LANDES NORDRHEIN WESTFALEN (Hrsg.): Handel in der Stadt. Düsseldorf, S. 31 - 90.

HEINZ, W. (1998): Public Private Partnership. In: ARCHIV FÜR KOMMUNALWISSENSCHAFTEN. Jhg. 37, Band II, S. 210 - 239.

HOUSTOUN, L. O. Jr. (2003): Business Improvement Districts. Second Edition, Washington D.C.

KEMPERS (2003): Kemper´s City Scout 2004 / 2005. 400 Fußgängerzonen & Einkaufsstraßen. Düssel-dorf.

KEMPERS (2002): Kemper´s City Profil Berlin.

KEMPERS (2003): Kemper´s City Profil Berlin.

LANDESBÜRO STADTMARKETING-NRW (2003): Stadtmarketing der 2. Generation. Kongress-Dokumentation. Schröerlücke / Ladbergen.

MINISTERIUM FÜR ARBEIT, SOZIALES UND STADTENTWICKLUNG, KULTUR UND SPORT DES LANDES NORDRHEIN-WESTFALEN (Hrsg.) (1999): Stadtplanung als deal? Urban Entertainment Cen-ter und private Stadtplanung; Beispiele aus den USA und Nordrhein-Westfalen. Dokumentation zur internationalen Konferenz am 2. Dezember 1998 in der Landeshauptstadt Düsseldorf. Düsseldorf.

MITCHELL, J. (1999): Business Improvement Districts and Innovative Service Delivery. New York. http://.www.endowment.pwcglobal.com/pdfs/ Mitchell.pdf, Zugriff am 16.02.2004.

NASCHOLD, F. / BUDÄUS, D. / JANN, W. / MEZGER, E. / OPPEN, M. / PICOT, A. / REICHARD, C. / SCHANZE, E. / SIMON, N. (1996): Leistungstiefe im öffentlichen Sektor. Erfahrungen, Konzepte, Methoden. Berlin.

NY (NEW YORK STATE) (1982): City Business Improvement Districts. New York Administrative Code.

PÜTZ, R. (1997): Der Wandel der Standortstruktur im Einzelhandel der neuen Bundesländer. Das Beispiel Dresden. In: MEYER; G. (Hrsg.): Von der Plan- zur Marktwirtschaft. Wirtschafts- und sozialgeografische Entwicklungsprozesse in den neuen Bundesländern. Mainz, S. 37 - 65.

ROß, R. / KENDSCHEK, H. / KURON, I. / MARQUARDT-KURON A. (2003): Geschäftsstraßen-Management. DSSW-Schriften 38. Berlin.

SCHÄFER, A. (1998): Cityentwicklung und Einzelhandel. Hintergründe und Ansatzpunkte eines kommunalen Citymarketings zur Steigerung der Urbanität des „Einkaufzentrums City". Hamburg.

SCHRIEFERS, A. (2003): Bündnisse für Investitionen und Dienstleistungen (BID). Die Umsetzung von BID als kommunale Selbstverwaltungsangelegenheit im Sinne von Art 28 Abs. 2 GG. www.bid-aktuell.de/download/ files/bidexpertise_ra_schriefers_fr_bcsd.pdf, Zugriff am 03.02.2004.

SCHWEITZER, E. C. (2003): New York City: Times Square. Stadtentwicklung, Politik und Medien. Berlin.

SENSUT (SENATSVERWALTUNG FÜR STADTENTWICKLUNG, UMWELTSCHUTZ UND TECHNOLOGIE) (1999): Stadtentwicklungsplan Zentren und Einzelhandel. Berlin.

SENWIARBFRAU (SENATSVERWALTUNG FÜR WIRTSCHAFT, ARBEIT UND FRAUEN) (2004): Zur wirtschaftlichen Lage in Berlin. I/2004, Berlin.

STAUBAUCH, R. (1999): Bürgerschaftliche Selbsthilfe und Planungsbeteiligung in der US-amerikanischen Stadtteilerneuerung. In: INSTITUT FÜR LANDES- UND STADTENTWICKLUNGSFORSCHUNG DES LANDES NORDRHEIN-WESTFALEN (Hrsg.): Integrierte Stadtteilerneuerung und Bewohneraktivierung in den USA. Dortmund, S. 39 - 51.

STEINBACH, J. (2000): Verfall und Erneuerung von Stadtteilzentren – Erfahrung aus Wien. In: HEINRITZ, G. / SCHRÖDER, F. (Hrsg.): Stadtteilzentren, Ladenzeilen, Ausfallstraßen. Berichte aus den vernachlässigten Geschäftslagen der Städte. München, S. 27 – 58.

TETTINGER, P.J. (1997): Die rechtliche Ausgestaltung von Public Private Partnership. In: BUDÄUS, D. / EICHORN, P. (Hrsg.): Public Private Partnership - Neue Formen öffentlicher Aufgabenerfüllung, Baden-Baden, S. 125 - 141.

URBANPR / (GSR) GESELLSCHAFT FÜR STADT- UND REGIONALMARKETING (GSR) / (DSSW) DEUTSCHES SEMINAR FÜR STÄDTEBAU UND WIRTSCHAFT (2004): Business Improvement Districts - ein Modell für europäische Geschäftsstraßen? Erste Schritte zur Einbindung von Eigentümern. DSSW-Schriften 47, Berlin.

WESTERBURG, S. (2003): Die steuerliche Behandlung des bürgerschaftlichen Engagements von Unternehmen im Vergleich Deutschland - USA. Münster / Hamburg / London.

Zeitschriften- und Zeitungsartikel

ADLER, M. (2000): Why BIDs are bad business. In: NEW YORK TIMES. 13. Februar 2000. www.columbia.edu/~ma820/bids.html, Zugriff am 11.11.2003.

BCSD (BUNDESVEREINIGUNG CITY- UND STADTMARKETING DEUTSCHLAND e.V.) (Hrsg.) (2003): Business Improvement Districts (BID). Ein Modell (auch) für Deutschland? Ingolstadt.

BLEYER, B. (1999): Standort- und Flächentrends bei Einzelhandelsgroßprojekten. Grenzen landesplanerischer Steuerungsinstrumentarien und Möglichkeiten konsensualer Regelungen der kommunalen Plangeber. In: RAUMFORSCHUNG UND RAUMORDNUNG, Heft 2/3, Bonn, S. 132 - 142.

BLOEM, M. (2003): BIDs - Business Improvement Districts. Das Thema des Jahres. In: CITY- UND STADTMARKETING, Heft 3, Gevelsberg, S. 10 - 12.

BÜTTNER, F. (2004): Business Improvement Districts - Die Hamburger Initiative. Public-Privat-Partnership in der Stadtplanung: Die Ausgangslage. In: POLIS, Heft 1, Wuppertal, S. 22 - 27.

DAILY NEWS (2004): The Lower East Side is Top Again. December 18, 2003. www.lowereastsideny.com, Zugriff am 10.02.2004.

DER TAGESSPIEGEL (2003): Einzeln verkaufen, zusammen handeln. Angebot für Geschäfte in der City. Berlin am 28.11.2003.

DIREKT (2003): Christine Jahn, City Koordinatorin. Verwaltungsinterne Zeitung, Heft Januar/Februar, Berlin, S. 21.

FAULENBACH, D. (2003): Stadterneuerung in der Bronx. Steuerungsdefizite in benachteiligten Standquartieren. In: PLANERIN, Heft 4, Berlin, S. 48 - 49.

IMMOBILIEN ZEITUNG (2004): Der erste deutsche BID: der neue Neue Wall. Wiesbaden am 22. April 2004.

JUNKER, R. / KRUSE, S. (1998): Perspektiven des Handels und deren Bedeutung für die Entwicklung von Zentren. In: INFORMATIONEN ZUR RAUMENTWICKLUNG, Heft 2/3, Bonn, S. 133 - 139.

KAZIG, R. / MÜLLER, A. / WIEGANDT, C.-C. (2003): Öffentlicher Raum in Europa und den USA. In: INFORMATIONEN ZUR RAUMENTWICKLUNG, Heft 1/2, Bonn, S. 91 - 102.

KIRO, J. (2003): Innerstädtische BIDs und Management in den USA und in Kanada - Empfehlungen für die Einführung in Deutschland. In: Bundesvereinigung City- und Stadtmarketing Deutschland e.V. (Hrsg.).: Business Improvement Districts (BID), Ein Modell auch für Deutschland? Heft 2, Ingolstadt, S. 16 – 21.

MENSING, M. (1999): Drei Wege. Erfolgreiches Stadtmarketing ist nicht nur für ein paar Mark zu haben. Für die Finanzierung der Aktivitäten gibt es verschiedene Möglichkeiten. In: DER GEMEINDERAT, Heft 5, Schwäbisch-Hall, S. 28 - 29.

MÜLLER, W. / ROHR-ZÄNKER, R. (1995): Neue Zentren in den Verdichtungsräumen der USA. In: RAUMFORSCHUNG UND RAUMORDNUNG, Heft 6, Bonn, S. 436 - 443.

POTZ, P. (2004): Strukturwandel im Einzelhandel europäischer Metropolen. Rahmenbedingungen und Perspektiven für die Stadtentwicklung in Berlin, London und Mailand. In: RAUMPLANUNG, Heft 113, Dortmund. S. 57 - 62.

RECHENBERG, N. (2004): Schöne neue Shopping-Welt. In: WELTAMSONNTAG vom 16. Mai 2004, Berlin, S. 85.

SCHNEIDER-SLIWA, R. (1995): Politisch-kulturelle und Planungstraditionen in den USA. In: RAUMFORSCHUNG UND RAUMORDNUNG. Heft 6, Bonn, S. 425 - 435.

SCHÖNBALL, R. (2004a): Monopoly am Kurfürstendamm. An der teuersten Meile der Hauptstadt geben viele Privateigentümer das riskante Immobiliengeschäft auf - und Fonds steigen ein. In: TAGESSPIEGEL vom 10. April 2004, Berlin, S. I 1.

SCHÖNBALL, R. (2004b): Schnäppchenpreise in besten Lagen. Die Quartalsberichte über den Berliner Bürohausmarkt melden Überangebot, Leerstand und den Absturz der Mietpreise. In: TAGESSPIEGEL vom 17. April 2004, Berlin, S. I 1.

SCHÖNBALL, R. (2004c): Der Preiskampf fordert erste Opfer. Berlin ist die Hauptstadt des Tourismus. Deshalb entstehen immer mehr Hotels - und unter Betreibern ein mörderischer Wettbewerb. In: TAGESSPIEGEL vom 24. April 2004, Berlin, S. I 1.

VESPER, M. (2004): Aufwertung der Innenstädte durch Business Improvement Districts. In: IMMOBILIEN&FINANZIERUNG. Heft 4, Frankfurt am Main, S. 118 - 119.

Graue Literatur

34th STREET DMA (1991): District Plan for the 34th Street Business Improvement District. New York City.

34th STREET DMA. (1992): protocol of Annual Board Meeting, May 8, 1992. New York City.

34th STREET DMA (1997): Annual Report for the 34th Street Business Improvement District. New York City.

34th STREET DMA (2003a): Annual Report for the 34th Street Business Improvement District. New York City.

34th STREET DMA (2003): protocol of streetscape team meeting, November 5, 2003. New York City.

34th STREET DMA (2003): protocol of streetscape team meeting, November 13, 2003. New York City.

BA (BEZIRKSAMT) CHARLOTTENBURG-WILMERSDORF (2004): Umfrageergebnis: Stimmung in der City hellt sich auf. Pressemitteilung des Bezirksamt Charlottenburg-Wilmersdorf vom 21. Januar 2004, Berlin.

BA (BEZIRKSAMT) CHARLOTTENBURG-WILMERSDORF (2003a): Einladung zum Pressegespräch: Runder Tisch "City Konferenz". Pressemitteilung des Bezirksamt Charlottenburg-Wilmersdorf vom 4. November 2003, Berlin.

BA BEZIRKSAMT CHARLOTTENBURG-WILMERSDORF (2003b): Diese Schelte hat die City West nicht verdient. Pressemitteilung des Bezirksamtes Charlottenburg-Wilmersdorf vom 28. November 2003, Berlin.

BBV HH (BEHÖRDE FÜR BAU UND VERKEHR DER FREIEN HANSESTADT HAMBURG), BAURECHTSAMT (2004a): Gesetz zur Stärkung der Einzelhandels- und Dienstleistungszentren. Referentenentwurf vom 17.02.2004.

BBV HH (BEHÖRDE FÜR BAU UND VERKEHR DER FREIEN HANSESTADT HAMBURG), AMT FÜR STADTENTWICKLUNG (2004b): Ablaufplan zur BID-Gründung in Hamburg. Vortragsunterlagen des Workshops Business Improvement Districts auf dem Difu-Seminar "Flächenboom und Geschäftsleerstand" am 23. März 2004 in Berlin.

BLOTEVOGEL, H.H. (2004): Handels- und Dienstleistungsgeographie. Vorlesungsskript WS 03/04. Kap. 03: Einzelhandel. www.uni_duisburg.de/ FB6/geographie/Studium/Lehrveranstaltungen/WS2003_2004/Blotevogel/Handel-Dienstsleistungsgeographie/03Einzelhandel.pdf, Zugriff am 29.05.2004.

CUSHMAN&WAKEFIELD (2003): Snapshot Einzelhandel Berlin. Frühjahr / Sommer 2003. Frankfurt.

DSBS (DEPARTMENT OF SMALL BUSINESS SERVICES) (2002): Assessment formulae for the Business Improvement and Special Assessment Districts (BIDs and SADs). New York City.

DSBS (DEPARTMENT OF SMALL BUSINESS SERVICES) (o. J.): Established Business Improvement and Special Assessment Districts, New York City.

DV / BAG (Deutscher Verband für Wohnungswesen, Städtebau und Raumordnung e.V.; Handelsverband BAG) (2003): Business Improvement Districts (BIDs), Gemeinsames Positionspapier. Berlin.

ECONOMY.COM (2004): Daten zur Beschäftigungs- und Lohnentwicklung von 1983 – 2004 in New York City. www.economy.com, Zugriff am 06.07.2004.

ELGERT, A. (2004): Quartiersführer Kurfürstendamm (Charlottenburg-Wilmersdorf). Abteilung Research von Engel & Völkers Gewerbe GmbH Berlin.

ENGELS & VÖLKERS RESEARCH (2003): Passantenfrequenzen in 1a-Lagen. Berlin.

FELSCH, S. (o. J.): BIDs in the USA, ein Erfahrungsbericht aus New York. Präsentationsunterlagen zur IHK-Referentensitzung "Handel und Dienstleitungen" bei der IHK Hannover.

GALLAHUE, P. (2002): BID in work for Myrtle Avenue. In: Brooklyn Paper. December 9, 2002, New York City.

GEREND, J. (2003): Signs of Progress. Rolling back the awning regulations could cost merchants a Lotto business. In: Intelligence NYC Inc. (Hrsg.); City Limits. New York City, S. 38 - 39.

HATZFELD, U. (2004): Stadtmarketing Nordrhein-Westfalen. Präsentationsunterlagen zum Vortrag am 29. Februar 2004 in Wien.

HUBER, M. (2004): Business Improvement Districts - Das Hamburger Modell. Vortragsunterlagen der BID-Informationsveranstaltung bei der Handelkammer Hamburg am 22. März 2004. Hamburg.

IMORDE PROJEKT- UND KULTURBERATUNG (2003): Business Improvement Districts, New Urbanism. Delegationsreise nach New York vom 10. bis zum 15. Januar 2003. Münster.

KURFÜRSTENDAMM-GESELLSCHAFT e. V. (2000a): Schreiben zur Mitgliederwerbung aus dem Jahr 2000. Berlin.

KURFÜRSTENDAMM-GESELLSCHAFT e. V. (2000b): Die Kurfürstendamm Gesellschaft stellt sich vor. Brief an alle Gewerbetreibenden aus dem Jahr 2000, Berlin.

LES DMA (1992): District Plan for the Lower East Side Business Improvement District. New York City.

LES DMA (1997): Annual Report for the Lower East Side Business Improvement District. New York City.

SHERATON, M. (2002): The New World of the Lower East Side. In: New York Times, April 2, 2002, New York City.

LES DMA (2003): Annual Report for the Lower East Side Business Improvement District. New York City.

LES DMA (2004): Lower East Side Events. www.lowereastsideny.com, Zugriff am 10.02.2004.

MARP (2003): District Plan for the Myrtle Avenue Brooklyn Business Improvement District. New York City (Bearbeitungsstand November 2003).

POSTERT, S. (2004): Immobilien- und Standortgemeinschaft Bermuda3Eck Bochum. Präsentationsunterlagen vom 24. Mai 2004, Bochum.

REICHHARDT, B. (2004): Business Improvement Districts. Neue Chancen für alte Quartiere? Präsentationsunterlagen der HK Hamburg zum Hamburger Städtebauseminar 2004 "Zukunft der Zentren - Zentren der Zukunft" am 25. Februar 2004, Hamburg.

SARRAZIN, T. (2004a): Redetext von Senator Dr. Thilo Sarrazin zur 2. Lesung des Doppelhaushalt 2004 / 2005 im Abgeordnetenhaus. 15. Januar 2004. www.berlin.de/senfin/Leitung/-Rede150104.html, Zugriff am 10. Juni 2004, Berlin

SARRAZIN, T. (2004b): Rede von Senator Dr. Thilo Sarrazin zur 2. Lesung des Doppelhaushalt 2004 / 2005 im Abgeordnetenhaus von Berlin. 18. März 2004. www.berlin.de/senfin/Leitung/-190304.html, Zugriff am 10. Juni 2004, Berlin.

SORENSEN, R. C.A. / GEREND, J. (2003): The Myrtle Avenue Brooklyn Business Improvement District (BID): The Local Process Underway to Establish a New BID. Paper Prepared for the Annual Meeting of the North-eastern Political Science Association, November 6-8, 2003, New York City.

STOIBER, E. (2003): Schriftliche Stellungnahme des Ministerpräsidenten von Bayern zu einer Anfrage des Oberbürgermeisters von Augsburg Paul Wengert zur Fortentwicklung der Zentrenstärkung in den Städten durch BIDs vom 20. Oktober 2003. München.

TRÄGERVERBUND PROJEKT INNENSTADT e.V. (2004): Umgestaltung Neuer Wall. Präsentationsunterlagen vom 22. Januar 2004, Hamburg.

Internetseiten

34TH STREET BID: www.34thstreet.org

BEHÖRDE FÜR BAU UND VERKEHR DER FREIEN UND HANSESTADT HAMBURG:
www.fhh.hamburg.de/stadt/Aktuell/behoerden/bau-verkehr/start. html

BUNDESSTAAT NEW YORK: www.empire.state.ny.us

INDUSTRIE- UND HANDELSKAMMER BERLIN: www.ihk24.de

LOWER EAST SIDE BID: www.lowereastsideny.com

MINISTERIUM FÜR STÄDTEBAU UND WOHNEN, KULTUR UND SPORT DES LANDES NORDRHEIN-WESTFALEN:
www.mswks.nrw.de

ONLINEFORUM ZU BIDS: www.bid-aktuell.de

SENATSVERWALTUNG FÜR STADTENTWICKLUNG DER STADT BERLIN: www.stadtentwicklung.berlin.de

SENATSVERWALTUNG FÜR WIRTSCHAFT; ARBEIT UND FRAUEN DER STADT BERLIN:
www.berlin.de/senwiarbfrau/index.html

STADT BERLIN: www.berlin.de

STADT NEW YORK: www.nyc.gov

STATISTISCHES LANDESAMT BERLIN: www.statistik-berlin.de

Teilnahme an Sitzungen und Veranstaltungen

New York City:

DIRECTORS MEETING des Washington Square BID am 8. Oktober 2003.

STEERING COMMITTEE MEETING des D.U.M.B.O. BID am 15. Oktober 2003.

EXTENSION MEETING des Lower East Side BID am 16. Oktober 2003.

BOARD OF DIRECTORS MEETING des Lower East Side BID am 20. Oktober 2003.

STEERING COMMITTEE MEETING des Myrtle Avenue BID am 21. Oktober 2003.

STEERING COMMITTEE MEETING des Fresh Pond Road BID am 23. Oktober 2003.

STEERING COMMITTEE MEETING des Madison/23Street/Flatiron/Chelsea BID am 23. Oktober 2003.

STEERING COMMITTEE MEETING des Bayside Village BID am 28. Oktober 2003.

STREETSCAPE TEAM MEETING des 34th Street BID am 5. November 2003.

STREETSCAPE TEAM MEETING des 34th Street BID am 13. November 2003.

BID / LDC RELATIONSHIP MEETING der Myrtle Avenue Revitalization Project LDC am 21. November 2003.

ANNUAL BOARD MEETING des 34th Street BID am 1. Dezember 2003

Deutschland:

INTERNATIONALES EXPERTENHEARING „BUSINESS IMPROVEMENT DISTRICTS (BID) – EIN MODELL (AUCH) FÜR DEUTSCHLAND?" Hamburg am 19. März 2003.

KONGRESS – „STADTMARKETING DER 2. GENERATION IN NORDRHEIN-WESTFALEN", Bielefeld am 9. Mai 2003.

URBANICOM STUDIENTAGUNG– „NETZWERK STADT: SCHLAGWORT ODER ERFOLGSMODELL?", Berlin vom 26. bis 28. Mai 2003.

DISKUSSIONSVERANSTALTUNG DER IHK BERLIN – „WIEVIEL FLÄCHEN BRAUCHT DER EINZELHANDEL IN BERLIN?", Berlin am 3. Juni 2003.

KONGRESS – „STADT UND WIRTSCHAFT – STRATEGISCHE ALLIANZEN", Berlin am 18. und 19. März 2004.

DIFU-SEMINAR – „ZWISCHEN FLÄCHENBOOM UND GESCHÄFTSLEERSTAND. EINZELHANDEL IN DER STADT", Berlin vom 22. bis 24. März 2004.

AD-HOC-SITZUNG ZU BUSINESS IMPROVEMENT DISTRICTS BEIM DIHK, Berlin am 26. März 2004.

HEARING IM ABGEORDNETENHAUS VON BERLIN – „BUSINESS IMPROVEMENT DISTRICTS - EIN ANSATZ ZUR REVIATLISIERUNG DER BERLINER EINKAUFSSTRAßEN?", Berlin am 4. Mai 2004.

GESCHÄFTSSTRAßENFORUM DER IHK BERLIN, Berlin am 14. Juni 2004.

Gesprächspartner

34th Street BID

Biedermann, Dan	Executive Director des 34th Street BID, Gespräch am 20.11.2003.
Gardner, Joseph	Eigentümer im 34th Street BID und Mitglied des Board of Directors, Gespräch am 13.11.2003.
Glatter, George	Department of Small Business Services, Neighbourhood Development, Assistant Commissioner, Gespräch am 07.11.2003 und schriftliche Befragung am 19.05.2004.
Steinberg, Ira	Einzelhändler im 34th Street BID, Gespräch am 18.11.2003.

Lower East Side BID

Eng, Edward	Department of Small Business Services; Neighbourhood Development, Director Business Improvement Districts Program, Gespräch am 06.11.2003.
Flamm, Andrew	Executive Director des Lower East Side BID, schriftliche Fragebogenbeantwortung vom 06.11.2003.
Misrahi, Sion	Erster Präsident des Board of Directors des BID und Eigentümer in der Lower East Side, Gespräch am 19.11.2003.
Slonim, Howard R.	Präsident des Board of Directors des BID und Eigentümer in der Lower East Side, Gespräch am 31.10.2003.

Myrtle Avenue BID

Battle, Leonard	Department of Small Business Services; Neighbourhood Development, Senior Project Manager, Gespräch am 06.11.2003.
Dew, John	Anwohner der Myrtle Avenue und Mitglied im Community Board, Gespräch am 11.11.2003.
Esposito, Larry	Eigentümer und Einzelhändler in der Myrtle Avenue und Mitglied des Steering Committee, Gespräch am 11.11.2003.
Gerend, Jennifer	Executive Director des Myrtle Avenue Revitalization Projects, Gespräch am 05.11.2003.
Westbrooks, Aricka	Einzelhändlerin in der Myrtle Avenue und Mitglied des Steering Committee, Gespräch am 11.11.2003.

Fallstudienübergreifende Gespräche in New York City

Adler, Moshe	Columbia University; Department of urban planning, Gespräch am 14.11.2003.
Dinerstein, Barry	Department of City Planning; Housing, Economic and Infrastructure Planning, Deputy Director, Gespräch am 12.11.2003.

Fallstudienübergreifende Gespräche in Deutschland

Birk, Florian Dr.	Bundesvereinigung für City- und Stadtmarketing Deutschland e.V., Vorsitzender, Gespräch am 19.03.2004.

Bloem, Mario — d-plan Deutsche Planungs- und Beratungsgesellschaft für Stadtentwicklung mbH, Geschäftsführer, Gespräch am 18.07.2003 und am 23.03.2004.

Felsch, Stefan — Deutscher Industrie- und Handelskammertag, Fachbereich Dienstleistungen und Regionale Wirtschaftsförderung, Referat für Handel und Dienstleistungen, Gespräch am 07.05.2004.

Heerde, Stefan — Deutsches Seminar für Städtebau und Wirtschaft, Projektleiter, Gespräch am 06.02.2004 und am 23.02.2004.

Lembke, Jürgen — Deutsches Seminar für Städtebau und Wirtschaft, Seminarleiter, Gespräch am 06.02.2004.

Nordrhein-Westfalen

Müller, Christian — Landesbüro für Stadtmarketing NRW, Leiter, Gespräch am 04.09.2003.

Postert, Stefan — Industrie- und Handelskammer im mittleren Ruhrgebiet zu Bochum, Geschäftsbereich Handel, Verkehr; Abteilungsleiter Stadtentwicklung, Gespräch am 25.05.2004.

Hamburg

Büttner, Frithjof — Freie und Hansestadt Hamburg, Behörde für Bau und Verkehr des Amtes für Stadtentwicklung, Gespräch am 04.03.2004.

Huber, Martin — Freie und Hansestadt Hamburg, Behörde für Bau und Verkehr, Recht der Verkehranlagen, Abteilungsleiter, Gespräch am 05.03.2004.

Koletschka, Thorsten — Handelkammer Hamburg, Geschäftsbereich Unternehmensförderung & Start, Referent, Gespräch am 05.03.2004.

Rothmann, Dorothee — Trägerverbund Projekt Innenstadt, Geschäftsführerin, Gespräch am 05.03.2004.

Berlin

Andrich, Bernd Dr. — DIFA Deutsche Immobilien Fonds AG, City-Quartier-Manager des Neuen Kranzler Eck, Gespräch am 03.05.2004.

Boether, Alexander — Engel & Völkers Gewerbe Berlin GmbH, Abteilungsleitung Handelsflächenvermietung, Gespräch am 06.04.2004.

Brückmann, Jochen — Industrie- und Handelskammer Berlin, Bereichsleiter für Infrastruktur und Stadtentwicklung, Gespräch am 09.02.2004 und am 29.03.2004.

Dewald, Carmen — Vorsitzende der IG City Weißensee, Gespräch am 05.09.2003.

Hermann, Thomas — blofeldKommunikation und Vorsitzender der Interessensgemeinschaft Zehlendorf Mitte, Gespräch am 02.09.2003.

Höhle, Sigrid — Bezirksamt Charlottenburg-Wilmersdorf, Leitung Büro für Wirtschaftsförderung, Gespräch am 06.05.2004.

Jahn, Christine — Bezirksamt Charlottenburg-Wilmersdorf, Amt für Stadtentwicklung, Leitung der Koordinationsstelle für den öffentlichen Raum, Gespräch am 21.04.2004.

Jahn, Ingrid — Vorsitzende der AG Spandau e.V., Gespräch am 05.09.2003.

Joslyn, Andreas — Karstadt Berlin-Spandau, Geschäftsführer, Gespräch am 05.09.2003.

Kupsch, Gottfried — Kupsch Gewerbeimmobilien Management GmbH, Geschäftsführer, Gespräch am 30.04.2004.

Muchow, Bernd — mfi, Centermanager Spandau Arcaden, Gespräch am 03.09.2003.

Otto, Marina — Vorsitzende Tegel City e.V., Gespräch am 02.09.2003.

Plate, Elke — Senatsverwaltung für Stadtentwicklung, Gespräch am 05.05.2004.

Priess, Cornelia — Arbeitsgemeinschaft City e.V., City-Managerin, Gespräch am 16.03.2004 und 25.03.2004.

Prillwitz, Tanja — Industrie- und Handelskammer Berlin, Bereich Infrastruktur und Stadtentwicklung, Gespräch am 18.02.2004.

Ristau, Peter — Ristau Grundstücksentwicklung GmbH und im Vorstand der AG City sowie der pro City West, Gespräch am 04.05.2004.

Stelljes, Andrea — Pavillon Christofle und Vorsitzende der Interessensgemeinschaft Fasanenstraße/Uhlandpassage; Gespräch am 06.05.2004.

Schmidt, Werner — Inhaber von King´s teagarden und Vorsitzender der Kurfürstendamm Gesellschaft, Gespräch am 06.05.2004.

Timm, Uwe	TIMM RETAIL Services + Property Advisers, Gespräch am 30.04.2004.
Strauch, Volkmar	Senatsverwaltung für Wirtschaft, Arbeit und Frauen, Staatssekretär, Gespräch am 14.04.2004
Wiesenhütter, Christian	Industrie- und Handelkammer Berlin, Stellvertretender Geschäftsführer, Vortrag auf dem Hearing im Abgeordnetenhaus von Berlin „Business Improvement Districts – Ein Ansatz zur Revitalisierung der Berliner Einkaufsstraßen?", 04.05.2004.
Zierow, Frank	Bezirksamt Reinickendorf von Berlin, Stabsstelle Wirtschaftspolitik, Geschäftstraßen-Manager, Gespräch am 02.09.2003.
Zimmer, Nicolas	CDU-Fraktionsvorsitzender, Vortrag auf dem Hearing im Abgeordnetenhaus von Berlin „Business Improvement Districts – Ein Ansatz zur Revitalisierung der Berliner Einkaufsstraßen?", 04.05.2004.

Fotonachweis

Sämtliche Fotos unterliegen dem Copyright der Autorin. Folgende Fotos sind Eigentum des Department of Small Business Services in New York City:

Seite 65: Foto 18;

Seite 81: Foto 31, 32 und 33.

ABBILDUNGSVERZEICHNIS

TABELLENVERZEICHNIS

Verzeichnis der Fotos

ABKÜRZUNGSVERZEICHNIS

Abb.	Abbildung
AG	Arbeitsgemeinschaft
BAG	Bundesarbeitsgemeinschaft der Mittel- und Großbetriebe des Einzelhandels
BBV	Behörde für Bau- und Verkehr
BA	Bezirksamt
BCSD	Bundesvereinigung für City- und Stadtmarketing Deutschland
BID	Business Improvement District
BB	Borough Board
bzw.	beziehungsweise
bzgl.	bezüglich
ca.	cirka
CB	Community Board
CC	City Council
CPC	City Planning Commision
DCP	Department of City Planning
d.h.	das heißt
DMA	District Management Association
DSBS	Department of Small Business Services
DSSW	Deutsches Seminar für Städtebau und Wirtschaft
DV	Deutscher Verband für Wohnungswesen, Städtebau und Raumordnung
EU	Europäische Union
FC	Finance Committee
FNP	Flächennutzungsplan
GG	Grundgesetz
ggf.	gegebenenfalls
HH	Hansestadt Hamburg
ICSC	International Council of Shopping Centers
IG	Interessensgemeinschaft
IHK	Industrie- und Handelskammer
ISG	Immobilien- und Standortgemeinschaften
Jhg.	Jahrgang
k. A.	keine Angaben
KaDeWe	Kaufhaus des Westens
Kap.	Kapitel
LDC	Local Development Corporation
LES DMA	Lower East Side District Management Association
LES MA	Lower East Side Merchants Association
MAB DMA	Myrtle Avenue Brooklyn District Management Association
MARP	Myrtle Avenue Revitalization Project
m. E.	meines Erachtens
MIV	Motorisierter Individualverkehr
NRW	Nordrhein-Westfalen
NYC	New York City
o. g.	oben genannt
o. J.	ohne Jahr
ÖPNV	Öffentlicher Personennahverkehr
PPP	Public Private Partnership
qm	Quadratmeter
SAG	Straßenarbeitsgemeinschaften
SenWiArbFrau	Senatsverwaltung für Wirtschaft, Arbeit und Frauen
sog.	sogenannte
s.o.	siehe oben
STEP	Stadtentwicklungsplan
Tab.	Tabelle
u. a.	unter anderem
USA	United States of America
vgl.	vergleiche
YMCA	Young Men´s Christian Association
z. B.	zum Beispiel

Erhältlich beim
Institut für Stadt-. und Regionalplanung
publikationen@isr.tu-berlin.de

Projektbericht 31

Stefan Krappweis (Hrsg.)
Entfernungspauschale und Raumordnung
Die Gestaltung von Mobilitätskosten
und ihre Wirkung auf die Siedlunsgstruktur

2003, 70 S.   5,-/ erm 3,-

Diskussionsbeitrag 54

Roland Schröder (Hrsg.)
Stadtumbau Ost – Eine Zwischenbilanz
Dokumentation der Ringvorlesung aus dem Winterse-
mester 2003/04. Mit 18 Beiträgen rund um das The-
menfeld, u.a. von Christoph Haller, Anja Röding und
Peter Strieder
2004, 220 S.   14,-   ISBN 3 7983 1950 2

die graue reihe

aktuelle planungsthemen per pd
direkt auf ihren schreibtisc

neues aus der stadt- und regionalplanung im intern

www.tu-berlin.de/~

ISR Projektberichte

Projektberichte des Instituts für Stadt- und Regionalplanung der Technischen Universität Berlin
www.tu-berlin.de/~isr   publikationen@isr.tu-berlin.de

ISR Diskussionsbeiträge

Diskussionsbeiträge des Instituts für Stadt- und Regionalplanung der Technischen Universität Berlin
www.tu-berlin.de/~isr   publikationen@isr.tu-berlin.de
